INTRODUÇÃO ÀS PSICOTERAPIAS BREVES

Edmond Gilliéron
INTRODUÇÃO ÀS PSICOTERAPIAS BREVES

Tradução MAÍRA FIRER TANIS

wmf**martinsfontes**

Título original: *AUX CONFINS DE LA PSYCHANALYSE:*
PSYCHOTHÉRAPIES ANALYTIQUES BRÈVES.
Copyright © Payot, Paris, 1983.
Copyright © 1993, Livraria Martins Fontes Editora Ltda.,
São Paulo, para a presente edição.

1ª edição *1993*
4ª edição *2024*

Tradução
MAÍRA FIRER TANIS

Revisão da tradução
Leônidas Hegemberg
Revisão técnica
Mauro Hegemberg
Revisões
Teresa Cecília de Oliveira Ramos
Marise Simões Leal
Produção gráfica
Geraldo Alves
Capa
Marcos Lisboa

Dados Internacionais de Catalogação na Publicação (CIP)
(Câmara Brasileira do Livro, SP, Brasil)

Gilliéron, Edmond
 Introdução às psicoterapias breves / Edmond Gilliéron ; tradução Maíra Firer Tanis. – 4. ed. – São Paulo : Editora WMF Martins Fontes, 2024. – (Textos de psicologia)

 Título original: Aux confins de la psychanalyse : psychothérapies analytiques brèves.
 Bibliografia.
 ISBN 978-85-469-0630-7

 1. Psicanálise 2. Psicoterapia breve I. Título. II. Série.

	CDD-616.89142
24-214456	NLM-WM 420

Índices para catálogo sistemático:
1. Psicoterapia breve : Medicina   616.89142

Cibele Maria Dias - Bibliotecária - CRB-8/9427

Todos os direitos desta edição reservados à
Editora WMF Martins Fontes Ltda.
Rua Prof. Laerte Ramos de Carvalho, 133 01325.030 São Paulo SP Brasil
Tel. (11) 3293.8150 e-mail: info@wmfmartinsfontes.com.br
http://www.wmfmartinsfontes.com.br

SUMÁRIO

Prefácio à edição brasileira XI
Prefácio à edição francesa XV
Agradecimentos XXI
Advertência XXIII

Parte I
Aspectos históricos

Capítulo I. Notas históricas: desenvolvimento da psicanálise e da psicoterapia breve 3
  1. Introdução 3
  2. Duração dos tratamentos 5
  3. Estudos sobre a histeria 8
    a) Aspectos teóricos 9
    b) Aspectos técnicos 10
    c) Resumo 13
  4. Da primeira à segunda tópica 14
    a) Trauma sexual 17
    b) Transferência 20
    c) Resistências 23
    d) Conclusões 25

5. Sobre a guinada de 1920 26
6. De "além do princípio do prazer" à "análise terminável, análise interminável" 30
7. Divergências e dissidências 34
   a) S. Ferenczi 37
   b) Alexander 43
   c) Depois de Alexander 45
   d) Conclusões 53

Parte II
Aspectos técnicos

Capítulo II. Prolegômenos aos capítulos III e IV ... 59
Capítulo III. Problemas de limites 65
1. Introdução 65
2. a) Limitação do tempo e término da psicoterapia dinâmica de curta duração (P. Sifneos) . 66
   b) Limitação de tempo, fim do tratamento (D. Beck) 76
   c) Limitação no tempo — fim do tratamento (P. Dreyfus) 77
3. a) O foco e sua determinação (D. Beck) 78
   b) Focalização nas psicoterapias breves de crianças (B. Cramer) 84
   c) O problema da focalização (P. Dreyfus) .. 87
4. Sobre indicações para psicoterapias breves ... 88
   a) Fatores específicos e não específicos em psicoterapia breve (D. Beck) 88
   b) Fatores específicos e não específicos na terapia breve (P. Dreyfus) 89
5. Comentários 91
Capítulo IV. Alguns aspectos do processo psicoterápico em psicoterapia breve 93
1. Introdução 93

2. a) Interpretação e conscientização (E. Gilliéron) . 94
   1. As instruções 98
   2. A hipótese psicodinâmica básica 99
   3. O processo psicoterapêutico 107
   4. As intervenções 110
   5. Conclusões 116
   b) Conscientização e interpretação (P. Dreyfus) . 118
   c) Conscientização e interpretação (D. Beck) . 119
3. a) Transferência e regressão terapêutica na terapia focal (P. Dreyfus) 120
   b) Transferência e regressão (D. Beck) 133
4. Comentários 134

Parte III
Pesquisa e formação

Capítulo V. Pesquisas em psicoterapia breve 139
1. Introdução 139
2. Fatores terapêuticos em psicoterapia breve de inspiração analítica (D. H. Malan) 140
   a) Generalidades 140
   b) Discussão sobre a motivação e a focalidade . 150
   c) Estudo de pacientes não tratados 152
   d) Remissão espontânea nos pacientes tratados . 156
   e) Conclusão 159
3. Fatores terapêuticos em psicoterapia breve de inspiração psicanalítica — Pesquisa preliminar (E. Gilliéron) 159
   a) Introdução 159
      1. Relação médico-doente, transferência e técnica 159
      2. Métodos de medida: juízes ou questionários? 163
      3. O que medir? 165

    b) Primeiras constatações 165
       1. Comparação da evolução das psicoterapias breves e das P.I.P. de longa duração ... 166
       2. Enquete com os médicos 168
    c) Enquete catamnésica sobre os pacientes acompanhados em psicoterapia breve em Lausanne em 1974, 1975 e 1976 168
    d) Resultados 181
       1. Os pacientes mudaram? 188
       2. Distribuição dos resultados segundo o momento da catamnese 188
       3. A experiência do terapeuta tem alguma influência? 190
       4. A duração do tratamento tem alguma influência na evolução do mesmo? 194
       5. Quais são os fatores terapêuticos evocados pelos pacientes? 194
       6. Do problema da indicação para a psicoterapia ao problema da formação (a respeito dos critérios de seleção) 198
    e) Conclusões 204
Capítulo VI. Problemas de formação 211
   1. Introdução 211
   2. Aspectos gerais da supervisão de psicoterapias breves provocadoras de ansiedade (P. Sifneos) . 212
    a) Os terapeutas em formação 212
    b) Aspectos pedagógicos específicos do ensino e da supervisão da psicoterapia breve provocadora de ansiedade 215
   3. Psicoterapia breve e formação do psicoterapeuta (E. Gilliéron) 217
    a) Indicações 217
    b) O processo 219

Parte IV
Aspectos teóricos e conclusões

Capítulo VII. O processo psicoterápico (esboço de um
modelo) 225
1. Introdução 225
2. Modelo sistêmico e teorias da comunicação .. 228
3. Teoria da comunicação e psicanálise 231
4. Enquadre e relações psicoterápicas 233
5. Variações no enquadre 237
   a) Variação do número: o grupo 239
   b) Modificações do espaço 239
   c) Temporalidade 245
      — o tempo subjetivo e o tempo do relógio
      (narcisismo e temporalidade) 245
      — Sincronia e diacronia: o momento e a duração 247
      — A duração e a transferência: da elação narcísica como defesa contra a problemática da separação 248
      — o tempo e a representação 248
      — Duração imaginária-duração real 249
6. Relação terapêutica 250
   a) Resistência à transferência 252
   b) Transferência e repetição 254
   c) Resistência pela transferência 256
   d) Comportamente e linguagem verbal: como introduzir o "sentido" na relação 257
7. Conclusões 262
Capítulo VIII. Conclusões 265
Apêndice 281
   Resumo 281
   Palavras-chaves 281

Introdução 282
O início das psicoterapias breves em Lausanne . 282
Da focalização pelo terapeuta à focalização pelo paciente 282
Psicoterapia breve e psicanálise 285
Sobre o enquadre psicoterápico e sobre o enquadre psicanalítico 285
A focalização 289
Motivações e focalização 290
Interpretação inicial e mudança 291
Intervenções psicoterápicas em quatro sessões . 292
Um exemplo 295
Conclusão 297

Bibliografia 299

PREFÁCIO À EDIÇÃO BRASILEIRA

O presente livro, agora traduzido para o português, mantém sua atualidade, mesmo após dez anos de sua publicação original, sendo de grande utilidade para a compreensão das psicoterapias breves, principalmente as de linha analítica.

Esta publicação foi enriquecida, por sugestão minha e aquiescência do autor, com um artigo intitulado "Guérir en 4 Séances Psychothérapiques", surgida na *Rev. Psychothérapies*, 1990, nº 3, pp. 135-142. Neste adendo, Gilliéron esclarece mais amplamente seus conceitos de focalização, motivação, interpretação inicial e mudança, descrevendo seu modelo de intervenção em quatro sessões, mostrando a possibilidade e a importância de uma clara compreensão da demanda do paciente, logo na ocasião do primeiro contato com o terapeuta.

Em 1991-1992, quando tive a oportunidade de fazer um estágio de três meses na Policlínica Psiquiátrica Universitária de Lausanne — Suíça, onde Dr. Gilliéron é o médico-chefe, pude perceber o interesse que cerca sua intervenção breve em quatro sessões, que é um desenvolvimento de uma continuidade do conteúdo descrito neste livro.

O Capítulo VI, sobre "Formação", foi modificado em relação ao original, assim como o Capítulo VIII, "Conclusões". Ambos haviam sido revistos pelo autor em fins da década de 80. Constitui-se, pois, essa tradução, numa edição revista e ampliada do original de 1983, o que apenas salienta a importância e a atualidade do tema.

A psicoterapia breve é freqüentemente observada com desconfiança por muitos. No entanto, nesta área complexa que é a psicoterapia, não se pode nem se deve permanecer atado a um só modelo de tratamento. Exemplificando, o método de Lausanne, essencialmente psicanalítico, descrito por Gilliéron, preferencial para neuróticos, não é aplicável ao tratamento de psicóticos, já que estes não têm noção plena de tempo durante o surto, e limitar a duração da terapia não teria, para eles, o menor sentido.

Em relação aos estados-limites (segundo a conceituação de Jean Bergeret), por exemplo, o método de terapia proposto pela psicologia do ego pode ser necessário. Pelo prisma ideológico, o procedimento adotado pela psicologia do ego se revela discutível porque segue modelo médico (de resolução de problemas) e pedagógico. Ainda assim, às vezes é opção imprescindível, em virtude das limitações egóicas do paciente ou das imposições externas (pouco tempo para o atendimento em função de viagem do paciente, por exemplo).

Mesmo quem considere o tratamento psicanalítico-padrão (divã, várias vezes por semana) — ou psicodrama, ou gestalt-terapia, etc. — "o" método único para todo e qualquer paciente, talvez possa encontrar neste livro uma pausa para reflexão; isto porque ele apresenta uma visão oportuna de conceitos inerentes ao processo psicanalítico clássico (transferência e regressão, por exemplo), mostrando as variações neles ocorridas, fruto das modificações de enquadre e limite de tempo de terapia.

Finalmente, não é demais salientar, como já o fez Dr. Schneider, em seu prefácio, que este livro não é simplesmente compilação de itens de um simpósio, mas principalmente uma costura de conceitos, cujo conteúdo se desenvolve com a contribuição de autores diversos, e se completa com ligações e sínteses elaboradas pelo autor principal.

A dignidade estilística associada ao texto se deve à meticulosa revisão que dele fez o Prof. Dr. Leônidas Hegenberg, facilitando bastante meu trabalho de revisão técnica. Agradeço também a Maíra Tanis a cuidadosa tarefa de tradução.

São Paulo, julho de 1992
Mauro Hegenberg

PREFÁCIO À EDIÇÃO FRANCESA

Este livro que tenho a honra e o prazer de prefaciar é mais do que um relato acerca do Simpósio Internacional de língua francesa sobre psicoterapias breves que teve lugar em Lausanne, de 30 de junho a 3 de julho de 1976. De fato, embora ele reflita bem a essência desse evento, graças à contribuição dos participantes americanos, canadenses, ingleses e suíços, devo assinalar a importância das contribuições originais de E. Gilliéron que, além de tudo, conseguiu estabelecer uma ligação orgânica sintética válida entre as diferentes colaborações.

Podemos enfim dispor de uma obra completa que faltava em francês sobre uma forma de tratamento dos problemas psíquicos que tem conquistado bastante espaço em muitos países e que propõe questões interessantes tanto teóricas quanto práticas.

Ao examinar a literatura sobre as psicoterapias breves, percebemos que certos autores as estão encurtando cada vez mais. Um desses artigos descreve as psicoterapias breves com homossexuais em situações de crise, que não duram mais do que uma a três sessões. Uma seção do III° Simpósio Internacional a respeito da psicoterapia dinâmica breve de Los Angeles, em 1977, foi dedicada ao estudo das psicoterapias de duas sessões. Caberia perguntar se não estaríamos tentando estabelecer recordes e se determinados psicoterapeutas não estariam querendo se tornar "campeões olímpicos" da psicoterapia mais breve. Balint e sua equipe já descreveram uma consulta de um clínico geral que durou seis minutos. Logo estaremos calculando o tempo da psicoterapia em segundos! No entanto, a verdade é que observações sérias mostram que uma única entrevista com um paciente pode exercer efeitos duradouros, favoráveis e às vezes desfavoráveis. Com relação a essas intervenções, trata-se de uma psicoterapia ou, mais ainda, de uma psicoterapia psicanalítica?

Se, por um lado, o histórico elaborado por E. Gilliéron mostra com grande clareza a existência de uma corrente "breve" dentro do movimento psicanalítico, por outro permite perceber que sempre existiu o perigo de, ao se tentar abreviar o tratamento clássico, sair do campo analítico. Esse problema teórico é interessante, pois permite tentar compreender no que o processo psicanalítico, tão conhecido pelo estudo da neurose de transferência, se diferencia de outros processos psicoterápicos. Levemos em conta que uma das principais características da neurose de transferência é a de se desenvolver lentamente e fazer com que o paciente reviva na situação analítica fases de seu passado. Existe realmente, como sugerem os autores, uma neurose de transferência "focalizada" que poderia ser elaborada e liquidada em alguns meses? Esse assunto exigirá novas pesquisas e um dos méritos deste livro é despertar constantemente o nosso interesse, colocando questões primordiais e expondo extensamente no capítulo sobre a pesquisa (parte três) caminhos que levariam às soluções, se não globais, ao menos parciais.

Pode ser que problemas transferenciais, no sentido técnico do termo, sejam abordados e liquidados na psicoterapia breve segundo modalidades muito diferentes daquelas da psicanálise. Conforme se sabe, alguns autores admitem que o processo psicanalítico se desenrola ao longo das psicoterapias analíticas breves e que outros autores, ao contrário, procuram descrever um processo psicoterapêutico diferente.

Imediatamente coloca-se outra questão primordial, relacionada com o problema do processo: o tipo de relação que ocorre na psicoterapia analítica breve. Trata-se de uma relação psicanalítica caracterizada pela transferência e pela contratransferência ou de um outro tipo de relação pessoal íntima que seria conveniente estudar e descrever detalhadamente para podermos discriminar suas características?

Eis aí alguns problemas abordados com prioridade nesta obra, abrilhantada de maneiras diferentes por psicoterapeutas de Boston, Montreal, Basiléia, Genebra e Lausanne. Para nos informarmos melhor acerca desses problemas, podemos aproveitar algumas lições sobre as indicações para uma psicoterapia analítica breve, assunto a respeito do qual também há opiniões divergentes.

Em uma de suas colaborações, Peter Sifneos, de Boston, menciona que, nos Estados Unidos, as instituições de seguro de saúde pagam mais facilmente os tratamentos breves ou chegam a só cobrir esse tipo de tratamento. Aí está uma questão que preocupa algumas sociedades psicanalíticas européias, isto é, a dos honorários do psicanalista dentro do próprio processo psicanalítico, a necessidade de o paciente pagar ou não e a influência do dinheiro no desenvolvimento do tratamento. Mas, como assinala Sifneos, existe um perigo sutil de que certas formas de tratamento sejam preferidas a outras em virtude de questões sócio-econômicas ou econômico-políticas, e então a influência poderia se tornar nefasta, se ela tiver grande peso na prática dos psicoterapeutas. Não é por ser um tratamento menos dispendioso do que a psicanálise que a psicoterapia analítica breve é melhor e deva ser preferida àquela.

A principal contribuição das modernas escolas de psicoterapia analítica de grupo diz respeito ao "fogo", isto é, o cenário interpretativo que se vai privilegiar, a hipótese interpretativa essencial ao redor da qual se centrará a terapia. É evidente que todos os estados neuróticos onde esse núcleo não se cristaliza rapidamente são excluídos dessa forma de atendimento. Cabe formular a hipótese de que a estruturação rápida de um núcleo interpretativo só se realiza em sujeitos que possuem um Ego constituído relativamente sadio, portanto pouco atingido pelas neuroses. No entanto, esse núcleo interpretativo, segundo alguns autores, pode delimitar zonas perturbadas pré-genitais, o que representaria um argumento contra a hipótese há pouco formulada. Sempre ocorre que o reconhecimento, a formulação e a aplicação prática do "foco" acabam representando uma seqüência psicoterapêutica delicada com incidentes importantes no que diz respeito à formação dos psicoterapeutas.

Em desenvolvimentos teóricos mais extensos, E. Gilliéron tenta vencer as restrições psicanalíticas formuladas numa teoria que ele considera fechada, e tenta abrir recorrendo à teoria geral dos sistemas. A propósito, permito-me algumas observações:

1. O sistema teórico elaborado pelo próprio Freud parece-me nunca ter sido fechado. Não esqueçamos que Freud esteve sempre aberto às dimensões hereditárias e constitucionais, de um lado, e às correlações biológicas de outro. Se ele se utilizou de um rigor metodológico extremo no que respeita a alguns de seus discípulos, isso ocorreu ao longo de um desenvolvimento histórico, intelectual e afetivo que o desviou de algumas de suas posições. Parece-nos que a psicanálise não se limitou à questão do funcionamento intrapsíquico. A própria situação do tratamento psicanalítico, ao longo do qual foram sendo feitas descobertas sobre o funcionamento e a estrutura psíquica, implica uma relação com o psicoterapeuta, portanto uma inegável abertura para o outro, e, através dele, para a sociedade. Em contrapartida, certas "panelinhas" como são chamadas, ou certos grupos psicanalíticos — citemos o lacanianismo —, estabeleceram doutrinas bem fechadas sobre elas mesmas, e incapazes de enxergar outros elementos a não ser os que elas apreenderam.

2. Evocar a aplicação da teoria geral dos sistemas para "metacomunicar-se", como dizem alguns, sobre a própria psicanálise, pode ser uma solução, contanto que a utilizemos verdadeiramente e que esse discurso seja instaurado. Até agora temos ouvido muitas propostas de pesquisa (pois é de pesquisa que se trata), sem que elas se concretizassem. Será possível, talvez, no-

PREFÁCIO À EDIÇÃO FRANCESA

tar que a teoria geral dos sistemas é igualmente um sistema fechado e que suas idéias gerais, estritamente racionais, aplicam-se muito mal à compreensão da psicanálise, cujas leis obrigam a um modo de pensar bem diferente?

A psicoterapia analítica breve é apenas uma das formas de psicoterapia e é evidente, depois do que dissemos, que ela só pode ser utilizada com pacientes cuidadosamente escolhidos. Qual é a importância dessa forma de tratamento? Para dar uma resposta preliminar a essa questão, farei uma apreciação sobre a importância que ela tem na Policlínica Psiquiátrica Universitária de Lausanne, onde Gilliéron a introduziu e desenvolveu. Esse serviço de ambulatório psiquiátrico serve à população urbana de Lausanne, e em março de 1976 fizemos um recenseamento de todas as psicoterapias ali existentes, no sentido restrito do termo. Havia 296 psicoterapias em curso, realizadas por 26 médicos. Quase metade delas, de psicoterapias de apoio; mais de um décimo, psicoterapias analíticas de grupo; e mais de um quarto delas, isto é, oitenta pacientes, de psicoterapias individuais de inspiração analítica. Desses oitenta pacientes, dezesseis eram tratados com uma psicoterapia analítica breve, totalizando 20% das psicoterapias de inspiração analítica e cerca de 5% do conjunto das psicoterapias. Esse tratamento pode, portanto, adquirir uma importância real dentro do chamado arsenal terapêutico. Seu conhecimento torna-se indispensável para o psiquiatra e creio que este livro representa um importante instrumento de trabalho colocado à sua disposição.

Professor Pierre-B. Schneider.

AGRADECIMENTOS

O Dr. Edouard de Perrot, apesar de suas muitas atividades, fez um trabalho muito importante de tradução de textos do inglês para o francês, com uma rapidez notável. Alguns desses textos não puderam ser publicados neste livro, mas foram utilizados na discussão. O Dr. Jean Bovet, chefe de nosso serviço de pesquisas, revisou o Capítulo V e me deu preciosos conselhos; os doutores Alex Gerber e Jorg Schmutz traduziram os textos do alemão para o francês. Colette Merceron, psicóloga, e a Dra. Fiorella Gilliéron-Milla aceitaram agir como juízes na pesquisa mencionada no Capítulo V. O Dr. Marcel Roch, psicanalista, releu o Capítulo I, apresentando-me também observações úteis. Finalmente, uma menção especial à minha secretária, Nicole Fiocchi; ela me ajudou a ler textos muitas vezes dificilmente decifráveis, e soube corrigir muitas inexatidões, enfrentando, com bom humor, situações por vezes bem complicadas; Madame Danièle Gavillet a apoiou nessa tarefa. Agradeço calorosamente a todos esses colegas!

Não poderia me esquecer de todos os pacientes que, às vezes a despeito de algumas decepções, desejaram contribuir com a nossa pesquisa.

ADVERTÊNCIA

Este livro registra o que se debateu em Simpósio Internacional realizado em Lausanne, em julho de 1976, para exame das psicoterapias breves de inspiração psicanalítica. Ao conclave compareceram quase cem psicanalistas e psicoterapeutas da Europa e das Américas. Entre eles havia autores tão conhecidos por seus trabalhos na área em tela, quanto D. H. Malan (Londres), P. Sifneos (Boston), D. Beck (Bale) e P. Dreyfus, antigo colaborador de Malan (também de Bale).

Este livro corresponde a uma etapa de reflexão e de pesquisa (que já dura quinze anos) sobre as relações entre processos psicanalíticos e processos psicoterápicos. O estudo das psicoterapias breves pode trazer subsídios muito úteis para a apreciação desse tema. É conveniente lembrar que, embora quase todos os métodos psicoterápicos modernos derivem, em parte, da psicanálise, alguns se afastaram dela a tal ponto que não mais poderiam nem gostariam de ser considerados psicanalíticos. Como se sabe, a psicoterapia não é uma invenção freudiana. A palavra "psicoterapia", por exemplo, já se encontra na literatura cristã dos padres gregos ortodoxos. Além disso, após os estudos de Philippe Pinel, desenvolveu-se em paralelo com a hipnose médica uma forma de psicoterapia moral. Muitas psicoterapias modernas parecem, às vezes, um retorno aos métodos pré-freudianos. Todas se gabam de sua grande eficácia e de sua brevidade. Isso pode originar muitos mal-entendidos, dado que não existe uma forma única de psicoterapia breve, mas existem inúmeras, a maioria das quais se opõe, por suas teorias subjacentes e seus aspectos técnicos, às concepções fundamentais da psicanálise. A noção de "brevidade" não define a psicoterapia. Em verdade, qualquer tentativa de compreender a psicoterapia breve de uma forma global levaria, inexoravelmente, a um estudo de praticamente todo o campo psicoterápico: os terapeutas do comportamento (behavioristas) gabam-se da eficácia e da brevidade de seus métodos; Rogers e seus discípulos também descrevem terapias "centradas no cliente", de curta duração ou de duração limitada. As escolas de terapias de família, particularmente a de *Palo Alto* (Weakland, Watzlawick, etc.), descrevem técnicas terapêuticas breves. Ao se estudar os métodos utilizados, sem levar em conta o enquadre teórico dos vários autores, encontra-se grande quantidade de ações diversas: hospitalizações breves, manipulações mais ou menos marcantes do ambiente dos pacientes, tratamentos comunitários, utilização de medicamentos variados, hipnose, técnicas de grupo chamadas "maratonas", procedimentos de esclarecimento intelectual, tratamentos da alma, conselhos ou instruções, reasseguração, etc., etc. O pragmatismo sobrepõe-se a qualquer opinião teórica e se pode entender a desconfiança que, com bastante freqüência, acaba levando a recusar a possibilidade de encurtar os tratamentos. Essa tendência acentua-se ainda mais porque, logo de início, o movimento freudiano foi agitado por numerosas crises que conduziram a dissidências, algumas bem conhecidas (Jung, Adler, Rank, etc.), que contestaram, ou pelo menos quiseram amenizar, certos conceitos básicos da psicanálise. Pode-se, é claro, por analogia ao que ocorre num tratamento psicanalítico, considerar esses movimentos como de *resistência* à psicanálise. Às vezes, os "dissidentes" justificavam seus novos métodos por sua eficiência e brevidade (W. Stekel, Rank, por exemplo). No entanto, os "ortodoxos" tendem a *confundir* brevidade com desvio.

Esse preâmbulo é indispensável para deixar claro que o

objeto desta obra são as psicoterapias breves de inspiração psicanalítica freudiana.

Mesmo nesse contexto nitidamente restrito, reina um intrigante ecletismo. Contudo, em vez de repudiar aqueles métodos, em nome de uma ortodoxia talvez um pouco dogmática, dever-se-ia refletir sobre os *fatores dinâmicos que estão em jogo nas psicoterapias*, concernentes à transferência e à contratransferência, à própria dinâmica do dispositivo do tratamento, aos critérios de seleção dos pacientes, etc.

Acerca deste assunto, examinemos, por exemplo, o problema da contratransferência. C. Golden observa: "Fiquei surpreso ao notar que existe uma relação muito estreita entre os critérios de seleção quase sempre bem fundamentados anunciados pelos terapeutas, seu estilo e as respectivas técnicas."[1] A isso poderíamos acrescentar esta citação de M. Gressot: "Cada psicoterapia considera um aspecto diferente: provém, portanto, de uma limitação, mais ou menos severa e diferentemente situada, com respeito ao conjunto das atitudes possíveis. Por isso, cada uma delas se caracteriza, muitas vezes sem sabê-lo, por uma base contratransferencial seletiva."[2] Cabe, portanto, perguntar se cada terapeuta não criaria seu próprio método, em função de sua economia pessoal, escolhendo os pacientes correspondentes. Nesse caso, tratar-se-ia de um movimento de resistência do terapeuta ao processo psicanalítico global. A noção de "focalização", muito debatida neste livro, poderia ligar-se a essa idéia.

A respeito da *especificidade da ação dinâmica* das psicoterapias, J. Frank, por exemplo, atribui as mudanças observadas a *fatores comuns a todas as psicoterapias* (essencialmente, à qualidade "humana" da relação e à *crença* em alguma teoria, com-

---

1. C. Golswn: "Implications of the interviewer's technique on selection criteria". *In*: H. Davanloo, *Short-term dynamic psychotherapy*, pp. 269-290, Nova York-Londres S.P. Medical & Scientific Books, 1978.
2. M. Gressot: "Psychanalyse et psychotherapy". *In*: *Le royaume Intermédiaire*. Paris, P.U.F., 1979, p. 242.

partilhada pelo paciente e pelo psicoterapeuta). Isso equivale a dizer que a especificidade não existe[3]. É preciso admitir que a extrema variedade de procedimentos psicoterápicos não deixará de parecer surpreendente. Os recursos utilizados são numerosos (focalização por atenção e negligência seletivas, maior atividade, referência a uma técnica interpretativa específica, seleção de pacientes, flexibilidade, etc.). Cada uma dessas características poderia ser atribuída a um dos *aspectos* da teoria psicanalítica, mas nenhuma delas parece traduzir sua *totalidade*. Surge, portanto, incessantemente, a idéia de um aspecto parcial ou não específico da psicoterapia em comparação com a psicanálise. Ora, a nosso ver, essa comparação é totalmente equivocada. A psicanálise, assinala Serge Viderman, é indissociável de seu *enquadre específico*. "Até mesmo para haver a possibilidade de observar, é preciso dar aos fenômenos um enquadre organizador, uma forma que destaque as imaginárias linhas de força. Não apenas é impossível interpretar o que está sob nossas vistas, como, ainda, ver o que enxergamos fora de um modelo que determina a forma."[4] Na teoria ou na prática, isolar o processo de seu contexto equipara-se a acreditar que um esquiador possa, no verão, deslizar sobre a relva com a mesma facilidade com que, no inverno, desce as pistas com neve.

As pesquisas sobre os resultados dos tratamentos de inspiração psicanalítica fundamentam-se, há muito tempo, em dois dados *a priori*:

a) todas as psicoterapias visam a *mudanças da mesma natureza*;

b) todas podem se referir às mesmas *premissas teórias* (a teoria psicanalítica).

As mudanças seriam medidas segundo critérios clínicos sempre mais rigorosos, visando distinguir as modificações "profun-

---
3. J. Frank: "Therapeutic components of psychotherapy". In: *Journ. of Nerv. and Ment. Disease*, 159: 325-342, 1974.
4. S. Viderman: *La Construction de l'espace analytique*. Paris, Denoël, 1970, p. 36.

das" e as alterações "superficiais", como a volta ao equilíbrio anterior, o deslocamento sintomático, a diminuição das tensões psíquicas, através da mudança para um ambiente mais tolerante, etc. Atualmente, no entanto, percebe-se que estão mal formuladas as questões tradicionais: "A psicoterapia é eficaz?" ou "Esta forma de psicoterapia é mais eficaz que aquela outra?" A comparação dos resultados obtidos através de procedimentos diferentes quase nada esclarece acerca dos fatores ativos.

As famosas pesquisas de *Luborsky* mostram claramente que os resultados terapêuticos são semelhantes, quaisquer que sejam os critérios utilizados (melhora sintomática, estabilidade das curas, possibilidade de enfrentar, sem recaída, situações de stress psíquico, etc.)[5]. É muito provável que existam várias maneiras de alguém se sentir bem (mesmo segundo os critérios *psicodinâmicos*), como é muito provável que algumas pessoas que obtiveram grande melhora através do aprofundamento de seu insight possam *também* encontrar seu equilíbrio graças a uma remodelação de seu sistema defensivo, sem modificação profunda do insight.

Sabemos, por exemplo, que pessoas de estruturas muito diferentes podem viver sem grandes problemas afetivos, dando provas de grande otimismo, tendo vidas muito enriquecedoras, em condições de compartilhá-las com os outros. É preciso abandonar a idéia utópica de uma psicoterapia universal. "Por isso, o problema dos resultados terapêuticos deve ser reformulado, ganhando aspecto de uma questão científica padronizada: que intervenções terapêuticas específicas produzem mudanças específicas em pacientes específicos e em que condições específicas?", diz H. Strupp, assinalando, ao referir-se a muitos relatórios documentados, que cerca de *dois terços de todos os pacientes podem reagir positivamente às psicoterapias de curta duração*[6].

---

5. Luborsky: "Comparative studies of psychotherapies". *Arch. Gen. Psychiatry*, 32: 995-1008, agosto 1975.
6. H. Strupp: "Psychotherapy Research and Practice: an Overview". *In*: Sol L. Garfield and Allen E. Bergin, *Handbook of Psychotherapy and behavior change: an empirical analysis*. Nova York, John Wiley & Sons, 1981, pp. 3 a 22.

Nem sempre é indispensável um longo período de perlaboração para que haja tomadas de consciência muito profundas.

Convém, portanto, retomar o problema desde sua base e redefinir os diferentes elementos específicos da psicoterapia, integrando-os num *modelo*.

No que se refere à psicanálise, a questão principal deveria ser a da delimitação do processo psicoterápico, em comparação com o processo psicanalítico. Para uma categorização mais exata dos problemas, a referência às concepções *sistêmicas* (mais especificamente, cibernéticas) pode ser útil, na medida em que, atualmente, se admite a centralidade da noção de *relação intersubjetiva* (transferência, contratransferência, interações). Os teóricos da comunicação estudam, exatamente, estes problemas da *relação*, cujos elementos poderiam ser distribuídos em três categorias:

1. os que dizem respeito ao enquadre;
2. os que se referem aos indivíduos (o terapeuta e o paciente);
3. os que se referem à própria relação, isto é, às características sistêmicas da relação (resultante da influência recíproca das partes), incluindo os fatores da transferência e da contratransferência, a técnica e as resistências.

É cada vez mais reconhecida a necessidade de estabelecer uma *distinção* clara entre *enquadre* e *relação intersubjetiva*. Essa distinção se mostra indispensável, tanto em psicoterapia quanto em psicanálise. O enquadre inclui os dados fixos do tratamento (setting): freqüência das sessões, limite de tempo, face a face, divã, poltrona, etc. Ele é também delimitado por dados menos concretos mas fundamentais, como a posição sócio-cultural da psicoterapia em geral, os direitos e os deveres do psicoterapeuta e do paciente, em suma, todos os determinantes sociais do tratamento. A *relação* define o que ocorre "entre" o terapeuta e seu paciente, especialmente a natureza das *trocas* (associação livre, neutralidade do terapeuta) e a natureza das intervenções (interpretações, sugestões, etc.).

Supõe-se que o processo desencadeado varie consideravelmente segundo o dispositivo do tratamento, as *personalidades* do terapeuta e do paciente, e as *características básicas da relação*. A maioria das elaborações acerca da psicanálise ou das psicoterapias de inspiração psicanalítica atribui importância primordial aos fatores individuais (psicopatologia, indicação para uma ou outra forma de psicoterapia, estrutura dos pacientes, etc.), concordando essencialmente com o modo de reflexão concebido por *Freud*, que não excluiria, no entanto, outras possibilidades. Achamos necessário ampliar o campo de investigação para conhecer melhor o que acontece numa psicoterapia, sendo justamente este o interesse das psicoterapias breves de inspiração psicanalítica.

No capítulo acerca do histórico da psicoterapia breve, veremos que uma corrente "breve" sempre esteve presente no movimento psicanalítico e que a origem das psicoterapias analíticas breves (Ferenczi) se coloca num momento em que ocorre uma guinada importante do pensamento de Freud, que, por motivos *epistemológicos*, rejeitou qualquer alteração do enquadre psicanalítico, admitindo, no entanto, a possibilidade futura de novas diretrizes técnicas.

Na segunda e na terceira partes deste livro, diferentes autores abordam um aspecto particular das P.I.P. breves (Temporalidade, Focalização, Transferência e Regressão-Interpretação-efeitos ou resultados).

Será a oportunidade para que o leitor se oriente em meio às diferentes concepções. Tentaremos, depois, assinalar algumas linhas de força gerais e esboçar um modelo de tratamento psicoterápico para compará-lo ao modelo de tratamento psicanalítico.

PARTE I

ASPECTOS HISTÓRICOS

CAPÍTULO I
NOTAS HITÓRICAS: DESENVOLVIMENTO DA PSICANÁLISE E DA PSICOTERAPIA BREVE

1. INTRODUÇÃO

O leitor interessado na história das psicoterapias breves pode recorrer às obras de D. Malan, *Um estudo da psicoterapia breve*[1] e de L. Small, *As psicoterapias breves*[2] ou à extensa bibliografia de P. Harvey e Ph. D. Mandel, *Short-term Psychotherapy and Brief Treatment Techniques*[3]. Esse escorço histórico terá como objetivo inserir o surgimento das psicoterapias breves no próprio movimento psicanalítico e demonstrar a relação dinâmica que une o processo psicoterapêutico e o processo psicanalítico.

M. Balint e D. Malan apontaram reiteradamente a tendência da maioria das formas psicoterapêuticas de se prolongarem no tempo, fenômeno já advertido antes por S. Freud. Para entender esta evolução, é indispensável, atualmente, que levantemos a questão não apenas dos efeitos do dispositivo (espacial e temporal) do tratamento analítico sobre os fenômenos observados,

---

1. Paris, Payot, 1975.
2. Nova York, Brunner-Mazel, 1971.
3. Nova York, Plenum, 1981.

mas também a questão do impacto de certos acontecimentos sobre o *pensamento* (modelo teórico). Para nós, a articulação entre realidade externa e realidade interna (que diz respeito ao processo de *mentalização*) é ainda muito mal conhecida, apesar dos esforços feitos nesse sentido. É de fato impressionante constatar que o surgimento das psicoterapias analíticas breves pode inserir-se na evolução do movimento psicanalítico e definir-se tanto como seu *princípio*, quanto como uma *reação* a esta evolução, em particular à considerável extensão dos tratamentos. A partir disso, deve-se considerar o surgimento dos métodos terapêuticos breves de base psicanalítica, como um componente do processo dinâmico que fez da psicanálise moderna o que ela é hoje; componente muitas vezes considerado como "resistência", como teremos oportunidade de verificar. Sabe-se que, ao mesmo tempo que o movimento psicanalítico teve de enfrentar uma grande oposição *externa*, ela também foi palco de numerosos conflitos *internos*, muitas vezes violentos, de discussões, de questionamentos, a ponto de terem servido como inspiração para uma reflexão teórica aprofundada de Serge Viderman[4].

Todas as ciências são, evidentemente, objeto de remanejamentos e de revisões, mas são raras aquelas onde as divergências de opinião provocaram tão passionais tomadas de posição. As tentativas de encurtar os tratamentos, quando uma das constantes nessa evolução foi justamente seu prolongamento cada vez mais marcante, foram uma das divergências que mais tumultos provocou. Elas geralmente foram classificadas como "resistências" pelos membros mais ortodoxos do movimento psicanalítico, que aceitavam com maior facilidade certas posições pessimistas a respeito das *possibilidades* terapêuticas da psicanálise ou dúvidas quanto à *natureza* terapêutica desta[5]. O próprio Freud pa-

---

4. *La construction de l'espace analytique*. Paris, Denoël, 1970. Ver também "Constructions et reconstructions". *In: Revue française de psychanalyse*, XXXXVIII, n.º 2/3, Paris, P.U.F., 1974.
5. S'agit-il d'un traitement?", pergunta-se J. A. Gendrot. "Introduction au colloque sur Analyse terminée et Analyse interminable". *Revue française de psychanalyse*. Paris, P.U.F., tomo XXXXII, n.º 2, p. 217, 1968.

rece ter sido menos virulento que seus discípulos e tentou utilizar alguns recursos técnicos propostos por Ferenczi ou Rank, por exemplo; mas devemos reconhecer que ele desistiu rápido demais, preferindo uma justificação metapsicológica para a questão da duração dos tratamentos a uma tentativa de modificar a técnica. Esta atitude, que parece corresponder a uma necessidade profundamente enraizada no homem, talvez tenha influenciado muito a evolução das pesquisas psicanalíticas: basta constatar a enorme importância que tem sido dada progressivamente na literatura psicanalítica francesa às publicações de temas metapsicológicos, em comparação com a importância dedicada aos escritos clínicos. Parece que se considera que se o pai da psicanálise, que se mostrava tão impassível frente à hostilidade de seus opositores, renunciava a determinados procedimentos, ele devia ter tido razões válidas para isso, e que seria portanto conveniente seguir seu exemplo. No entanto, deveríamos perguntar se se tratava de um repúdio *racional* ou de um recuo frente a um obstáculo. É certo que outros já se colocaram essas questões antes do que eu (Ferenczi, Alexander, ou mais tarde Balint, etc.), mas acho que não é inútil voltar a esse problema, retomando uma descrição seguramente sumária e incompleta da evolução da técnica psicanalítica desde seus primórdios.

2. DURAÇÃO DOS TRATAMENTOS

Os primeiros tratamentos de Freud, como sabemos, foram muito curtos. Desse modo, nos *Estudos sobre a histeria* (1896), que traz relatos sobre os pacientes tratados aproximadamente entre 1889 e 1894, notam-se as seguintes durações: Emmy V. N....: sete semanas; Lucy R., sobre quem Freud disse que a doença poderia ter sido tratada em uma única sessão: nove semanas; Katharina: uma sessão; Elisabeth v. R.: alguns meses. Em escritos clínicos posteriores Freud assinala ainda as seguintes durações: Dora, tratada em 1889: aproximadamente três meses; o pequeno

Hans em 1909: cerca de dois meses; o Homem dos Ratos, 1909: cerca de onze meses. Sabe-se também, por intermédio de Jones, que Freud tratou nessa mesma época de Gustav Mahler, durante um passeio de quatro horas. Por outro lado, em 1918, Freud publica o caso do Homem dos Lobos, tratado durante cinco anos. Constatamos, assim, um aumento considerável na duração desse tratamento, mas Freud fez uma exceção neste caso, e é muito claro que ele esperava que a utilização dos conhecimentos psicanalíticos adquiridos durante esse tratamento pudesse levar a uma diminuição do tempo de duração dos tratamentos posteriores: "Deve-se esperar em muito poucos casos, no doente e nos seus familiares, tanta paciência, docilidade, compreensão e confiança. O analista terá o direito de dizer a si mesmo que os resultados obtidos através de um trabalho tão longo com um único caso o ajudarão a encurtar, futuramente, a duração do tratamento de algum outro caso, igualmente grave, conseguindo assim dominar progressivamente o modo de ser 'atemporal' do inconsciente, isso depois de ter sido primeiramente submetido a ele."[6] Notamos nesse trecho uma questão à qual teremos oportunidade de voltar adiante: embora, pela primeira vez nesse caso, ele tenha fixado autoritariamente um fim para o tratamento, parece não ter cogitado de fazer qualquer modificação técnica para acelerar o processo, mas enfatiza principalmente os novos *conhecimentos adquiridos* graças a esse tratamento. Novos conhecimentos que, segundo ele, permitiriam ganhar tempo, por assim dizer.

Embora esse caso pareça ter sido uma exceção, pois tanto nos escritos teóricos quanto nos clínicos de 1905 a 1938 (*Esboço da Psicanálise*)[7] Freud indica durações médias de um ano e meio, apenas *às vezes* mais, não resta dúvida de que a duração dos tratamentos estava em vias de aumentar significativamente. Esse movimento no sentido de aumentar a duração dos tratamentos cres-

---

6. "L'Homme aux loups". Trad. franc. *In*: *Cinq psychanalyses*. Paris, P.U.F., 1967.
7. S. Freud: *Abrégé de psychanalyse*. Trad. franc. Paris, P.U.F., 1949.

ceu; atualmente se sabe que as psicanálises são geralmente muito mais longas, e uma duração de quatro ou cinco anos está longe de ser uma exceção.

Essa tendência começou, portanto, muito cedo, e provocou alguns tumultos dentro do movimento psicanalítico, como já dissemos, incitando o próprio Freud a cogitar da questão. Muitos autores seguiram o seu exemplo e procuraram colocar em evidência os diversos fatores que provocariam o prolongamento dos tratamentos.

D. *Malan* resume-os assim[8]:
1. Resistência
2. Sobredeterminação
3. Necessidade de perlaboração
4. Raízes da neurose submersas na primeira infância
5. Transferência
6. Dependência
7. Transferência negativa ligada ao término
8. Neuroses de transferência

Além disso, no terapeuta:
9. Tendência à passividade
10. Impressão de eternidade dada ao paciente
11. Perfeccionismo terapêutico
12. Interesse crescente pelas experiências cada vez mais profundas e precoces

Essa lista de fatores parece resumir muito bem a evolução da técnica psicanalítica, mas parece-me interessante retomar o problema, na esperança de colocar em evidência os elementos suscetíveis de explicar a tendência aparentemente inevitável para o alongamento dos tratamentos. Para fazê-lo, tentemos uma abordagem um pouco menos descritiva dos eventos, estudando a dinâ-

---
8. *La psychothérapie brève.* Op. cit., pp. 18-19.

mica da *relação terapêutica* estabelecida por Freud. Antes de mais nada, nos deteremos um pouco na primeira obra de Freud, *Estudos sobre a histeria*, considerado como o manual da técnica "catártica", mas também, por certos autores, além de tudo, um *modelo de psicoterapia breve* (veja Fenichel, por exemplo).

3. ESTUDOS SOBRE A HISTERIA[9]

Eles são, evidentemente, objeto de atenção de todos os exegetas da obra freudiana, que ali buscam os primeiros traços de toda a evolução teórica e clínica do pensamento do Mestre; no entanto, raramente se coloca em questão esta evolução e poucas vezes se pergunta a respeito das *causas do processo de prolongamento dos tratamentos*, o qual parece perfeitamente natural para todos, e algo relacionado com o considerável desenvolvimento dos conhecimentos sobre o funcionamento psíquico. Classicamente esse livro é considerado parte do período chamado de "pré-analítico"; o período propriamente analítico começa apenas a partir do livro *A interpretação dos sonhos* (1899-1900) e do surgimento do método das "associações livres".

No entanto, o *mecanismo dinâmico* que levou Freud a esses desenvolvimentos sucessivos parece-nos tão interessante quanto a própria evolução do seu *pensamento*. Sabe-se que os primeiros escritos freudianos refletem um certo otimismo terapêutico, enquanto os últimos, embora alguns o neguem, traduzem, ao contrário, um certo pessimismo (*Análise terminável — análise interminável*). Essa confrontação entre duas atitudes opostas, o entusiasmo do início e uma sensação de impotência no final, é por si mesma tão impressionante que nos leva a reconsiderar o problema e a nos perguntar se os obstáculos encontrados no fim já não estariam presentes no início; ainda mais porque a opinião dos psicanalistas modernos não parece ser muito mais otimista

---

9. Trad. franc., Paris P.U.F.

que a do próprio Freud; basta atentar para certas reflexões desiludidas, muitas vezes em forma de gracejos, nas conversas entre psicanalistas...

Freud disse sobre os *Estudos*, em 1908, que eles continham, "em germe, tudo aquilo que foi posteriormente acrescentado à teoria catártica". Justamente aí reside o interesse deste livro, pois nele podemos ver *Freud em ação* e *simultaneamente* podemos ali descobrir os *esboços de seu desenvolvimento teórico*.

a) Aspectos teóricos

Os *Estudos*, são, em verdade, a descrição clínica, acompanhada de considerações teóricas, de cinco casos de mulheres que sofriam de distúrbios histéricos, tratadas pelo método catártico, uma por Breuer e as outras quatro por Freud. Aqui podemos ver a aplicação das idéias já apresentadas antes, na "Comunicação preliminar" (1892), e sobretudo no notável artigo de 1894, "As psiconeuroses de defesa", segundo o qual os neuróticos "padecem de reminiscências". Sabe-se que, desde 1889 (segunda carta a Fliess), Freud já havia admitido que as neuroses não eram inteiramente orgânicas mas poderiam ter uma origem psíquica, o modelo cerebral não seria portanto mais essencialmente neurológico, mas definido como uma zona repleta de conteúdos psíquicos. A partir daí, ele admitiria que uma *influência psicológica* poderia curar uma doença. No entanto, embora tenha algumas vezes renegado suas orgiens médico-científicas, ele permanecia acima de tudo um médico, e sua atitude o refletia claramente: a neurose era uma *doença* e portanto devia-se procurar a sua etiologia. Ele manteria essa ótica até seus últimos dias, falando constantemente de um procedimento terapêutico *causal* das enfermidades psíquicas. Na época dos *Estudos*, ele considerava que *a causa* da neurose se situava num *trauma psíquico* ocorrido num período mais ou menos precoce, trauma que deixou traços capazes de permanecer muito tempo escondidos, mas reativáveis em determinados momentos da existência. No fim do livro, ele será mais preciso e o chamará de trauma *sexual*. Podemos, então, esquematizar essa idéia central do trauma da seguinte maneira: um fenômeno *externo*, relacionado com a vida sexual, que ocorreu mais ou menos precocemente na vida de um indivíduo, faz com que ele se confronte com sentimentos intoleráveis, criando assim um conflito no seio de sua vida imaginária. O Ego* desse indivíduo, para se defender desse conflito, trata essa idéia como "inexistente". Para fazê-lo, ele a priva (ou à sua representação) de sua carga afetiva. A idéia, ou os traços mnêmicos da experiência traumática, fica para sempre fixada ali, mas é pouco perigosa para o Ego. Por outro lado, a soma das excitações (o afeto) que foi deslocada deve ser dedicada a outro fim: aquilo que Freud chamou de "a conversão da emoção em inervação somática"[10]; esta conversão culmina nos sintomas clássicos da histeria. Portanto, de um certo modo, a origem da neurose é uma ferida provinda do mundo externo que deixa uma cicatriz psíquica. Na "comunicação preliminar", Freud e Breuer definem as condições necessárias para uma situação patogênica:

1. Os pacientes, por motivos *externos*, não tiveram qualquer possibilidade de reagir (perda de um objeto de amor, situação social que tornou impossível qualquer reação, ou algo que se desejou intencionalmente esquecer).

2. As condições *psíquicas* do sujeito, no momento em que o fato aconteceu, não lhe permitiram reagir.

Mas Freud, que logo enfatizou a idéia do trauma como tentativa de sedução *sexual* da criança ou do adolescente por uma pessoa próxima, centrará sua atenção no aspecto *intrapsíquico* do conflito, deixando pouco espaço para as "condições *externas*", influenciando assim toda a evolução da psicanálise.

b) Aspectos técnicos

Com base nessa teoria do trauma, a tarefa do terapeuta é fazer o caminho inverso ao da patogenia dos sintomas, isto é:

---

* Ao longo do livro, *Moi* será traduzido por *Ego*. Em português há uma tendência para traduzi-lo por *Eu*, que se justifica nos textos de Lacan. Na obra de Gilliéron, *Moi* é o *Ego* da segunda tópica de Freud, o mesmo valendo para *Surmoi*; traduzido por *Superego*. (N.R.T.)

10. *Études sur l'histérie*.

ligar novamente o afeto fixado em algum órgão externo (conversão somática) à representação do trauma original, a qual até esse momento permanecia oculta (inconsciente). Isso, devido às melhores condições do paciente (mais maturidade do que na época do trauma original, apoio do médico, etc.), permitirá enfim uma descarga emocional (catarse), uma reação adequada, tal como deveria ter acontecido àquela época do trauma, se o paciente tivesse tido condições, e semelhante àquela observável nas neuroses traumáticas, às quais Freud comparou a neurose histérica naquele momento (neurose de guerra, neurose pós-acidental, etc.).

O processo terapêutico visa, portanto, fazer recordar esse primeiro *incidente patogênico*, pois a neurose padece de "reminiscências". Contudo, em seu trabalho, Freud se deparou rapidamente com imensas *"resistências"* à lembrança: *"Através de meu trabalho psíquico tive que vencer uma força psíquica do paciente que se opunha à tomada de consciência (à volta da recordação) das representações patogênicas."*[11] Em função dessa resistência, Freud introduziu a noção de *defesa*, que é a força repulsiva encarregada de manter fora da consciência e da memória a representação patogênica. Esta defesa, que sempre agiu de modo a afastar da consciência a representação traumática, será portanto a mesma que se *oporá aos esforços do terapeuta*: "Uma representação atinge o Ego do paciente, representação a qual se mostra inconciliável, despertando nele uma força repulsiva. Essa repulsa é uma *defesa* contra a idéia inconciliável, cujo objetivo é manter fora da consciência e da memória tal representação, aparentemente sem deixar qualquer traço. Mas esse traço permanece. Ao esforçar-me para dirigir a atenção do paciente para essa representação, pude perceber, a título de *resistência*, a mesma energia que antes da gênese do sintoma havia aparecido como repulsa."[12]

Essa citação serve para mostrar como Freud, ao esbarrar *em alguma dificuldade* com um paciente, não questiona o método

---
11. *Études sur l'histérie*, p. 216.
12. *Études sur l'histérie*, p. 217.

terapêutico, mas a atribui a algum fator *intrapsíquico* do paciente. No entanto, para vencer as suas resistências, ele *muda de atitude*, e renuncia progressivamente à hipnose para procurar diferentes modificações técnicas até chegar à famosa regra das "associações livres", ainda hoje utilizada na psicanálise. As diferentes técnicas tinham portanto como objetivo *vencer* as resistências que o *paciente* oferecia ao processo terapêutico: "A ignorância do histérico é, pois, uma recusa mais ou menos consciente; e a tarefa do terapeuta é vencer, através de um trabalho psíquico, esta resistência às associações."[13]

Para vencê-las, além das modificações técnicas propostas (da hipnose para a associação livre), Freud propôs diferentes meios que resumiremos assim:

— Insistência do terapeuta quando o fio das associações é rompido.

— Incitação para que o paciente se concentre, exercendo uma suave pressão em sua testa, por exemplo.

— Dados obtidos do *exterior*, com os parentes do paciente.

— "Adivinhar" o segredo do paciente e comunicá-lo bruscamente.

— Ter paciência.

— Dar explicações a respeito do processo terapêutico, para fazer do paciente um colaborador.

— Depois de ter adivinhado os motivos da defesa, diminuir-lhes a importância ou até substituí-los por outras defesas menos potentes.

Finalmente, ao lado desses meios, ele faz alusão à personalidade do médico: "Em muitos casos, somente ela será capaz de suprimir a resistência!"[14]

Todavia, depois de ter citado a importância da personalidade do médico, Freud evoca o problema da *transferência* que mais

---
13. *Ibidem*.
14. *Ibidem*, p. 218.

tarde ocupará a posição mais importante dentro da teoria psicanalítica, como sabemos. Conforme se realça freqüentemente, Freud confessa ter ficado bem incomodado com essas primeiras manifestações de ternura por parte de seus pacientes: "A princípio não me satisfez em nada esse incremento de meu trabalho psíquico, até que comprovei tratar-se de um fenômeno regular e constante, e então observei também que tal transferência não exigia, realmente, nenhum trabalho adicional considerável."[15]

Freud se aliviou, portanto, *apenas porque pôde atribuir os sentimentos de seus pacientes a uma manifestação patológica*: "a transferência para a pessoa do médico é levada a cabo por meio de uma *associação falsa*"[16].

c) Resumo

Em resumo, nos *Estudos sobre a histeria*, Freud considera a neurose como enfermidade psicogênica, de etiologia simples, um trauma psíquico de origem sexual: seja ele um *ato* cometido por algum conhecido (tentativa de sedução, por exemplo), uma *cena* vivida pelo paciente num clima conflitivo, ou uma *situação emocional* conflituosa. Nessa etiologia Freud faz referências constantes a outras pessoas além do paciente, mas fala, no entanto, sobre um conflito "interno" (essas cenas provocariam um desejo *inaceitável* para o paciente).

A fim de curar essa doença o autor procura, portanto, diferentes recursos *técnicos*, desde a hipnose até um método parecido ao da "associação livre", passando pela chamada técnica de concentração, todos eles visando à descoberta no seio do psiquismo, isto é, no seio da vida imaginária, da parte traumatizada. Esses diferentes recursos técnicos seriam um modo de buscar, um pouco como um cirurgião, *"a melhor via de acesso"* àquela parte que foi traumatizada. Freud começa atribuindo as resistências a seus erros técnicos e muda seu comportamento, até se confron-

---
15. *Ibidem*, p. 246.
16. *Ibidem*, p. 245.

tar com as primeiras perturbações transferenciais de seus pacientes, quando decide que a sua técnica não é a causa disso, mas que a resistência está ligada a um conflito intrapsíquico do paciente. *A partir desse momento, Freud devolve ao paciente a resistência que este último oferece aos esforços terapêuticos!* Freud não abandonará mais essa atitude, e fará poucas modificações em sua técnica, dedicando toda sua atenção à dinâmica intrapsíquica. Ele renuncia à ação e opta pela interpretação.

4. DA PRIMEIRA À SEGUNDA TÓPICA

Menos de um ano após a publicação dos *Estudos*, Freud opta definitivamente pelo método da *"associação livre"*, que ele depurará cada vez mais. Mas todos concordam ao afirmar que a mudança fundamental de ponto de vista se deve à auto-análise de Freud: através de sua experiência pessoal, ele fará numerosas descobertas, que são fundamentos da psicanálise atual. Recentemente muitos autores apontaram (D. Anzieu, A. Haynal, por exemplo)[17, 18] que Freud começou esta busca pessoal depois da morte de seu pai, em outubro de 1896: além disso, parece bem claro que a mudança mais importante em seu modo de ver, empreendida através dessa auto-análise, é a noção da natureza fantasmática de muitas cenas traumáticas evocadas pelos pacientes. Freud percebeu, diz-se, que ele não fora vítima de tentativas de sedução reais por parte de seu pai, e que esta crença momentânea traduzia sua própria ambivalência em relação a esse último (setembro de 1897). Devemos insistir que esta *tomada de consciência seguiu-se à morte real do pai*, o que é importante a nosso ver; de fato, já vimos que Freud, diante das primeiras perturbações transferenciais de seus pacientes, se recusou a se sentir res-

---

17. D. Anzieu: *L'auto-analyse de Freud*. Paris, P.U.F., 1976.
18. A. Haynal: "Le sens du désespoir". *Revue française de psychanalyse*. Paris, P.U.F., 1977.

ponsável por elas, e as atribuiu a um fator intrapsíquico. Dessa vez, diante de suas próprias emoções em relação a seu pai, ele recusa-se a implicá-lo e questiona-se a si mesmo, mas só depois da morte do genitor! Encontramos, portanto, certa dialética fantasma-realidade, onde Freud concede a *primazia* ao fantasma! A partir daí, ele orienta sua atividade ao estudo dos processos intrapsíquicos. *A interpretação dos sonhos*, o qual Freud dirá em 1908 ser uma parte de sua análise, *em reação à morte de seu pai* (prefácio da edição de 1908 da *Traumdeutung*), é seu primeiro resultado, talvez o mais impressionante, que permanece, até hoje, um dos monumentos da obra freudiana. É ali que o Mestre estuda detalhadamente os diferentes mecanismos de formação do sonho, censura, elaboração, condensação, etc.; assim como os mecanismos que estariam na origem do prolongamento dos tratamentos, evocados por Malan (especialmente a sobredeterminação e a elaboração).

É também nessa obra que Freud esboçará sua primeira conceituação do aparelho psíquico, "*a primeira tópica*", onde distingue três sistemas, cada qual com uma função particular bem precisa: o inconsciente, o pré-consciente e o consciente. Entre cada um desses sistemas existe o que Freud chama de censura, que bloqueia a passagem das representações de um sistema a outro e que justifica a aparição dos sintomas neuróticos, segundo um mecanismo parecido ao descrito antes nos *Estudos*; a censura barra o acesso de uma representação indesejável ao pré-consciente, depois ao consciente, recalcando essa representação dentro do inconsciente e permitindo que o afeto só se manifeste numa representação *desviada* sob a forma de *sintoma*. A partir desse momento, acentua-se a importância do conflito intrapsíquico e o aparelho psíquico torna-se o "lugar" (tópico) dos conflitos pulsionais. Em conseqüência disso, Freud modificará muito pouco a sua técnica terapêutica e dará cada vez mais ênfase à censura e sobretudo às suas manifestações visíveis no tratamento: as *resistências*, como veremos mais adiante.

A partir desse momento, Freud não fará praticamente mais qualquer modificação "externa" em sua técnica. Além do mais, devemos notar que sua atitude fica mais e mais neutra, e que ele dita de maneira ainda mais clara a chamada regra da "abstinência" (não dar satisfações "reais" a seus pacientes)[19].

Desse modo, já nos primórdios do nosso século, Freud havia definido um enquadre externo claro para o tratamento; ele dedicará toda a sua atenção aos processos intrapsíquicos, independentemente de todos os acontecimentos traumáticos externos, como o demonstra, por exemplo, o comentário sobre o caso Dora, texto escrito em 1901, mas publicado em 1905: "O incidente com o sr. K... — a declaração seguida por uma afronta — forneceria à nossa enferma Dora o trauma psíquico que eu e Breuer tínhamos afirmado, naquela época, ser a condição prévia indispensável para a formação de um estado histérico. Esse novo caso apresenta todas as dificuldades que depois me levariam a ir *além* desta teoria..." Numa nota, ele acrescenta: "Fui além dessa teoria, sem abandoná-la; quer dizer que eu a considero, hoje, não errônea, mas incompleta. Não atribuo mais tanta importância aos assim chamados estados hipnóides, que aparentemente sobrevinham nos enfermos no momento do trauma e seriam os responsáveis pelos processos psíquicos anormais que a ele se seguiam (...) Considero supérfluo e desorientador romper, com tal momenclatura, a continuidade do problema, que consiste em buscar quais são os processos psíquicos da formação dos 'sintomas histéricos'."[20].

Ao identificar a natureza do perigo externo, Freud desvia sua atenção para os acontecimentos "internos".

Defendemos a tese de que *este interesse pelos "processos psíquicos", em parte à custa da realidade externa, é provavelmente o maior fator do prolongamento dos tratamentos psicanalíticos.*

Resumindo, se esquematizarmos um pouco a evolução de Freud, veremos, por um lado, que ele se vai colocando progres-

---

19. "Observation sur l'amour de transfert". 1915. In: *La Technique psychanalytique*. Trad. franc. Paris, P.U.F.
20. In: *Cinq psychanalyses*. Tradução franc. Paris, P.U.F., p. 17.

sivamente a certa distância de seu paciente, tornando-se cada vez mais passivo, não envolvido; por outro lado, vemo-lo desinteressar-se pelo meio ambiente de seu paciente para se centrar essencialmente na vida interior dele. *De um lado, a regra das associações livres vem ratificar a recusa do Mestre em agir ativamente sobre seu paciente, do outro, o esboço da definição de transferência, a recusa de se mostrar como uma personagem real para o paciente. A descoberta da natureza dita fantasmática das lembranças de seduções evocadas pelos doentes é a conseqüência lógica deste duplo movimento.* A partir desse momento, o trabalho do terapeuta consiste em se preocupar com os processos intrapsíquicos em um "sistema essencialmente fechado", onde os elementos externos são cada vez mais descartados.

Para ilustrar a nossa hipótese, vejamos a evolução de certas noções-chaves, já apresentadas nos *Estudos sobre a histeria*: o trauma sexual, a resistência e a transferência.

a) Trauma sexual

Trauma e fatores desencadeadores são as duas noções que mais apelo fazem à influência do mundo externo sobre o indivíduo; no espírito de Freud, elas tendem a tornar-se precisas, sem contudo adquirirem uma clareza absoluta. Como vimos, no começo o trauma é considerado como um acontecimento pessoal *real*, ocorrido num passado mais ou menos próximo do sujeito, penoso demais para permitir-lhe uma reação adequada, capaz de levá-lo à cura. Utilizando uma imagem imperfeita, o trauma estaria, portanto, na origem de uma lesão psíquica crônica de que a neurose seria a manifestação "visível". O momento das experiências traumáticas, fixado inicialmente na puberdade, foi sendo progressivamente levado a um passado cada vez mais remoto, até chegar à infância do indivíduo.

Esta noção de trauma único ou repetido, fonte da neurose, baseia-se no aspecto econômico da teoria do aparelho psíquico (o psiquismo não chegaria a integrar ou a anular as excitações externas), aspecto que Freud sempre defendeu. De qualquer ma-

neira, desde o princípio ele enfatiza a importância das circunstâncias psicológicas nas quais o trauma aparece, sendo os dois fatores complementares:
a) uma certa fragilidade psicológica
b) um trauma externo.

Desde que Freud situou o acontecimento traumático na infância, ele distingue dois elementos:

1. O trauma precoce, a cena de sedução ocorrida na infância, ponto de fixação da problemática neurótica;
2. Um segundo acontecimento ocorrido na idade adulta, que "faz recordar" o primeiro e provoca um acesso de excitação sexual impossível de ser controlado pelo Ego. Esse segundo acontecimento é o "fator desencadeante da neurose".

Vimos porém que, a partir de sua auto-análise, Freud deslocou seu interesse do trauma para a vida imaginária do sujeito, elaborando sua teoria da libido e descrevendo os diferentes estados libidinais. O que interessa agora a Freud é, portanto, a energia *interna*, a libido, fonte das pulsões sexuais, o que complica um pouco a teoria freudiana da neurose. De fato, esta nova ótica é o resultado da combinação de dois fatores: um acontecimento traumático atual (fator desencadeante) e uma fixação da libido, fixação ligada à constituição sexual do indivíduo e a seu passado infantil (educação, acontecimentos variados). Lembramos que Freud não chama mais de "traumáticos" os acontecimentos infantis. No entanto, a guerra de 1914 a 1918 fará com que Freud se confronte novamente com o problema do trauma, pelas neuroses de guerra, que serão a oportunidade para que ele descreva as neuroses ditas "traumáticas", cuja origem está num acontecimento *atual* e cujas ligações com o passado são particularmente difíceis de se colocar em evidência. Freud afasta, portanto, a neurose traumática do campo das neuroses clássicas, de etiologia *sexual*, e, por meio disso, do campo da terapêutica psicanalítica. Porém, ele utilizará o exemplo das neuroses traumáticas, nas quais o sujeito tende a *repetir*, especialmente em seus sonhos, situações recentemente vividas, eminentemente desagradáveis, para introduzir, em 1920, uma nova noção, a "compulsão à repetição", tendência que se situa "Para além do princípio do prazer", que se encontra na base de uma apreciável modificação da conceituação freudiana do aparelho psíquico[21]. Freud, mais uma vez, desiste de estudar a especificidade do impacto psíquico de um *trauma externo*, para descrever um mecanismo *interno* fundamental: a tendência a repetir, que estudaremos a seguir.

Alguns anos mais tarde, em *Inibição, sintoma e angústia*, 1926, Freud introduzirá novamente a noção de trauma, situando-o, porém, no passado mais remoto do indivíduo e ligando-o à angústia: a angústia do bebê está relacionada com sua imaturidade, com sua dependência total da mãe e se revela pelo receio de vê-la desaparecer. Esse será, para Freud, o protótipo do trauma psíquico. Freud reconhece aí, portanto, a importância de uma situação real, e estabelece uma espécie de simetria entre um perigo interno e outro externo, mas descreve apenas o "interno", negligenciando, por exemplo, a influência dos comportamentos *ativos* mais ou menos específicos da mãe.

Concluindo, Freud nunca abandonou de fato a idéia do trauma psíquico, mas deu-lhe funções muito diferentes ao longo dos anos, chegando a esquecê-la em alguns momentos. Numa linha regressiva, ele primeiramente remeteu o trauma ao passado, mantendo a idéia do fator desencadeante "atual", à qual ele dá cada vez menos importância; ele separa em seguida as neuroses traumáticas atuais do campo das neuroses clássicas, mas utiliza o estudo das mesmas para uma nova descrição do funcionamento do aparelho psíquico, e finalmente reintroduz a noção do trauma passado ligando-o à angústia provocada pela *situação* de imaturidade e de profunda dependência do bebê em relação à sua mãe, estando o bebê submetido a exigências *pulsionais* particularmente difíceis de administrar. Desse modo, o trauma externo, que reaparece, está relacionado, no espírito de Freud, com uma simples *situação de fato*, não com uma intervenção ativa do exterior. En-

---

21. "Au-delà du principe de plaisir". Trad. franc. *In*: *Essais de psychanalyse*. Paris, Payot.

contramos aqui a vontade de Freud de descrever o funcionamento psíquico como um "sistema fechado", afastado de toda e qualquer intervenção externa, o que acaba por levá-lo a negligenciar, em sua conceituação do funcionamento psíquico, a influência ativa do meio ambiente.

b) Transferência

Sabe-se que, a partir dos *Estudos sobre a histeria*, Freud atribuirá um lugar preponderante, no tratamento, à noção de transferência, que ele primeiro definiu como uma resistência, para depois torná-la uma aliada terapêutica. Lembremos que na época dos *Estudos sobre a histeria*, a transferência não era mais do que uma manifestação particular do deslocamento do afeto para uma representação errada. Estava, portanto, *diretamente relacionada com o sintoma*. Progressivamente, a partir do caso "Dora", Freud estende a noção de transferência e a relaciona com as imagos parentais; em 1914, no artigo "Recordar, repetir, elaborar"[22], ele a torna o principal aliado terapêutico, definindo mais claramente a "neurose de transferência". Nesse momento, a transferência, ao mesmo tempo resistência (à recordação) e manifestação visível e atual do inconsciente, torna-se o principal instrumento terapêutico do médico. Como um produto do inconsciente, todavia, a transferência é considerada uma manifestação *espontânea* do paciente: "Esse fato novo, que nós reconhecemos mesmo a contragosto, é aquilo que chamamos de *transferência*. Seria portanto uma transferência de sentimentos para a pessoa do médico, pois não acreditamos que a situação criada pelo tratamento possa justificar a eclosão desses sentimentos. Suspeitamos que todo esse arrebatamento afetivo tenha outra origem, que ele existia no paciente em estado latente, e aflorou como transferência sobre a pessoa do médico durante o tratamento analítico."[23] Em 1917, Freud, fiel à sua linha de conduta, negligencia

---
22. *In*: *La technique psychanalytique*. Trad. franc. Paris, P.U.F., 1966.
23. *Introduction à la psychanalyse*. Trad. franc. Paris, Payot, 1966, p. 473.

"a situação criada pelo tratamento", o que significa não aceitar a função do dispositivo do tratamento ou a da atividade do terapeuta. Mas podemos perguntar se Freud não queria sobretudo evitar nos leitores uma confusão entre relação "de realidade" e relação transferencial, isto é, relação com as imagos projetadas sobre o analista.

Como se sabe, um pouco depois das primeiras reviravoltas provocadas pelas idéias de Rank e Ferenczi, nova mudança do pensamento de Freud emerge em outro artigo fundamental: "Para além do princípio do prazer", 1920. Aí, Freud introduz a noção de pulsão de vida e pulsão de morte, que se situam além do princípio do prazer e do princípio da realidade. Baseando-se em sua experiência clínica, justifica essa mudança de ponto de vista e assim resume seu pensamento: no princípio "a psicanálise era antes de tudo uma arte da interpretação. Mas, como essa arte não era capaz de resolver o problema terapêutico, utilizamos um outro meio que consistia em obter do paciente uma confirmação da construção resgatada pelo trabalho analítico, levando-o a recorrer às suas recordações. Ao fazer esses esforços, deparamo-nos primeiramente com as resistências do doente; a arte consistiria, então, em descobrir essas resistências o mais rapidamente possível para, usando a *influência inter-humana*[24] (sugestão agindo como 'transferência'), fazê-lo abandonar essas resistências. No entanto, quanto mais se avançava nesse caminho, mais se percebia a impossibilidade de cumprir plenamente o plano traçado, que era o de trazer à consciência o material inconsciente. O doente não pode se lembrar de tudo que foi reprimido; geralmente, é o essencial que lhe escapa, de modo que é impossível convencê-lo da exatidão da construção que lhe apresentamos"[25]. Falando em seguida da necessidade de elaborar, no plano *atual*, quer dizer, na neurose de transferência, os conflitos infantis, ele acrescenta:

---
24. Grifo do autor.
25. "Au-delà du principe de plaisir". *In*: *Essais de psychanalyse*. Paris, Payot, p. 22.

"o médico não pode economizar esta fase para seu paciente; ele é obrigado a deixá-lo reviver uma parte de sua vida esquecida, devendo apenas cuidar para que o doente conserve certo grau de serena superioridade, permitindo-lhe constatar, apesar de tudo, que a realidade que ele revive e reproduz é apenas aparente, refletindo um passado já esquecido. Quando se tem sucesso nessa tarefa, acaba-se por obter a confiança do paciente, e o êxito terapêutico do qual essa confiança é a primeira condição"[26]. Freud, como vimos, parece considerar como um *mal necessário* o fato de passar pela transferência para resolver os problemas neuróticos. No entanto, ele também atribui um valor terapêutico à confrontação fantasia-*realidade*, como o fará Strachey alguns anos mais tarde[27]. Desse modo, o mundo externo reaparece aqui, justamente quando o queriam excluído. Falando ainda sobre a transferência, Freud completa: "... graças à transferência, o neurótico reproduz e revive com bastante destreza todas as circunstâncias indesejadas e todas aquelas situações afetivas dolorosas"[28].

Dessa constatação clínica (o analisando reproduz na transferência situações tanto agradáveis quanto desagradáveis), das observações sobre as neuroses traumáticas citadas acima, dos jogos infantis, etc., ele infere que a *transferência está associada a uma necessidade instintiva de repetição*, a "compulsão à repetição", tendência primária do aparelho psíquico que traduz a natureza dos instintos que se manifesta pela tendência de produzir aquilo que já existia[29].

Assim, segundo essa nova ótica, a transferência é uma produção de origem interna, ligada à compulsão à repetição, onde atuam duas forças contraditórias, a pulsão de vida e a pulsão de morte; a própria natureza das pulsões seria uma tendência a re-

---
26. *Ibidem*, p. 23.
27. J. Strachey: "La nature de l'action thérapeutique de la psychanalyse". *Rev. Franç. Psychanal.*, 2, pp. 255-284, 1970.
28. S. Freud: "Au-delà... du principe de plaisir", p. 25.
29. *Ibidem*, p. 47.

petir o que já existe; contudo, na elaboração do pensamento freudiano, a pulsão de morte encontra uma justificação teórica evidente (tendência à redução das tensões ao nível zero, segundo a concepção econômica do funcionamento psíquico), enquanto a pulsão de vida deve sua existência apenas à intervenção de uma força *externa* de origem e natureza desconhecidas.

Um pouco adiante, Freud descreveria a origem do princípio de vida: "num dado momento, uma força, da qual não podemos ainda ter qualquer representação, despertou na matéria inanimada as propriedades da vida"[30].

c) **Resistências**

Como vimos, em relação aos *Estudos sobre a histeria*, a noção de resistência também está presente praticamente desde os primórdios da obra de Freud; contudo, parece que ela lhe deu bastante trabalho. De fato, se a definição está clara, no âmbito da oposição explícita ou implícita ao movimento psicanalítico, ela se torna vaga e sujeita a modificações quando se trata de descrever o que ocorre durante o tratamento. A noção de resistência surgiu certamente da prática da hipnose, quando Freud esbarrou em recusas freqüentes de muitos pacientes. Por analogia, ela foi conservada para descrever as diferentes *manifestações que se opõem ao desenrolar positivo do tratamento e da cura*. Vimos que, num primeiro momento, Freud lutara contras as resistências fazendo modificações técnicas: concentração, sugestão, dados recolhidos do exterior, etc. Mesmo atribuindo as resistências ao modo de funcionamento intrapsíquico, ele não deixava de usar diferentes recursos ativos para vencê-las. Enquanto isso, a partir do *Traumdeutung*, ele vai desviando progressivamente sua atenção dos traumas psíquicos para as resistências: "As forças psíquicas que levaram ao recalcamento são, segundo ele, perceptíveis na *resistência* que se opõe ao reaparecimento da recordação."

O fator da resistência tornou-se uma das pedras angulares

---

30. *Ibidem*, p. 74.

de sua teoria[31]. Ele contenta-se, portanto, em mostrá-la aos pacientes e em analisá-la: "Atualmente nossos esforços tendem a encontrar e a vencer as 'resistências' e pensamos, com razão, que os complexos se revelarão, por certo, depois que as resistências forem descobertas e vencidas."[32]

Parece que Freud considera o prolongamento do tratamento uma decorrência dessa mudança de ótica. Assim, em 1913, num artigo onde ele mostra claramente a necessidade de intervir sobre as resistências antes de interpretar prematuramente o sentido dos sintomas, ele confessa: "Ao longo dos primeiros anos de minha prática psicanalítica, eu tinha grande dificuldade de convencer os doentes a prosseguir com a sua análise. Esta dificuldade há algum tempo deixou de existir e atualmente eu me esforço ansiosamente para obrigá-los a terminar o seu tratamento."[33] Esse trecho revela um fenômeno muito interessante ao nosso ver: graças às manobras das resistências, Freud resolveu o problema das interrupções prematuras da psicanálise de seus pacientes, mas acaba se deparando com o problema inverso, o da continuação indesejável da análise. Ele ultrapassou um obstáculo, e encontra outro igualmente importante: os pacientes não interrompem mais com freqüência o seu tratamento, como o faziam antes, mas, ao contrário, sentem, às vezes, muita dificuldade para terminá-los...

Clinicamente, foram descritas resistências à regra fundamental, à tomada de consciência, à recordação, por meio de transferência, à transferência e finalmente à cura. Progressivamente também, o interesse se desloca da "resistência à tomada de consciência" para a "resistência à cura".

Por causa disso, a exemplo da transferência que deveria ser analisada para ser resolvida, as resistências deveriam ser abrandadas pela interpretação. Nem sempre isso acontece, pois Freud

---

31. "La méthode psychanalytique de Freud. Trad. franc. *In: La Technique psychanalytique*. Paris, P.U.F., 1967, p. 4.
32. "Avenir de la thérapeutique psychanalytique". Trad. franc. *In: La Technique psychanalytique*. Paris, P.U.F., 1967, p. 4.
33. "Le début du traitement". Trad. franc. *In: La Technique psychanalytique*. Paris, P.U.F., p. 88.

se deparará freqüentemente com recusas dos pacientes em se curarem e com reações terapêuticas ditas negativas!

Em 1920, o problema das resistências à cura permeia toda a discussão de Freud desde que ele introduz as noções de compulsão à repetição e de pulsões de vida e morte. A partir daí, as resistências à cura estarão ligadas às relações existentes entre estas duas últimas forças.

d) Conclusões

Ao estudar sumariamente a evolução da prática analítica, paralelamente à do pensamento freudiano, até 1920, a partir de três noções-chaves, trauma, transferência e resistência, vemos que:

1. No plano prático, Freud fixa, para o analista, regras cada vez mais rigorosas de neutralidade e de abstinência.

2. Ele dá cada vez menos importância à teoria dos traumas psíquicos externos, sem no entanto abandoná-la, mas inspirar-se-á na observação clínica das neuroses traumáticas para criar um novo modelo de funcionamento do aparelho psíquico.

3. A transferência, no princípio considerada uma resistência ao tratamento, torna-se seu principal instrumento terapêutico, simultaneamente resistência e manifestação visível do inconsciente do paciente. Sempre considerada como uma produção espontânea do inconsciente, a transferência acaba sendo ligada àquilo que Freud chama de "compulsão à repetição", modo primitivo de funcionamento do aparelho psíquico: as pulsões visam repetir o passado.

4. No que diz respeito às resistências, Freud as descreveu primeiramente como um obstáculo à conscientização e as relacionou com os diferentes mecanismos de recalcamento (fixação, censura) para depois descrevê-las como obstáculos para a cura. Em 1920, vemos delinear-se a idéia de uma resistência primitiva, ligada ao modo de funcionamento do aparelho psíquico, funcionamento esse que visaria repetir as experiências passadas, tanto as agradáveis quanto as desagradáveis; na compulsão à repetição estariam em jogo duas forças opostas: a pulsão de vida e a

pulsão de morte; da relação entre estas últimas dependerá a cura das neuroses!

5. SOBRE A GUINADA DE 1920

Vemos, assim, que Freud, depois de se ter deparado momentaneamente com o problema das interrupções prematuras dos tratamentos, após vários anos, viu-se diante do problema do prolongamento indesejável dos tratamentos através de resistências difíceis de serem vencidas, especialmente através daquela à qual chamou de "reação terapêutica negativa", quer dizer, uma reação paradoxal ao tratamento, constituída de um agravamento dos sintomas, em lugar da melhora esperada. Para lutar contra essa tendência, ele adotou, num primeiro momento, medidas *ativas*: fixar um término para o tratamento no célebre caso já citado do "Homem dos Lobos": "Decidi — guiado por indícios seguros de oportunidade — que o tratamento deveria terminar numa determinada data, sem me importar com o quanto avançado ele estivesse naquele momento. Havia resolvido ater-me a esse término; o paciente, ao fim, percebeu que eu falava seriamente. Sob a implacável pressão desta data determinada, a resistência, sua fixação à doença acabaram cedendo, e a análise caminha agora num tempo tão breve que é desproporcional a seu comportamento precedente, e todo o material permite a resolução de inibições e consegue suprimir os sintomas do paciente."[34] No entanto, embora a "implacável pressão desta data determinada" tenha alterado as resistências por parte do paciente, Freud não cogitou de lhe atribuir a aceleração do processo. Ao contrário, como vimos acima, Freud estava principalmente preocupado em justificar o prolongamento do tratamento, insistindo na sua esperança de que os novos *conhecimentos* adquiridos o ajudariam a encurtar outros tratamentos. Desse modo, as modificações *técnicas* não pa-

---

34. "L'Homme aux loups". *In*: *Cinq psychanalises*, p. 328.

reciam despertar muito interesse, enquanto a esperança de *aprofundar as suas descobertas* ocupa o lugar principal em seus pensamentos. Ferenczi e Rank são os que, como veremos adiante, retomarão essa idéia, e outras, para esboçar a teoria da chamada técnica ativa, a qual Freud, após tê-la aceito por um tempo, rejeitará veementemente, recomendando novamente ao analista manter-se "atemporal", isso com o intuito de chegar mais perto do inconsciente do enfermo, quer dizer, de nele provocar, de alguma forma, uma "regressão tópica" em condições de permitir a compreensão dos menores movimentos inconscientes.

Freud preferia muito mais encontrar uma *explicação psíquica* para o fenômeno já mencionado do prolongamento a modificar sua atitude técnica. Pode-se, portanto, atribuir um lugar central à reação terapêutica negativa na mudança de ótica de Freud, ocorrida em 1920. Como demonstrou André Green, em sua apresentação no Congresso de psicanalistas de línguas latinas em 1970: "A razão mais profunda para a guinada de 1920 não deve ser buscada nem na neurose traumática, nem no jogo infantil, nem na transferência (ou pelo menos, quanto a esse último termo, em sua acepção geral e indiferenciada), mas na reação terapêutica negativa."[35]

Em 1920, Freud renuncia, portanto, praticamente a todas as medidas ativas que outros discípulos tentarão logo instituir como regra terapêutica para recorrer a uma explicação metapsicológica, baseada no funcionamento intrapsíquico, capaz de explicar a reação terapêutica negativa. Freud modifica sua concepção de conflito entre pulsão sexual e pulsão de autoconservação, a fim de introduzir a noção fundamental da compulsação à repetição onde um conflito primordial opõe duas forças antagônicas: a pulsão de vida e a pulsão de morte. É a compulsão à repetição que explica o prolongamento dos tratamentos: "A própria tendência à repetição é aquela que aparece diante de nós, como obs-

---

35. A. Green: *Le discours vivant*. Le fil rouge, Paris, P.U.F., 1973, p. 244.

táculo terapêutico, quando nós desejamos, no fim do tratamento, conseguir com que o doente se desligue completamente do médico."[36]

Para simplificar, poderíamos dizer que Freud, ao estudar a resistência às mudanças, e, através disso, à cura, constata que a neurose não recalca somente determinados desejos, em função de experiências negativas passadas, para evitar um desprazer atual imaginário, mas também manifesta uma tendência a repetir ativamente certas situações desagradáveis já vividas que, por elas mesmas, não eram de modo algum capazes de trazer prazer, como as situações traumáticas principais, por exemplo. A partir daí ele inferiu que a tendência primitiva do aparelho psíquico e biológico é uma tendência a repetir o passado e, por extrapolação, uma das tendências principais da matéria viva, psíquica e biológica é uma volta ao estado inanimado: "tudo que está vivo deve morrer em virtude de causas internas"[37].

Segundo essa nova tópica, Freud descreve o aparelho psíquico como o lugar de um combate entre duas forças opostas, onde uma delas, no desenvolvimento teórico de "Para além do princípio do prazer", encontra uma justificação muito rigorosa: tendência a voltar à matéria inanimada, estado primário absoluto; enquanto a outra, a pulsão de vida, de natureza sexual, que tem como missão desviar a pulsão de morte de sua função destrutiva, tem uma existência muito mais difícil de se explicar. De fato, Freud, tentando mais uma vez definir o aparelho psíquico como um sistema praticamente fechado sobre si mesmo, onde as influências externas se apresentam principalmente como excitações indesejáveis, mostra-se por demais comprometido para descrever o modo pelo qual apareceria a procriação sexual e a origem dos instintos sexuais em geral e precisa, num determinado momento, recorrer ao mito platônico dos Andróginos, desenvolvido no *Banquete*, para introduzir a seguinte hipótese: "A substância viva, una e indivisível antes de ter recebido o princípio da vida, será,

---

36. "Au-delà du principe de plaisir", já citado.
37. "Au delà...", p. 56.

depois de ser animada, dividida numa multiplicidade de pequenas partículas que em seguida procuram reunir-se novamente, sob a pressão das tendências sexuais."[38] Freud viu-se portanto obrigado a recorrer à idéia de uma força externa, "desconhecida", força exterior ao indivíduo e à *própria matéria* para justificar o surgimento do princípio de vida! Podemos dizer que se trata de um ponto de vista bem próximo ao de uma ótica teológica: qual é essa força misteriosa, não material, que dá vida à matéria? Encontramo-nos diante de problemas das origens, nos limites de um ponto de vista excessivamente histórico!...

Sabe-se também que custou muito a Freud integrar a pulsão de vida em sua concepção econômica do aparelho psíquico. Este momento nos parece particularmente importante, pois ele reflete muito claramente uma dificuldade no espírito de Freud, dificuldade essa notada evidentemente por muitos autores.

1920 é, portanto, um período particularmente importante, *onde se vê delinearem-se duas correntes diferentes dentro do movimento psicanalítico*: uma, a mais ortodoxa, voltará seus esforços para as pesquisas metapsicológicas, excluindo durante muito tempo a realidade externa, a outra, de orientação mais terapêutica, cujos precursores serão, em especial, Ferenczi e Rank, optará por aprofundar o estudo da *relação terapêutica*.

De fato, esses últimos, seguindo assim o primeiro impulso de Freud, tentarão modificar as condições externas do tratamento para lutar contra as mencionadas reações terapêuticas negativas. Com isso, eles remanejarão o enquadre. Quer dizer que eles tentarão integrar novos dados, dados externos ao indivíduo, para justificar seu comportamento psicológico e para eventualmente modificá-lo. Devemos precisar que não se trata, segundo nos parece, de uma ótica adaptacionista, que visa mudar a atitude do sujeito diante da sociedade, mas sim de uma ótica *explicativa*, isto é: integrar dados externos ao próprio indivíduo na explicação do funcionamento psíquico.

---

38. *Ibidem*, p. 74.

6. DE "ALÉM DO PRINCÍPIO DO PRAZER" À "ANÁLISE TERMINÁVEL, ANÁLISE INTERMINÁVEL"

A definição do conflito foi, portanto, modificada: "O sentido do conflito mudou: não se trata mais de uma luta entre um pólo sexual, reprimido, inconsciente, e um pólo não sexual, repressor e consciente; não se trata mais tampouco de uma oposição entre um pólo objetal e um pólo narcísico; trata-se agora de um conflito duplo: de um lado, um conflito entre um pólo pulsional, desorganizado ou debilmente organizado, e um pólo diferenciado deste, e mais organizado do que ele, de outro, entre força de ligação e força de desligamento em cada uma dessas duas esferas."[39]

Isso quer dizer que o trabalho do analista deve ser interpretado um pouco diferentemente: seu papel é permitir a ligação entre as pulsões, uma reorganização do mundo intrapsíquico. Para fazê-lo, deve apoiar-se nas pulsões de vida do analisando para ajudá-lo a vencer as pulsões de morte.

Enquanto isso, a coerência obrigou Freud a modificar a sua concepção tópica do aparelho psíquico (inconsciente — pré-consciente — consciente) e, em 1923, ele publica um novo artigo fundamental: "O Ego e o Id"[40]. É ali que ele introduz claramente sua segunda concepção tópica do aparelho psíquico: o Id, o Ego e o Superego, onde o "Id" é o pólo do aparelho psíquico mais próximo do biológico, ocupando em grande parte o espaço antes considerado como do Inconsciente, enquanto o "Superego" (herdeiro do complexo de Édipo) é o pólo psíquico mais próximo da realidade exterior. O "Ego", instância mediadora, garante as trocas dinâmicas entre esses dois pólos e entre o mundo da realidade externa e o mundo da realidade interna.

Esse é, por certo, um modo muito simplificado de exprimir as coisas. Nessa nova ótica, "inconsciente, pré-consciente e cons-

---
39. André Green: *Le discours vivant*, p. 252.
40. Trad. franc. *In: Essais de psychanalyse*. Paris, Payot, já citada.

ciente" não definem mais uma tópica, mas sim *qualidades* psíquicas; de fato, tanto o Ego quanto o Superego são em grande parte inconscientes aos olhos de Freud. A segunda tópica está, portanto, relacionada com necessidades epistemológicas rigorosas, dependentes elas próprias da nova teoria das pulsões criada por Freud: "Parece que a coerência exigia que a recusa da segunda teoria das pulsões deveria se acompanhar, rigorosamente, da recusa da segunda tópica."[41]

Alguns se surpreendem que, depois da guinada de 1920, Freud não tenha mudado suas concepções técnicas. Pensamos o contrário, que as novas concepções freudinas se tornaram absolutamente necessárias por causa da recusa do Mestre de sair do enquadramento rigoroso que ele havia fixado; a saber, a descrição de um aparelho psíquico funcionando por si mesmo: aparelho certamente aberto para o exterior, mas sem necessitar motivo externo para justificar seu funcionamento. De fato, muito poucas coisas, na descrição do funcionamento do aparelho psíquico, poderiam ser atribuídas à intervenção de fatores externos; já vimos como a teoria do trauma psíquico foi deixada num segundo plano e as neuroses ditas traumáticas foram praticamente banidas do campo da psicanálise por Freud, embora, até o fim do século, ele insistisse muito na origem infantil dos distúrbios neuróticos: "A neurose ulterior teve, sempre, seu começo na infância. É possível que aquilo que chamamos de neuroses traumáticas (desencadeadas por um terror intenso demais ou por choques psicossomáticos graves como colisão de trens, explosão, etc.) constitua uma exceção, embora, suas relações com o fator infantil sejam até agora objeto secundário de nossas pesquisas."[42] Freud determinou para si mesmo como tarefa implícita e explícita descrever o funcionamento psicológico como um todo em si mesmo, e foi, por isso, obrigado a dar uma explicação intrapsíquica do fenômeno das reações terapêuticas negativas, afirmando que, contrariamente à teoria das censuras, o Superego teria raízes no

---

41. André Green, *ibidem*, p. 246.
42. *Abrégé de psychanalyse*. Paris, P.U.F., 1949, p. 54.

Id. Ao alcançar esse objetivo, não precisaria mais modificar as condições *externas* do tratamento, embora, dentro do enquadre determinado, tenham surgido algumas modificações; por exemplo: no interesse do analista no *funcionamento do Ego*, instância mediadora central, e no que se chamou de *mecanismos de defesa do Ego*. Não se trata mais, na verdade, de tornar consciente o que estava inconsciente, suprimindo as resistências, mas sobretudo de promover reformas no sistema defensivo do indivíduo. A ênfase é colocada, portanto, sobre uma *reorganização estrutural*.

Assim, a partir da segunda tópica, Freud assimila certas resistências aos mecanismos de defesa do Ego, outros ao Id e ao Superego. No entanto, isso não parece tê-lo satisfeito plenamente e, quando ele retoma todo o problema dos entraves para a cura dos pacientes em análise, em "Análise terminável, análise interminável", em 1937, ele evoca fatores constitucionais (viscosidade da libido, hipermobilidade da libido) e insiste novamente no problema de uma resistência primitiva, ligada à pulsão de morte, à qual ele atribui uma importância primordial, problema esse que estava, como já vimos, no centro da discussão de "Para além do princípio do prazer": "Se o consideramos como o conjunto de todo o quadro, que comporta as manifestações do masoquismo imanente de tanta gente, seja da terapêutica negativa ou do sentimento de culpa das neuroses, *deixamos de acreditar que os fenômenos psíquicos sejam exclusivamente dominados pela busca do prazer*. Eles constituem um *testemunho irrefutável da presença na vida psíquica de uma força que chamamos, segundo os alvos que ela persegue, instinto de agressão ou de destruição e que, segundo acreditamos, decorre do instinto de morte inerente à matéria viva*. Não é nossa intenção opor a uma teoria otimista da vida uma outra teoria, pessimista; as *ações comuns e antagônicas* dos dois instintos primitivos, o Eros e o instinto de morte, podem somente explicar a diversidade dos fenômenos da vida, *nunca uma ação isolada da mesma*."[43]

---

43. *R.F.P.* Tomo XXXIX, maio-junho 1975, p. 394.

Pode-se considerar que o texto de 1937 é uma manifestação em defesa das pesquisas metapsicológicas, em detrimento das modificações técnicas, como o demonstrará Diatkine, por exemplo[44]. A partir daí, o movimento psicanalítico mais ortodoxo terá não apenas muita dificuldade em introduzir variações técnicas, como também o psicanalista hesitará muito para dizer exatamente o que ele faz, durante uma sessão com o seu paciente. Os relatos de casos clínicos são raros, mais raras ainda são as indicações precisas sobre as seqüências das interpretações feitas em minúcias. Se isso ocorre, freqüentemente se pede ao auditório ou ao leitor desculpas pelo caráter pouco "clássico" dessas intervenções, como nota M. Gressot, por exemplo, numa palestra notável, quando discorreu, sobre as relações entre psicanálise e psicoterapia[45]. Em resumo, o movimento chamado de ortodoxo orienta-se principalmente na direção da pesquisa metapsicológica, num enquadre rigorosamente fechado, no qual toda abertura é introduzida com o máximo de cuidado. Assim, D. Lagache, em 1954, ainda toma muitas precauções verbais quando discorre sobre a influência do setting psicanalítico: "... Concluindo, ficamos na linha freudiana, interpretando a transferência como o efeito da interação do paciente e do setting analítico. A diferença está no enfoque diverso dado ao modo de conceber a produção da transferência; retomando uma expressão de John Rickman, a concepção de Freud desenvolve-se no âmbito de uma '*one body psychology*'; por outro lado, no campo das ciências humanas e, em particular, na psicologia social, o movimento das idéias apóia-se nas *relações interpessoais* e nos *processos de comunicação*; vemos a mesma evolução na psicanálise, beneficiada há 25 anos pelo conceito de *relação de objeto*. Em se tratando da produção da transferência, os psicanalistas foram naturalmente levando em conta os circundantes, a técnica psicanalítica, a personalidade do psica-

---

[44]. Diatkine: "En relisant en 1966 Analyse terminée et analyse interminable". *Revue Française Psychanalyse*, XXXIII, 1968, pp. 226-30.
[45]. M. Gressot: "Psychanalyse et psychothérapie; leur commensalisme". *Congresso de Psicanalistas de Línguas Latinas*. Paris, julho de 1963.

nalista, sua transferência e sua contratransferência diante do paciente. Apenas por um efeito de contraste é que a tese da espontaneidade da transferência pôde aparentar exprimir a posição de Freud, o que é desmentido em seus textos mais explícitos."[46]

No entanto, apesar das palavras tranqüilizadoras de Lagache, pode-se notar que, a partir do momento que um autor insiste no papel ativo do analista no tratamento, ele provoca também muito tumulto. Atualmente, porém, o modelo já está constituído e ninguém sonharia em colocar novamente em dúvida as propostas de D. Lagache. Em 1968, S. Viderman exprimiu-se assim: "Uma descrição completa e satisfatória da situação analítica deveria levar em conta o enquadre onde ela se insere e os afetos que o paciente ali vive. No entanto, é mais na área da condução técnica do campo da análise do que no modo de expressão dos afetos que o papel do analista é capital"[47], e mais ainda: "O paciente nunca está só na análise e o analista não é um eco. Sucede que, e a linguagem serve de testemunha disso, a situação analítica é uma relação: ela jamais é solidão. Apesar das aparências, é *profundamente* um diálogo."[48]

Não foi em vão que a publicação de Viderman, *A construção do espaço analítico*, provocou muitas discussões no meio psicanalítico francês[49].

Estima-se que esse movimento de questionamento tenha suas raízes na guinada de 1920 e nas primeiras tentativas de Ferenczi de acelerar o tratamento psicanalítico, tentativas que estarão na origem das psicoterapias breves!

7. DIVERGÊNCIAS E DISSIDÊNCIAS

Acabamos de ressaltar o quanto a guinada de 1920 foi importante para explicar o aparecimento das terapias breves de ins-

---

46. D. Lagache: "La doctrine Freudinenne et la théorie du Transfert". *Journal International de Psychothérapie*, 1954.
47. S. Viderman: "Narcissisme et relation d'objet". *Revue Franç. psychan.* P.U.F., 1968, Tomo XXXII, n? I, p. 106.
48. P. 112.
49. "Constructions et Reconstructions". *Revue Franç. psycha.*, já citado.

piração psicanalítica. No entanto, certas divergências de opinião levaram a dissidências que tinham aparecido muito antes; talvez valha a pena recordá-las em suas correntes principais, pois certas características serão encontradas, de um modo mais marcante e preciso, nas controvérsias de idéias ocorridas entre 1920 e 1924. De fato, sabe-se que, desde o começo do século, muitas pessoas juntaram-se a Freud, pessoas interessadas em suas descobertas, o que acabou provocando a fundação da Sociedade Psicanalítica de Viena, em 1908. No entanto, decorridos os primeiros momentos de entusiasmo, numerosas tensões surgiram nesse grupo, provocando a primeira cisão causada pela saída de Adler em 1911. Suas teorias são bem conhecidas, mas podemos enfatizar o fato de que Adler tinha a tendência de dar mais importância aos conflitos atuais e negar praticamente a existência do Inconsciente. Para Adler, todo problema genético passava para o segundo plano. A técnica terapêutica por ele proposta, a qual era também mais ativa do que aquela proposta por Freud, estava fortemente centrada no consciente. Poderíamos pensar na desavença adleriana como uma resistência ao movimento freudiano, mas o interesse pelos conflitos atuais e a tendência à técnica ativa encontram-se também entre os defensores das formas breves de tratamento. Um ano mais tarde, em 1912, W. Steckel, que foi um dos primeiros colegas de Freud, deixou também a Sociedade Psicanalítica de Viena, aparentemente por causa de conflitos pessoais.

Entretanto, a técnica de tratamento intensivo e rápido que ele desenvolvera parecia-se com a proposta por Adler, por evitarem ambas a regressão: ele dizia pretender evitar uma infantilização dos pacientes, afirmando até que apenas os tratamentos de duração breve tinham alguma chance de sucesso[50]. Dois anos mais tarde, a dissidência de Jung, por demais famosa para ser aqui discutida, pode ser lembrada, no que diz respeito aos aspectos técnicos, a fim de salientar a maior atividade do terapeuta,

---

50. W. Steckel: *Technique de la psychothérapie analytique*. Trad. franc. Paris, Payot, 1975.

seu interesse pela situação atual do paciente, a passagem ao face a face, a redução da freqüência das sessões, a tentativa de evitar a regressão.

Mesmo considerando, segundo Jones, as diferentes cisões da primeira Sociedade Psicanalítica como movimentos de resistência ou como reflexo de conflitos de rivalidade com Freud, não poderíamos, em todo caso, rejeitar em bloco o conjunto de concepções desses autores. Não seriam elas o reflexo de uma *tensão dinâmica* inerente ao próprio processo psicanalítico? Os questionamentos sobre o enquadre deveriam permitir que sua importância e sua função no desenrolar do processo psicanalítico fossem evidenciadas. Por exemplo, as posições de Jung influenciaram os movimentos psicanalíticos de Zurich, ao abrirem o caminho para técnicas psicoterápicas inspiradas na psicanálise. De fato, alguns anos após a cisão, uma nova sociedade freudiana foi criada, na qual certos membros manifestam uma flexibilidade muito maior na aplicação dos princípios freudianos. Deste modo, Alfred Maeder, que encontrara Freud já em 1906, manteve uma posição independente no momento da dissidência. Contudo, depois de muitos anos de prática psicanalítica clássica, ele orientara seus esforços para o desenvolvimento de formas abreviadas de tratamento. Segundo ele, Freud, por causa de seu caráter, estava mais interessado na pesquisa científica do que na terapêutica. Baseando-se nos trabalhos de Ferenczi, A. Maeder proporia um método psicoterápico definido como "apelativo" porque fundamentado no "apelo" (demanda de ajuda) do paciente. Este método, que exigia do terapeuta uma atitude mais ativa, atribuía muita importância ao conteúdo manifesto da demanda do paciente em seus relatos[51].

Parece, portanto, um erro considerar apenas como resistências à psicanálise os diferentes movimentos que acabamos de mencionar. A nosso ver, eles esclarecem também alguns fatores dinâmicos que interferem no tratamento: os questionamentos so-

---

51. A. Maeder: *De la psychanalyse à la psychothérapie appellative*, Trad. franc. Paris, Payot, 1970.

bre o enquadre (temporalidade — face a face), sejam eles explícitos ou implícitos, colocam em evidência a importância dele e do papel ativo do analista e colocam o problema da mudança psíquica. Estas questões, fundamentais na psicoterapia breve, são atualmente discutidas nos meios psicanalíticos mais ortodoxos. O caráter "dissidente" dos movimentos citados é no entanto inegável, na medida em que os autores elaboram teorias nas quais alguns elementos muito suavizam os princípios fundamentais da psicanálise freudiana.

a) S. Ferenczi

A posição de Ferenczi foi muito diferente, pois suas pesquisas eram de ordem essencialmente técnica, ao menos em sua origem, e ele não recusou qualquer das concepções freudianas. De fato, Ferenczi interessou-se muito cedo pelo aspecto técnico e terapêutico da psicanálise e ele mesmo atribuía grande importância ao problema da reação terapêutica negativa. Ao longo dos anos 1918-1919, inspirado, dizia, por um conselho de Freud[52], introduziu e desenvolveu uma metodologia técnica destinada a acelerar o tratamento psicanalítico: o chamado método ativo. Esta técnica visava, no momento em que o tratamento ficasse estagnado, dar novo impulso ao processo analítico através de diversas imposições ou interdições ao paciente: estimulava-se o paciente a enfrentar os seus medos, a renunciar a algumas satisfações neuróticas tais como a masturbação, por exemplo, a enfrentar as suas angústias, etc. Além disso, às vezes, determinava-se um término para o tratamento. O objetivo dessas medidas era evidentemente evitar alguns benefícios secundários, e desviar para o trabalho analítico a libido fixada nas fantasias inconscientes. Isso seria possível, segundo Ferenczi, pelo acréscimo da tensão provocado pelas imposições feitas ao paciente, a essa tensão se seguiria o aparecimento *na consciência* de uma pulsão até este momento oculta.

---

52. Cf. "L'influence exercée sur le patient en analyse", 1919. *In*: S. Ferenczi, *Psychanalyse III*. Paris, Payot, 1972, pp. 24-26.

Desta maneira, o alvo almejado por Ferenczi era uma mobilização da libido (pulsão de vida) através de uma imposição ativa do terapeuta, imposição derivada, portanto, do mundo externo, mas visando evidenciar um conflito interno.

Reencontramos aqui um problema fundamental da psicanálise: segundo a ótica freudiana de "Para além do princípio do prazer", o conflito, que é essencialmente intrapsíquico e opõe forças de desligamento (pulsões) próximas do mundo biológico e forças de ligação (mais especificamente atribuídas ao funcionamento do Ego), deve ser explicitado pela *interpretação*. O trabalho analítico visa favorecer as forças de ligação — dar um *sentido* aos movimentos pulsionais —, ligar imagens e afetos ou necessidades. A questão da ação do analista não é realmente discutida. Para Ferenczi, ao contrário, a *ação do analista* tem uma função muito importante. A pulsão de morte que atua nas reações terapêuticas negativas poderia ser, segundo ele, ativamente mobilizada pelo analista que deveria, às vezes, dirigir-se de algum modo mais ao Id do paciente do que a seu Ego. Ferenczi propunha, portanto, uma alteração nas regras do jogo analítico, questionando o enquadre. Seu objetivo era estimular ativamente as forças de ligação.

De fato, na obra que ele elaborou com Rank, em 1924, *Perspectivas da psicanálise*, assim se exprimia: "*A importância científica de um manejo correto da técnica* tem sido negligenciada até o momento e agora é tempo de lhe conceder seu devido valor. Os resultados teóricos não devem incidir sobre a técnica de um modo tão mecânico como tem sido feito até agora; e, mais ainda, é necessária uma *correção constante da teoria* pelos novos conhecimentos promovidos pela *prática*."[53] Assim, a atividade técnica articula-se com a elaboração teórica. Trata-se, portanto, de uma crítica à tendência que visa justificar apenas pela elaboração teórica metapsicológica o lidar com os obstáculos que o tera-

---

53. Ver Ferenczi: *Psychanalyse III*, Paris, Payot, 1974, p. 225. Grifo dos autores.

peuta enfrenta, sem modificar as coordenadas do tratamento. Devemos notar que em 1920 ("Prolongamento da técnica ativa em psicanálise"), Ferenczi se exprimia com muita prudência: "Após a introdução de Freud da 'regra fundamental' (a associação livre), os alicerces da técnica psicanalítica não sofreram nenhuma modificação essencial. Assinalarei de antemão que não é essa a intenção de minhas propostas; pelo contrário, o seu objetivo era e continua a ser o de deixar os pacientes num estado em que possam melhor seguir a regra da associação livre, com o auxílio de alguns artifícios, e *chegar deste modo a provocar ou a acelerar a pesquisa do material psíquico inconsciente*. Entretanto, esses artifícios só são necessários em casos excepcionais. Para a maioria dos enfermos, o tratamento pode se desenvolver sem a 'atividade' particular da parte do médico ou do paciente... etc."[54] Essas poucas linhas provam que Ferenczi, ao propor seu método, não se opunha aos princípios básicos da psicanálise, mas procurava apenas dinamizar o processo: "O *objetivo* da terapia psicanalítica é e continua sendo a ligação psíquica do recalcado dentro do pré-consciente através da recordação e de reconstruções que acabam por se impor."[55] Não há dúvida de que esse caminho proposto diverge do de Freud. Freud a princípio apoiou momentaneamente essa tese (veja, por exemplo, o artigo de 1919: "Os novos caminhos da terapia psicanalítica"[56]), no entanto se mostrará depois reticente e no fim abandonará, depois de algumas tentativas, a técnica ativa.

A respeito da "atividade", parece-nos útil assinalar aqui as confusões que esse termo pode provocar: de fato, do ponto de vista de Ferenczi, trata-se da atividade do paciente: incita-se esse último para que enfrente ativamente os seus medos, ou a que renuncie ativamente a algumas satisfações neuróticas. Não se trata, portanto, da atividade do terapeuta, como quiseram crer al-

---
54. Grifo dos autores, *in*: *Psychanalyse III*, já citado, p. 117.
55. S. Ferenczi (1925): "Psychanalyse des habitudes sexuelles". *In*: *Psychanalyse III*, p. 324.
56. Freud, *in*: *La Technique psychanalytique*, já citado.

guns, embora devamos reconhecer que dar tais instruções a um paciente poderia ser interpretado como uma forma de atividade sugestiva. Mas, convém repetir, Ferenczi estabeleceu uma clara diferenciação entre a sugestão e a imposição momentânea destinada a provocar a tomada de consciência.

Voltando ao texto de 1924, Ferenczi e Rank atribuem um papel central aos problemas da compulsão à repetição: "Do ponto de vista da compulsão à repetição, é no entanto absolutamente inevitável que durante o tratamento o paciente repita fragmentos inteiros de sua evolução, e, como demonstra a experiência, precisamente aqueles fragmentos inacessíveis sob a forma de recordação; de modo que o paciente não pode fazer mais do que reproduzi-los e o analista considerá-los como o material *inconsciente verdadeiro*. Trata-se apenas de compreender esta forma de comunicação, a linguagem dos gestos por assim dizer (Ferenczi), e de explicá-la ao paciente. Finalmente, *na técnica analítica o papel principal* parece portanto recair sobre a *repetição e não sobre a recordação*. Não se trata de deixar os afetos se perderem em vão na fumaça das experiências 'vividas', na verdade esta repetição consiste, como explicaremos adiante, em permitir esses afetos para depois liquidá-los progressivamente ou ainda *transformar os elementos repetidos em lembrança atual*."[57]

O objetivo da técnica ativa pode finalmente ser resumido assim: "favorece-se, desse modo, a *tendência a repetir* experiências traumáticas precoces, em geral levemente inibidas, com a intenção de, no final, vencer definitivamente esta tendência à repetição, revelando o seu conteúdo"[57].

A noção de experiência traumática retoma muita importância nesta ótica! Trata-se de estudar a relação dialética entre um traumatismo precoce e o comportamento atual do paciente, especialmente o seu caráter; entre as relações afetivas precoces e as relações atuais, e, mais especialmente, a relação terapêutica.

---

57. "Perspectives de la psychanalyse". *In*: Ferenczi, *Psychanalyse III*. Paris, Payot, pp. 222-34.

Paralelamente, Rank levará ao extremo a idéia do trauma, atribuindo toda a patologia neurótica humana a um trauma único: "trauma do nascimento". A partir daí, baseado na idéia da compulsão à repetição, ele limitará a duração da análise aos nove meses de uma gestação normal!...

As posições de Ferenczi e de Rank provocam bastante tumulto no movimento psicanalítico, agitação descrita por Jones, por exemplo[58]. Depois de várias peripécias, Rank termina rompendo com Freud.

Quanto a Ferenczi, ele renunciará, progressivamente e a contragosto, à técnica ativa, isso depois de alguns reveses. Ele explicará isso num artigo de 1926: "Contra-indicação da técnica ativa"[59]. O próprio Ferenczi não romperá abertamente com Freud, mas o fim de sua vida será assombrado por um conflito que o contraporá a Freud. De fato, sempre muito preocupado com o problema da relação terapêutica, ele irá se interessar cada vez mais profundamente pelos problemas da regressão terapêutica e da contratransferência, indispondo-se com isso com muitos psicanalistas ditos ortodoxos.

Rank, de seu lado, dedicará uma boa parte de seu interesse aos problemas da criatividade, tanto no terreno da neurose quanto no terreno artístico. Um dedicará toda a sua atenção à dinâmica da relação (Ferenczi), e o outro ao mundo dos sonhos, das fantasias e das imagens (Rank).

A obra de Ferenczi e de Rank é interessante de muitos pontos de vista; ela se situa numa guinada do movimento psicanalítico, indica caminhos aparentemente divergentes, qualificados de dissidentes, mas no entanto deixa traços na prática psicanalítica, tanto na mais moderna quanto na mais ortodoxa. Isto no que diz respeito especialmente a Ferenczi. Desta maneira, o estudo da contratransferência conquistou um lugar considerável na psi-

---

58. *La vie et l'oeuvre de Freud*, Tomo 3. Trad. franc. Paris, P.U.F., 1969.
59. Ferenczi, *in*: *Psychanalyse III*, já citado.

canálise moderna, assim como o aprofundamento da regressão, a importância da problemática narcísica, etc.

No que diz respeito à ótica da psicoterapia breve, encontramos em Rank e Ferenczi as duas principais características dos autores dessa área: alguns dedicam o seu interesse especialmente à *relação terapêutica*, dando muita importância aos aspectos técnicos e sobretudo às coordenadas do tratamento, adquirindo às vezes uma aparência de um ecletismo tático um pouco confuso; outros dão mais atenção a uma *hipótese psicodinâmica simples*, como única explicação dos distúrbios neuróticos: quer seja aderindo a uma hipótese psicodinâmica explicativa do conjunto dos distúrbios neuróticos, seja limitando-se a certos tipos de problemática neurótica (especialmente a problemática edipiana), em sua ação terapêutica.

Rank e Ferenczi podem ser considerados como os instigadores das psicoterapias analíticas breves, o segundo mais especialmente; estando situados num momento de mudança do movimento psicanalítico, eles se interessam pela problemática *atual* dos pacientes, *sem renegar a história* dos mesmos, colocando o acento desse interesse na compulsão à repetição. Algumas vezes sublinharam também a importância da intersubjetividade e o estudo da relação terapêutica. Descreveu-se algumas vezes a sua ação como dissidente, no sentido de que ambos negaram a teoria das pulsões e a ótica histórica à qual Freud estava ligado. De fato, Ferenczi tenta, a seu modo, *ligar o passado ao presente*, ver como um sujeito se comporta no presente *em função* de seu passado, e, em última análise, compreender os investimentos objetais dos pacientes, em função de seu passado. Existe aqui uma tentativa de *integração* da dimensão racional e da dimensão intrapsíquica. E sabemos que toda a questão das relações objetais foi ocupando cada vez mais espaço também dentro da psicanálise. Convém explicitar que Ferenczi teve discípulos brilhantes, entre os quais Balint, um dos pioneiros da psicoterapia breve moderna. Balint, o qual levou a cabo também importantes pesquisas na área da relação médico-paciente e na área do narcisismo.

b) Alexander

Não era nossa intenção, como dissemos no início do capítulo, citar todos os movimentos e todos os autores interessados na psicoterapia analítica breve. No entanto, o caso de F. Alexander, fundador do Instituto de Psicanálise de Chicago em 1931, é por demais particular, pois ele é citado pela maioria dos autores modernos, seja porque eles próprios, através de suas experiências pessoais independentes, tenham chegado aos mesmos princípios básicos de Alexander, seja porque tenham sido diretamente influenciados pelos trabalhos dele. Alexander, sabemos através de Jones, foi desde muito cedo aluno do Instituto de Psicanálise de Berlim, e era muito apreciado por Freud, que o considerava um dos analistas mais brilhantes de sua geração. De formação psicanalítica muito ortodoxa, Alexander, com a ajuda de Thomas French em particular, desenvolveu uma teoria chamada de "a experiência emocional corretiva", segundo a qual não é a simples recordação de um acontecimento que cura um paciente de sua neurose, mas principalmente o ato de reviver uma experiência corretiva, que acaba destruindo o efeito da experiência antiga: "Esta nova experiência corretiva pode ser fornecida pela relação de transferência, através das novas experiências de vida, ou por ambas."[60] Alexander, situando os seus trabalhos historicamente como uma continuação e uma realização das idéias propostas por Ferenczi e Rank, procurará, por muitos meios, abrandar as coordenadas rígidas da psicanálise criando uma nova forma de psicoterapia analítica: a psicoterapia breve. No que diz respeito aos diferentes meios utilizados, ele se exprime assim: "No Instituto de Chicago, insistiu-se na importância de estabelecer-se um plano de tratamento, baseado numa apreciação diagnóstica-dinâmica da personalidade do paciente, e dos problemas reais que ele tem de resolver em suas condições de vida dadas. Ao estabelecer este plano de terapia, o analista deve decidir, em cada caso,

---

60. F. Alexander: *Psychothérapie analytique*. Trad. franc. Paris, P.U.F., p. 27.

se é adequado um tipo de tratamento primordialmente de apoio, ou de descoberta, ou se a função terapêutica é principalmente uma questão de modificação das condições de vida externas do enfermo."

Ele lembra também os seguintes meios utilizados no tratamento: "Com base na decisão inicial sobre aquele sujeito em particular, e a estratégia de tratamento adotada em cada caso, nós recomendamos a utilização consciente, e flexível, de diversas técnicas, mudando as táticas para adaptá-las às necessidades particulares de cada momento. Entre as modificações da técnica padrão estão: além da utilização do método da associação livre, conversas de caráter mais direto, o manejo da freqüência das consultas, instruções dadas aos pacientes a respeito de sua vida cotidiana, o emprego de interrupções de longa ou curta duração como preparação para o término do tratamento, o controle da relação de transferência a fim de ir ao encontro das necessidades específicas do caso, e a utilização de experiências da vida real como parte integrante da terapia."[61]

French e Alexander insistem no fato de que não existe uma demarcação inerente entre a sua técnica e a da psicanálise ortodoxa. Segundo eles, as diferentes atitudes do analista podem variar consideravelmente segundo a problemática dos pacientes: as modificações propostas situam-se sobre uma linha contínua que vai da neutralidade clássica à atividade mais eclética. No entanto, se eles se referem a Ferenczi, eles estão deturpando a noção de "atividade". Para eles, trata-se de atos deliberados do terapeuta, visando provocar uma nova experiência emocional destinada a "corrigir" os traumas passados através de sua repetição num novo ambiente e clima; para Ferenczi, trata-se de instruções dadas ao paciente, destinadas a aumentar a *tensão intrapsíquica* e facilitar as suas tomadas de consciência. Os primeiros evoluem para uma visão reparadora, o segundo busca simplesmente lutar contras as resistências aparentemente intransponíveis, especialmente as reações terapêuticas negativas.

---

61. *Ibidem*, pp. 11-12.

c) Depois de Alexander

Sob a influência de Alexander, teve lugar um primeiro congresso consagrado à psicoterapia breve, patrocinado pelo Instituto de Psicanálise de Chicago, nesta cidade, em 1941. Já ali, apesar da influência de Alexander ser bem marcante, notava-se uma grande divergência de pontos de vista, variando entre a idéia de que uma psicoterapia breve é útil para a restauração de antigas defesas de uma personalidade num momento de crise, e a idéia de que uma psicoterapia breve pode provocar mudanças em profundidade. O modelo de referência permanece portanto decididamente psicanalítico. No entanto, embora Alexander tenha se utilizado das idéias de Ferenczi, não podemos nos esquecer que ele deturpou consideravelmente o sentido das idéias desse último, e que ele propôs, abertamente, segundo as circunstâncias, uma oposição ativa às tendências regressivas dos pacientes, ao contrário do autor antes citado. Consideremos, por exemplo, este trecho de Ferenczi: "Se não conseguimos levar o paciente àquele estado chamado por Freud de 'temperatura de ebulição do amor de transferência', no qual até os traços de caráter mais duros se fundem, pode-se fazer uma última tentativa e recorrer ao método oposto, ordenando que o paciente faça coisas que lhe são desagradáveis, exacerbando portanto, através do método ativo, e assim desenvolvendo plenamente e levando ao absurdo os traços de caráter que muitas vezes existem apenas como um esboço."[62] Comparemos este trecho ao seguinte parágrafo de Alexander: "Na formulação das dinâmicas de tratamento, a tendência habitual é insistir numa repetição do antigo conflito dentro da relação transferencial, e assinalar a similaridade da situação do velho conflito com a situação da transferência, de modo que o significado terapêutico das *diferenças* entre a situação original e a situação terapêutica atual é freqüentemente negligenciado. Entretanto, é

---

62. S. Ferenczi (1921): "Prolongement de la 'Technique active'". *In*: *Psychanalyse III*. Paris, Payot.

justamente nessas diferenças que repousa o segredo do valor terapêutico do procedimento analítico. É por sua atitude, diferente daquela da pessoa autoritária do passado, que o analista dá ao enfermo a oportunidade de enfrentar diversas vezes situações emocionais que antes lhe foram insuportáveis, e de comportar-se diante delas de um modo diferente daquele antigo."[63] É evidente que a atitude de Ferenczi visa fazer com que o paciente se confronte consigo mesmo, e a de Alexander visa um *terapeuta* melhor, ou pelo menos diferente dos pais. Ferenczi propõe aquilo que chamaremos de uma *"prescrição do sintoma"*, Alexander uma *"correção"* do mesmo. E a flexibilidade técnica proposta por este último abriria as portas para muitos mal-entendidos, embora o alvo perseguido pareça ser uma modificação durável da personalidade, obtida através de artifícios técnicos baseados numa apreciação muito rigorosa da *gênese* dos sintomas e do *equilíbrio pulsional*. No entanto, a teoria da experiência emocional corretiva parece muito simplista em comparação com a complexidade dos fenômenos observados por Freud; em todo caso, mais simplista do que as posições de Ferenczi. Note-se que esta idéia do valor terapêutico e corretivo da confrontação fantasia-realidade é constantemente apresentada na psicanálise e permeia, por exemplo, toda a elaboração teórica de J. Strachey num artigo publicado em 1934[64].

A pressão dos acontecimentos reais exteriores tem influenciado a evolução das idéias no terreno das diferentes formas de psicoterapias breves. De fato, o Congresso de Chicago e as primeiras publicações sobre as psicoterapias breves aparecem durante a segunda guerra mundial, a qual, tal como a primeira, despertou o interesse dos psiquiatras por todas as situações de crise e pelas neuroses ditas atuais. A ênfase dos autores rapidamente se *deslocará da problemática pulsional profunda e do conflito interno para os conflitos atuais e interpessoais* (neuroses de guer-

---

63. F. Alexander (1944): *Psychothérapie analytique*, já citado, p. 68.
64. J. Strachey (1934): "La nature de l'action thérapeutique de la psychanalyse". Trad. franc. *Revue de Psychanalyse*, Tomo XXXIV, n.º 2. Paris, P.U.F., 1970.

ra, crises conjugais, profissionais, etc.). Assim, o peso da realidade externa parece impor-se ao da realidade interna em muitas publicações, e nesse sentido, se nos ativermos à definição de Grunberger[65], esta tendência pode ser classificada como "dissidente". Uma visão panorâmica dos artigos dedicados às formas breves de psicoterapias, após 1940 até hoje, permite-nos constatar uma evolução muito interessante: pouco numerosas entre 1940 e 1950, estas publicações referem-se praticamente apenas à psicanálise (Alexander, Berliner, H. Deutsch, etc.). De 1950 a 1960, o seu número aumenta, mas mais da metade já faz referências às situações de crise e às diversas necessidades da população. Depois de 1960, as publicações se multiplicam nos países anglo-saxões em grandes proporções, mas pelo menos três quartos delas preocupam-se primordialmente com problemas externos à dinâmica do processo psicanalítico, com as *necessidades* da população; as referências psicanalíticas são raras, senão ausentes. Cada vez mais, muitas técnicas são descritas como totalmente alheias à psicanálise (terapia comportamental, grupo de dramatização, tratamento de famílias, etc.). Os argumentos apresentados podem ser assim resumidos:

a) o número de pessoas que reconhece a necessidade de um tratamento psicológico cresce consideravelmente, muito mais rapidamente do que o número de psicanalistas poderia crescer. Os terapeutas são, portanto, em número insuficiente, e sempre o serão;

b) as dificuldades econômicas da maioria dos pacientes;

c) a falta de tempo de certas pessoas;

d) as dificuldades de verbalização de certas classes sócio-econômicas menos favorecidas;

e) as situações de crise e as situações de catástrofes (segundo Grinker, por exemplo, as psicoterapias breves seriam a única forma de tratamento que responderia às necessidades da guerra!...);

---

65. "De la technique active à la confusion des langues". *In: Revue Française de Psychanalyse*, Tomo XXXVII, n° 4, pp. 522-524. P.U.F., Paris, 1974.

f) "a pressa" dos pacientes que desejam resultados rápidos;
g) a função preventiva necessária de certas psicoterapias.

Este é evidentemente apenas um resumo sumário dos diferentes pontos de vista apresentados.

Por ser nosso referencial decididamente psicanalítico, nós não nos ateremos apenas a estas variedades de psicoterapias preconizadas. Parece-nos útil, no entanto, mostrar com que facilidade o acento foi deslocado do conflito interno para o conflito externo, justificando assim as desconfianças de Freud em relação às inovações de Ferenczi e a reticência de muitos psicanalistas ortodoxos. Os que, entre esses últimos, se interessam assim mesmo por formas abreviadas de psicoterapia insistem freqüentemente em seu aspecto paliativo e negam a possibilidade de modificações estruturais mais profundas, mas isso sem ter verificado este fato experimentalmente. A nosso ver, do ponto de vista psicanalítico, as diferentes posições que nos interessam articulam-se em torno do equilíbrio dialético que contrapõe ou relaciona o passado ao *presente*, a *fantasia* à *realidade*. No plano terapêutico, a questão central é a da *mudança psíquica* e mais especialmente a dos efeitos específicos da interpretação na psicanálise e na psicoterapia de inspiração psicanalítica. Devido à multiplicidade dos procedimentos técnicos, os numerosos estudos publicados tiveram como resultado positivo pelo menos o fato de sensibilizar os terapeutas para a problemática da dita *mudança psíquica* e de delinear as respectivas posições. Desse modo, parece certo, atualmente, que *meios muito diferentes entre si permitem atingir resultados terapêuticos muito satisfatórios*, duráveis, às vezes idênticos e freqüentemente num espaço de tempo relativamente curto em comparação com a psicanálise. Isso nos leva a nos perguntarmos a respeito dos efeitos específicos dos diversos instrumentos terapêuticos utilizados, e a reestudarmos por exemplo as noções de perlaboração, de catarse, de interpretação-reconstrução ou de interpretação a-histórica, etc. Começa-se a reconhecer que as intervenções psicoterapêuticas breves não têm apenas um efeito paliativo ou "recuperador", como se pensava antes.

Se a psicanálise freudiana representa provavelmente o corpo teórico explicativo mais completo, mais rigoroso e mais coerente na psiquiatria, se o seu desenrolar parece claramente definido, não há dúvidas de que ainda restam algumas zonas obscuras, mesmo dentro do campo onde ela parece estar bem delimitada. A ambigüidade fundamental é que ela tende a descrever o aparelho psíquico como uma totalidade quase fechada, enquanto a técnica de investigação implica uma *relação* intersubjetiva. Os diferentes estudos sobre a contratransferência não parecem ter atingido clareza plenamente satisfatória sobre esta relação. O fato de que possam ocorrer mudanças psíquicas duráveis sem que haja uma perlaboração longa deve nos instigar a conhecer a sua natureza e a situá-las, por comparação, no modelo de referência psicanalítico. Para fazê-lo, a questão das resistências à mudança é central, a nosso ver: vimos que Freud, às vezes, depois de haver tentado algumas modificações técnicas para vencê-las, sempre acaba se voltando para uma explicação metapsicológica baseada na dinâmica intrapsíquica para justificar a sua existência, preferindo modificar a sua concepção do funcionamento mental a ter que mudar as coordenadas do tratamento, e tudo isso com uma preocupação pelo rigor.

As diversas medidas propostas por Ferenczi, Rank e depois por Alexander tinham como objetivo vencer eficazmente essas resistências, sem uma perlaboração longa, o que é também o alvo da maioria dos autores em psicoterapia breve.

Se nos ativermos aos trabalhos de *orientação* psicanalítica, a multiplicidade dos procedimentos e a freqüência das referências às necessidades da população, em comparação com o número restrito de alusões ao processo em si, tornam muito difícil a análise dos mecanismos em jogo. No entanto, os temas seguintes, que contrapõem ou relacionam o problema das indicações ao das técnicas, são praticamente discutidos sempre:

Seleção de pacientes	
Distúrbios superficiais	— distúrbios profundos
Problemas neuróticos	— neuroses constituídas
Traços neuróticos	— estruturas neuróticas
Crises	— evolução crônica

Seleção de métodos	
Atitude ativa	— atitude passiva
Focalização	— atenção flutuante
Limite de tempo	— tempo ilimitado
Planejamento	— associações livres

Vejamos, por exemplo, o modelo proposto por Bellak Small[66]:

1. Identificar o problema atual e formular hipóteses que a anamnese confirmará, modificará ou invalidará.

2. Anamnese com o objetivo de procurar dados capazes de esclarecer a história pessoal do paciente e de permitir uma formulação de diagnóstico, se possível na primeira sessão; o terapeuta deve usar a sua competência para facilitar a comunicação.

3. Estabelecer relações causais — levando em conta a probabilidade da sobredeterminação.

4. Escolher as intervenções, depois de ter determinado a causa dos sintomas, com o objetivo de fazê-los desaparecer. As intervenções podem ser apenas verbais ou reforçadas por outras medidas ativas.

5. Perlaboração do problema — reforço do novo comportamento aprendido e extinção dos modelos neuróticos de adaptação.

6. Fim do tratamento tomando o cuidado de provocar no paciente uma transferência positiva e de fazê-lo saber que será bem-vindo se ele quiser voltar.

---

66. *Emergency psychotherapy and brief psychotherapy*. Nova York, Grune e Stratton, 1968.

Vê-se, portanto, aqui, o ecletismo das medidas propostas, alguns termos são até mesmo emprestados do behaviorismo. Poderíamos resumir as idéias-chaves desta maneira:

Escolha de um problema bem delimitado — *Intervenções ativas* com o objetivo de resolvê-lo. A natureza do processo não é mais claramente definida através de referências à psicanálise, a despeito das numerosas considerações sobre a natureza das interpretações.

Um segundo modelo é aquele proposto por K. Lewin[67]. Sua técnica é baseada em conceitos psicanalíticos, apesar de algumas divergências a respeito do desenvolvimento sexual da mulher.

1. Antes do início do tratamento, estabelece-se um contrato com o paciente sobre os objetivos do trabalho a serem alcançados.

2. Desde o começo o médico faz com que o paciente se confronte com o seu comportamento autopunitivo, de uma maneira muito ativa, com a esperança de que ele perceba que ele mesmo é a origem de suas dificuldades.

3. Interpretação precoce da transferência, especialmente de seus aspectos negativos.

4. Focalização da atenção do paciente, durante cada sessão, para manter a continuidade.

5. Incita-se o paciente a continuar o seu trabalho sozinho, 24 horas por dia, sete dias da semana.

6. O terapeuta, através de seus comentários e de seu comportamento, propõe ao paciente um modelo de consciência mais normal e menos punitivo.

Neste modelo, reencontramos as idéias de atividade e de planejamento com o acréscimo de uma concepção muito particular da origem dos distúrbios neuróticos. Toda a atitude de Lewin baseia-se no problema da *culpa* e do masoquismo.

Aqui delineia-se uma *teoria* simples visando *explicar* a totalidade dos distúrbios neuróticos.

Nós escolhemos estes dois exemplos, entre muitos outros, por

---

67. K. Lewin: *Brief encounters*. St.-Louis, Missouri, 1970.

causa de seu caráter marcantemente extremista, um devido ao ecletismo das medidas propostas, o outro por causa de suas concepções teóricas básicas: ambos se reportam à psicanálise, mas têm apenas algumas afinidades com o tratamento-padrão. No entanto, eles ilustram muito claramente os dois pólos entre os quais os autores oscilam:
1. *escolha* de um *problema* central;
2. escolha de uma *hipótese* central simplificadora que "explique" tanto a *totalidade* dos distúrbios psíquicos, uma "neurose de base" (Bergler)[68] de qualquer tipo, quanto todos os distúrbios *principais*.

Em função desse modelo conceitual inicial, eles propõem planejar o tratamento e conduzi-lo ativamente ao objetivo previamente fixado. As pesquisas bibliográficas revelam numerosas referências a diferentes métodos propostos (psicoterapias individuais, grupais, familiares, comportamentais, hospitalizações de curta duração, etc., etc.), os quais, apesar de um ecletismo às vezes duvidoso, obedecem em geral a duas regras fundamentais:
1. determinação de uma causa hipotética simples da patologia;
2. organização "finalista" do trabalho do terapeuta.

A hipótese psicodinâmica inicial definiria como *antigo* o funcionamento atual, o planejamento refere-se a um *novo* modelo. A ênfase é portanto colocada na *mudança*. Não muda muita coisa se estamos falando de um tratamento "recuperador" (ou paliativo), onde o objetivo é a restauração do equilíbrio precedente à crise, ou de um tratamento "em profundidade", onde se visa uma reestruturação da personalidade: as intervenções do terapeuta não pretendem apenas reconhecer, num comportamento patológico, as suas origens arcaicas ou o seu sentido oculto, mas são orientadas em função de um *objetivo*. *Ao determinismo simples do primeiro, sucede-se a finalidade*. A terapia define-se, então, como uma *interação ordenada por regras combinadas entre os seus dois membros, em função de um objetivo*.

---

68. E. Bergler: *La névrose de base*. Trad. franc. Paris, Payot.

Pode-se ficar desconcertado pela elasticidade dos métodos propostos, as suas abordagens muitas vezes muito distantes da psicanálise, da qual, no entanto, eles dizem derivar, mas parece importante rendermo-nos à evidência: no plano *terapêutico* elas se mostram eficientes, com resultados análogos, apesar da divergência das técnicas usadas: caminhos muito diferentes conduzem ao mesmo lugar! Um importante artigo de L. Luborsky, examinando cuidadosamente a maioria dos estudos comparativos sérios de diversas formas de psicoterapias, não mostra nenhuma diferença significativa nos resultados[69]. Isso quer dizer que determinadas variantes da relação terapêutica podem conduzir a resultados idênticos, freqüentemente em espaços de tempo diferentes.

d) Conclusões

Desse modo, se voltarmos à evolução de Freud, nos lembraremos de que, no seu primeiro modo de trabalhar, ele se confrontou com resultados espetaculares, assim como com inúmeras rupturas do tratamento. A partir do momento em que ele privilegiou o *funcionamento intrapsíquico* deixando num segundo plano a teoria do trauma psíquico, ele se deparou com um novo problema: o do prolongamento dos tratamentos e da reação terapêutica negativa; o que, com a preocupação pelo rigor que o caracteriza, acabou levando-o a propor um novo modelo de funcionamento do aparelho psíquico, o modelo estrutural, provavelmente também em reação às inovações técnicas que começavam a ser propostas por seus discípulos Rank e Ferenczi. Esta nova tópica, no entanto, ao provocar poucas modificações na prática psicanalítica, certamente não levou ao encurtamento dos tratamentos, e Freud voltará a esse problema em 1937, em seu artigo "Análise terminável, análise interminável".

Quanto a esta evolução, eis que técnicas muito diversas, manifestamente dissidentes em muitos pontos de vista, alcançam resultados apreciáveis em tempos particularmente breves. Ao rigor

---

69. L. Luborsky *et al.*: "Comparative studies of psychotherapy", *Arch. Gen. Psychiatry*, agosto 1977, 32: 995-1008.

de Freud contrapõe-se a elasticidade dos psicoterapeutas. Isso leva a supor que a psicanálise deve ser posta em questão como terapêutica, ou que o seu procedimento é equivocado? Nós certamente não pensamos assim. Pelo contrário, podemos vislumbrar, em toda relação de caráter terapêutico, a presença de alguns componentes comuns, ainda mal definidos, capazes de levar a uma mudança, de proporções não desprezíveis. No entanto, segundo nosso ponto de vista, a ótica *causal* habitual, que visaria buscar um *traço comum a todas as técnicas* (tais como: relação de ajuda, entusiasmo do terapeuta, etc.), depois de atribuir-lhe os resultados constatados, seria errada: primeiramente, algumas tentativas de correlação entre esses fatores e mudanças psíquicas só levaram a fracassos (veja por exemplo os estudos de D. Malan[70]. Voltaremos a esse assunto). No momento, contentemo-nos em ressaltar que terapias que seguem métodos às vezes divergentes, mas nas quais a característica comum é reconhecer deliberadamente um papel ativo para o terapeuta, atingem resultados muito próximos entre si.

Agora, devemos assinalar novamente que a psicanálise moderna tem colocado cada vez mais em evidência a influência do analista no encaminhamento do tratamento e que, nesse sentido, Ferenczi foi um precursor; que a importância do enquadre analítico está sendo constantemente salientada: "Parece-me que os analistas estão cada vez mais tomando consciência do papel que eles desempenham, tanto em sua apreensão do paciente desde os primeiros contatos, quanto no estabelecimento da situação analítica e no encaminhamento da análise. O material do paciente não lhes é exterior, pois, através da experiência da transferência, ele já se torna parte integrante do analista", diz André Green em 1974[71]. No entanto, apesar de estarmos plenamente de acordo com esse autor, que acrescenta que "a contratransferência não

---

[70]. D. Malan: *Towards the Validation of dynamic psychotherapy*. Nova York, Plenum Pub. Corp., 1976.
[71]. André Green: "L'analyste, la symbolisation et l'absence dans le cadre analytique". *Nouvelle Revue de Psychanalyse*, n.º 10, 1974.

se limita aos efeitos afetivos negativos ou positivos produzidos pela transferência, mas inclui todo o funcionamento mental do analista, de modo que ele é influenciado não apenas pelo material do paciente, mas também por suas leituras ou por suas discussões com colegas", consideramos que a principal falha dos questionamentos da psicanálise é que eles derivam do "interior" da mesma, numa linguagem ainda psicanalítica, enquanto as ciências modernas demonstraram claramente que é praticamente impossível mudar um sistema dado — no caso a psicanálise — sem sair do mesmo e observá-lo de "fora". Nesse sentido, os comentários de Watzlawick e colaboradores sobre os diferentes tipos lógicos podem ser estudados com muita utilidade[72]. A nosso ver, uma das ambigüidades da psicanálise vem do fato de que ela dá uma descrição do homem fora de seu enquadre, mesmo se a teoria das pulsões implica a presença ou a ausência de um objeto, enquanto a técnica psicanalítica baseia-se numa *relação* intersubjetiva. *Logo, a psicanálise não dispõe ainda de um modelo conceitual que integre claramente a relação*, apesar dos esforços de Ferenczi, Balint, Bouvet e outros, talvez com a exceção do modelo fornecido por Winnicott. Isso se dá porque, pensamos nós, para entender a interação dinâmica analista-analisando, é necessário "sair" momentaneamente do modelo conceitual psicanalítico e, de algum modo, analisar a relação psicanalítica, ou melhor, na linguagem da teoria da comunicação, "metacomunicar-se sobre ela". A psicanálise revelou ser um instrumento incomparável de conhecimento do homem, mas é constantemente questionada quanto à sua terapêutica.

Considerando as diversas formas de psicoterapia individual como métodos baseados numa interação dinâmica de duas pessoas, deveríamos poder nos referir à teoria geral dos sistemas de Von Bertalanffy para esclarecermos melhor o processo psicoterapêutico: segundo essa ótica, dever-se-ia estudar a relação médico-paciente como um todo em interação dinâmica onde ca-

---

72. P. Watzlawick, J. Weakland, R. Fisch: *Changements, paradoxxes et psychothérapie*. Trad. franc. Paris, Edit. du Seuil, 1975.

da um dos parceiros influencia o outro, o que fica parcialmente implícito no trecho de Green que citamos acima. Um dos princípios fundamentais da teoria geral dos sistemas é o da *eqüifinalidade*, que permite explicar cientificamente o fato de que, a partir de meios muito diferentes, se pode chegar aos mesmos resultados[73]! Permanecendo inteiramente dentro das fronteiras do tratamento-padrão, não poderíamos descobrir como o homem se comporta quando se encontra numa situação relacional. Levado ao extremo, aprisionar a descrição do funcionamento psíquico com uma coleira puramente intrapsíquica é arriscar-se a atingir um estado de desordem das idéias, de acordo com o segundo princípio da termodinâmica, que preconiza que a tendência geral, num sistema fechado, é ir ao encontro de estados de desordem máxima.

É neste sentido que, a nosso ver, algumas formas de psicoterapias breves, cujas raízes psicanalíticas nós acreditamos haver demonstrado, por meio das modificações que elas trouxeram ao campo do processo analítico, podem trazer um esclarecimento útil sobre a própria psicanálise, especialmente sobre a problemática do *funcionamento mental*. Mas isso só é possível se mudarmos o nível de observação, se aceitarmos olhar tanto a psicanálise quanto a psicoterapia de inspiração analítica de fora, para compreender a sua dinâmica. Trata-se, portanto, de estudar como o aparelho psíquico, colocado em situações diferentes, funcionará, e explicitar divergências e similaridades. Esta é provavelmente uma das grandes utilidades das formas breves de psicoterapia.

---

73. L. von Bertalanffy: *Théorie générale des systèmes*. Paris, Dunod, 1973.

PARTE II

ASPECTOS TÉCNICOS

CAPÍTULO II
PROLEGÔMENOS AOS CAPÍTULOS III E IV

Os dois capítulos seguintes contêm os diferentes trabalhos apresentados no primeiro simpósio sobre psicoterapias breves de inspiração psicanalítica de língua francesa, realizado em Lausanne, em 1976. Os trabalhos tinham como tema principal um dos dois princípios fundamentais da psicoterapia analítica breve.

O Capítulo III abordará o problema dos *limites*: limitação no tempo, limitação do objetivo do tratamento (o foco);

O Capítulo IV tratará de assuntos particularmente ligados ao processo terapêutico: transferências e regressão, interpretação e conscientização.

Para facilitar a leitura dos capítulos seguintes, parece útil descrever, em traços gerais, as técnicas utilizadas por P. Sifneos e D. Malan. O leitor que desejar obter mais pormenores poderá consultar as obras desses autores. A concepção original de B. Cramer é tão explícita que dispensa comentários. Quanto às nossas próprias concepções, manifestar-se-ão nesta obra, de modo que também não há necessidade de nos demorarmos em analisá-las neste ponto.

É notável que as experiências de M. Balint e de seu aluno D. Malan e as de P. Sifneos se tenham iniciado quase simultaneamente (Balint: 1954; Sifneos: 1956), sem que os autores conhecessem os trabalhos uns dos outros.

São conhecidas as concepções de Balint, discípulo de Ferenczi, sobre a relação terapêutica: "O tratamento psicanalítico, mesmo no sentido clássico de um 'espelho bem polido', é essencialmente uma relação de objeto; todos os acontecimentos que têm como resultado uma alteração terapêutica do psiquismo do paciente são provocados por eventos decorrentes de uma relação dual, isto é, que se produz essencialmente *entre* duas pessoas, e não apenas no interior de uma delas."[1] Privilegia-se, claramente, a interação dinâmica terapeuta-paciente. Em 1954, Balint organizou um grupo de trabalho, destinado a explorar as possibilidades do tratamento breve de orientação psicanalítica. A idéia básica era reencontrar o primeiro estilo de Freud. Os resultados desta experiência são relatados no livro de D. Malan, já citado anteriormente. O grupo, que trabalhava muito ativamente, discutia todos os casos atendidos e Malan fez um estudo catamnésico por longos intervalos de tempo. A técnica discutida pelos integrantes do grupo foi a seguinte:

a) Usar face a face.

b) Fixar, de partida, um término para o tratamento, ressaltando que, se o resultado procurado não fosse obtido, caberia cogitar de uma subseqüente forma alternativa de psicoterapia.

c) Estabelecer uma hipótese psicodinâmica de base, capaz de explicar a problemática *principal* do paciente.

d) *Utilizar técnica de interpretação mais ativa*, que consiste em *atenção seletiva*, apoiada nos elementos relacionados com a hipótese psicodinâmica básica; e em *negligência seletiva* dos elementos estranhos a essa hipótese. Essa técnica de intervenção acabou dando nome à forma de psicoterapia: a *psicoterapia focal*.

Após a experiência, D. Malan coordenou estudos catamnésicos minuciosos sobre o problema da seleção dos pacientes para esse tipo de terapia e sobre o tema dos resultados. Ele mostrou

---

1. M. Balint: *Le défaut fondamental*. Trad. franc. Paris, Payot, p. 17.

que mudanças duráveis podem ser conseguidas através de uma psicoterapia de curta duração. Mostrou, ainda, que essas mudanças se baseiam em modificações estruturais da personalidade. Além disso, ao contrário do que se acreditava, essa evolução positiva pode *ocorrer em personalidades gravemente perturbadas* e não parece depender nem de quão antigos sejam os distúrbios, nem de sua assim chamada profundidade. Os fatores de um bom prognóstico são:
— forte desejo de mudar, via melhor autoconhecimento;
— possibilidade de focalizar o tratamento;
— interpretações que possam ligar os movimentos transferenciais às imagos parentais.

A pesquisa revelou, portanto, que modificando algumas coordenadas do tratamento psicanalítico, sempre mantendo fidelidade às suas concepções básicas, é viável lutar com êxito contra as resistências inconscientes dos pacientes. *A apreciação inicial da problemática inconsciente principal dos pacientes, a fixação de um prazo para o término e a escolha planejada das interpretações permitem esse resultado.*

P. Sifneos trabalhava no Massachusetts General Hospital, que parece ter sido o primeiro, nos Estados Unidos, a criar um serviço psicoterapêutico de urgência. Depois de haver realizado uma primeira experiência psicoterapêutica de curta duração, de resultados muito favoráveis, P. Sifneos, que anteriormente sempre adotara uma prática psicanalítica clássica, continuou os estudos sobre as psicoterapias analíticas de curta duração, que ele denominou "psicoterapias de curta duração provocadoras de ansiedade". Ele relata seus resultados na obra *Short-term psychotherapy and emotional crisis*[2]. Centraliza sua argumentação na noção de crise emocional, considerada como ponto focal e marco indicativo de mudança no curso de um continuum dinâmico de processos psicológicos: "A compreensão de uma crise emocional esclarece os diferentes estágios de formação dos sintomas

---

2. Bruxelas, Mardaga, 1977.

psiquiátricos, antes mesmo de eles se cristalizarem em forma de neurose; ela permite, além disso, colocar em ação medidas preventivas — as intervenções psicoterapêuticas breves —, às quais recorremos para evitar o desenvolvimento dessa neurose."[3] Sifneos distingue dois tipos de psicoterapias:

1. Psicoterapia ansiolítica, ou de apoio: sustentação no momento de crise, para um paciente que sofre dificuldades emocionais de longa duração; o objetivo é diminuir a ansiedade.

2. Psicoterapia provocadora de ansiedade, ou dinâmica: destinada a orientar, pela conscientização, a *resolução* de um problema.

O autor atribui um lugar primordial aos critérios de indicação para a psicoterapia provocadora de ansiedade: apenas os pacientes que sofrem de neurose genital, onde a problemática edipiana fica em primeiro plano, e que desejam fortemente mudar, são suscetíveis de tratamento por esse método. Sifneos estudou profundamente o problema da motivação para as mudanças em seus pacientes e a questão dos diferentes critérios que assinalam certa solidez do Ego. Por essa razão, diferentemente de Malan, Sifneos insiste muito no problema das indicações. A própria técnica é também um pouco diferente:

a) Sifneos indica que o tratamento será breve: doze a dezoito sessões aproximadamente, mas não fixa uma data limite.

b) Utiliza o face a face.

c) Estabelece, de início, um contrato com o paciente, delimitando o *problema a ser tratado*.

Levando em conta o contrato estabelecido com os pacientes, a técnica de intervenção de Sifneos é evidentemente mais ativa que a de Malan, cuja atitude é mais neutra. Sifneos não hesita em encorajar seus pacientes através de intervenções tais como: "Este problema não é o que havíamos decidido abordar!" ou "Parabéns, você encontrou!"

Além disso, ele acompanha ativamente as associações dos pacientes, apoiando-os durante suas elaborações. As pesquisas

---
3. *Ibidem*, p. 49.

ASPECTOS TÉCNICOS 63

catamnésicas que Sifneos também coordenou revelam resultados apreciáveis e duráveis. Como as de Malan, elas mostram que a qualidade dos resultados está fortemente relacionada com a motivação dos pacientes, no início do tratamento. No entanto, levando em conta o que foi dito anteriormente, é evidente que a forma de terapia utilizada por Sifneos se dirige a um grupo de pacientes diferente do grupo tratado por Malan, dado que a seleção é muito mais rigorosa.

As características comuns das duas formas de psicoterapia breve podem ser resumidas assim:

a) clara referência à psicanálise freudiana; a ênfase é essencialmente colocada nos conflitos intrapsíquicos, inconscientes e ligados ao passado dos indivíduos em tratamento;

b) atenção especial aos conflitos atuais e ao grau de motivação dos pacientes;

c) modificação das coordenadas do tratamento: redução do número de sessões, face a face, tempo mais ou menos limitado desde o início;

d) comportamento mais *ativo* do terapeuta: planejamento, negligência ou atenção seletivas, apoio mais ativo ao Ego do paciente (mais particularmente em Sifneos).

Embora, ao contrário do que se nota nos dois exemplos do capítulo anterior, o terapeuta se refira, *sem desvios*, à doutrina freudiana, seu papel ativo é acentuado por esses autores. Como vimos no Capítulo I, o enquadre é modificado: "interessamo-nos inteiramente pela problemática intrapsíquica do sujeito, mas privilegiamos uma *técnica interpessoal e um enquadre* mais dinâmico, capazes de provocar modificações no equilíbrio interno. Além disso, o papel ativo (motivação) do sujeito é acentuado. Admite-se, portanto, abertamente a possibilidade de uma *"dinâmica a dois"*.

CAPÍTULO III
PROBLEMAS DE LIMITES

1. INTRODUÇÃO

O princípio de limitação é adotado em todas as formas conhecidas de psicoterapias breves, qualquer que seja sua orientação. Pode-se dar ao termo "limite" muitos sentidos diferentes: limitação da regressão, limitação da fantasia, limitação da liberdade das associações, limitação das ambições terapêuticas, etc. Todos estes significados são utilizados nas psicoterapias breves. No entanto, as duas características principais parecem ser a limitação explícita ou implícita da duração e a focalização. Por esse motivo, pedimos a dois especialistas, cujas concepções divergem um pouco, para tratarem destes problemas. De fato, o professor Sifneos, como veremos, não determina de início o fim da terapia. Contenta-se em assinalar a duração prevista do tratamento, dando, primeiramente, algumas indicações vagas. David Malan e nós mesmos fixamos, geralmente, desde logo, um término para o tratamento. Peter Dreyfus fixa o término ao longo da terapia. Acontece, também, que alguns terapeutas, como James Mann de Boston, fixam para *todos os pacientes* um mesmo número de sessões. Às vezes, os seguros impõem aos terapeutas um número limitado de sessões. Parece, pois, particularmente importante medir o impacto de tal medida.

Quanto à focalização, podemos compreendê-la também em vários sentidos: centrar-se num problema atual do paciente, centrar-se num ou em vários sintomas, compreensão da origem psicodinâmica da neurose (hipótese psicodinâmica basal), etc. Aqui também as opiniões e os métodos divergem. P. Sifneos tende a selecionar os pacientes em função de uma hipótese prévia, hipótese edipiana, enquanto David Malan, Habib Davanloo em Montreal, ou nós mesmos, selecionamos os pacientes menos em função de sua problemática e mais em termos do ponto focal da neurose. As opiniões merecem ser confrontadas, portanto, e é este o assunto deste capítulo.

2. a) LIMITAÇÃO DO TEMPO E TÉRMINO DA PSICOTERAPIA DINÂMICA DE CURTA DURAÇÃO

PETER E. SIFNEOS

(tradução francesa: E. de Perrot)

A "limitação do tempo" é um fator crítico para todas as terapias "breves", como já indica o próprio nome. É paradoxal, no entanto, que não haja acordo entre os numerosos pesquisadores quanto ao que esse termo deva significar. Como resultado disso, instaura-se alguma confusão. Devido à importância deste mal-entendido, tentarei apresentar o mais sistematicamente possível as minhas idéias sobre o limite de tempo e sobre o término da psicoterapia dinâmica de curta duração, sabendo muito bem que elas podem suscitar muitas críticas.

As psicoterapias breves tornaram-se repentinamente muito populares nos Estados Unidos. Conquanto poucos pesquisadores tenham estudado este tipo de tratamento psiquiátrico durante muito tempo, o recente encorajamento das companhias de seguro, ao cobrir tratamentos de curta duração para problemas psicológicos, estimulou uma súbita onda de interesse pela psicoterapia de curta duração. Embora se possa argumentar que o limite de tempo contribui para tornar a psicoterapia acessível a mais pessoas, este argumento não deve ser fator primordial para o encurtamento da psicoterapia. O fator determinante da natureza de cada intervenção psicoterapêutica deveria ser principalmente a apreciação do tratamento mais adequado às necessidades específicas de cada paciente. Se eliminarmos, porém, este argumento utilitarista para limitarmos o tempo da psicoterapia, só poderemos defender tal limitação por uma única razão: por sabermos que ela contribui para tornar a psicoterapia de curta duração o tratamento escolhido para um determinado grupo de pacientes bem selecionados.

Os cínicos podem não se convencer, face a tal discussão, achando que, ao abreviar o tempo utilizado por paciente, o terapeuta ganharia mais dinheiro. Este tipo de problema pode não ser importante na Europa, mas nos Estados Unidos, onde a prática privada é ainda quase que a regra em matéria de assistência psiquiátrica, ele não pode ser descartado sem mais nem menos. Felizmente, este argumento pode ser facilmente contornado pelo próprio limite de tempo necessário para uma consulta psicoterapêutica. O psiquiatra não pode atender mais do que dois pacientes por hora, enquanto um dermatologista pode atender dez.

Embora as entrevistas de uma hora tenham sido encurtadas e o tempo de 45 ou de cinqüenta minutos tenha sido estabelecido como "uma hora", em nenhum lugar os psiquiatras foram abaixo desses limites, exceção feita às entrevistas de apoio usadas para indivíduos muito perturbados, que necessitam de medicamentos e que são vistos rapidamente.

É importante, entretanto, definir de imediato o que queremos dizer ao usar o conceito de "limitação de tempo". Alude ao limite de tempo da duração total da psicoterapia ou a um número limitado de entrevistas psicoterapêuticas? Por exemplo, fazer cinqüenta entrevistas num período de dois ou três anos seria uma psicoterapia breve? A abreviação da consulta, mencionada acima, seria a origem da limitação do tempo?

Devemos agradecer aos organizadores deste seminário por nos forçarem a tratar destas questões de maneira sistemática, dando-nos a oportunidade de apresentar os nossos pontos de vista e de discutir nossas divergentes opiniões, de modo a evitar mal-entendidos e confusão. Para mim, o limite de tempo aplica-se à duração do processo psicoterapêutico. Partindo deste postulado, confrontamo-nos imediatamente com o problema de fixar um número de entrevistas durante um período de tempo específico. Por exemplo, doze entrevistas durante um período de três meses[1]. Sem dúvida, esse tipo de abordagem é salutar para o terapeuta, que é incapaz de se disciplinar visando terminar um processo psicoterapêutico, que tende, portanto, a se prolongar sem motivo, seguindo e perseguindo interminavelmente os meandros, as fantasias elaboradas, as trilhas sinuosas e os adiamentos psicológicos. A questão que deveríamos colocar é a de saber se uma estratégia de limitação do tempo é útil, em linhas genéricas, e para qual paciente em particular.

Assim, o necessário é uma discussão sobre a limitação do tempo de acordo com os seguintes parâmetros precisos e estritos:

Primeiramente, é importante fixar, desde o início, uma tarefa "bem definida", estabelecida conjuntamente pelo paciente e por seu terapeuta. Essa tarefa, em geral, é a resolução de algum problema psicológico trazido pelo paciente. Para a psicoterapia psicodinâmica isso implica a resolução de conflitos psicológicos implícitos nas dificuldades do paciente. Deste modo, é importante desde o princípio que o paciente e o terapeuta estejam de acordo quanto à tarefa que ambos enfrentarão durante a terapia. Já registrei alhures que, embora o paciente haja acumulado, ao longo dos anos, todos os ingredientes necessários para resolver seus problemas psicológicos, foi incapaz de realizar esta tarefa sozinho, tentando e fracassando muitas vezes[2]. Por isso,

---

1. J. Mann: *Time Limited Psychotherapy*. Cambridge, Mass. Harvard University Press., 1973.

2. P. E. Sifneos: *Short-term Psychotherapy and Emotional Crisis*, Cambridge, Mass., Harvard University Press, 1972.

ele precisa dos conhecimentos de um especialista, do terapeuta, que, por sua objetividade, seu conhecimento profissional de "como agir", é capaz de guiá-lo através do labirinto de situações confusas, aparentemente intermináveis, onde se debate, e de ajudá-lo a atingir o fim do túnel, iluminando um campo até aquele momento obscuro e desesperador.

Em segundo lugar, é importante especificar que a tarefa de atingir conjuntamente um objetivo não pode ser realizada com todos os pacientes. É preciso desenvolver um processo apropriado de seleção de candidatos, com critérios explícitos. Existem, por exemplo, alguns pacientes que, apesar do ardor com o qual pedem ajuda, não são capazes de resolver seus problemas psicológicos por meio de psicoterapias, porque não desenvolveram as necessárias forças de caráter. Refiro-me, naturalmente, a certos pacientes com dificuldades psiquiátricas neuróticas crônicas e severamente incapacitados. Alguns tipos de alcoólatras, toxicômanos ou suicidas em potencial têm grandes dificuldades de estabelecer uma aliança terapêutica, necessária para a resolução conjunta de um problema psicológico, o que os torna, em realidade, candidatos não apropriados para as intervenções psicoterapêuticas breves.

Em terceiro lugar, também a natureza dos conflitos psicológicos do paciente, que permeia os problemas principais do mesmo, deve ser explicitada. Novamente, reencontramos alguns tipos de dificuldades a longo prazo que, segundo minha experiência, não são superadas por qualquer possível tipo de abordagem psicoterapêutica, porque são frutos de questões genéticas, e não emocionais. Igualmente, algumas dificuldades caracterológicas basais e difusas, como a dependência extrema, a passividade, as tendências a agir e à impulsividade, são de tal modo severas que, consoante minha experiência, as técnicas psicoterapêuticas pouco podem fazer para modificá-las.

Por outro lado, é importante especificar a natureza dos conflitos psicológicos que a psicoterapia breve pode tentar resolver. Darei um exemplo mais adiante.

Finalmente, também devemos especificar o tipo de intervenção psicoterapêutica que deve ser considerada. Por exemplo, cabe esclarecer se o examinador tem ou não em mente uma abordagem psicodinâmica, ou se preferirá considerar uma modificação de comportamento, digamos, para a eliminação de uma fobia monossintomática.

É possível também que um trabalho de apoio, durante um breve período de tempo, eventualmente até em associação com alguma medicação psicotrópica, possa ser, na opinião do examinador, a única maneira de ajudar um paciente cuja organização pessoal é frágil demais para permitir qualquer outra opção.

Com tais idéias em mente, gostaria de fazer agora uma breve descrição de um tipo de psicoterapia psicodinâmica de curta duração que desenvolvemos e utilizamos, durante alguns anos, no Massachusetts General Hospital e no Beth Israel Hospital, na Escola de Medicina de Harvard, em Boston.

Essa forma é utilizada para tratar um grupo bem selecionado de pacientes neuróticos de queixas bem circunscritas. Ela dura de dois a seis meses, e é realizada face a face, 45 minutos por semana.

Parece evidente, espero, após tudo o que foi dito acima, que não se pode discutir de maneira válida a questão da limitação do tempo, se não tivermos em mente essas quatro características.

Descreverei, primeiramente, aquele tipo de tratamento que, para todos os efeitos, é chamado de "psicoterapia de curta duração desencadeadora de ansiedade" ("short-term anxiety provoking psychotherapy" ou S.T.A.P.), e me referirei aos quatro parâmetros já mencionados.

A S.T.A.P. é uma psicoterapia dinâmica orientada para um objetivo focal, que considera que o paciente é capaz de trabalhar em colaboração com o terapeuta, num esforço para instaurar uma aliança terapêutica em condições de criar uma atmosfera onde o trabalho de resolução de um problema possa ser realizado.

Posteriormente, é preciso fazer, na população psiquiátrica, uma seleção de candidatos capazes de cumprir a tarefa mencionada acima.

É conveniente delinear os critérios de seleção aos quais os pacientes indicados para receber esse tipo de tratamento devem corresponder. Utilizamos, para a seleção de pacientes para a S.T.A.P., os seguintes critérios:
— uma queixa principal circunscrita;
— a presença, em sua história, de uma relação significativa de troca (dar e receber) durante os primeiros anos de vida;
— uma capacidade de entrar em relação com o entrevistador sem muita dificuldade e de exprimir livremente seus sentimentos durante a primeira entrevista;
— uma inteligência acima da média e provas manifestas de uma diferenciação psicológica;
— uma grande motivação para mudar, não somente motivação para buscar alívio de sintomas.

Em terceiro lugar, os problemas psicológicos do paciente e os conflitos subjacentes, que devem ser resolvidos ao longo da psicoterapia, devem ser de natureza edipiana ou triangular. Isso implica que as dificuldades encontradas pelo paciente tenham surgido durante a sua infância e comportem um amor pelo genitor do mesmo sexo, que o impede de entrar em competição com ele, na busca do afeto do genitor de sexo oposto. As queixas que disso resultam são apresentadas, pelo paciente, como dificuldades interpessoais bem delimitadas, ou como sintomas bem específicos.

Em quarto lugar, a S.T.A.P. implica um conjunto de técnicas que o terapeuta utilizará sem modificação durante todo o tratamento, a menos que apareçam sinais irrefutáveis, que exijam uma mudança fundamental da decisão original, definida durante a avaliação psiquiátrica feita para a indicação desse método. O terapeuta deve ter sempre presentes as seguintes considerações técnicas:
— chegar a uma hipótese psicodinâmica, com base nos sinais percebidos na história do paciente durante a avaliação psiquiátrica, que explique a natureza do problema psicológico desse paciente;
— esboçar, para cada paciente, os critérios que permitam atingir um resultado satisfatório do tratamento;

— estabelecer um contrato com o paciente a respeito do problema a ser resolvido;
— estabelecer uma aliança terapêutica;
— manter-se sempre dentro de um "foco" terapêutico;
— utilizar confrontações, esclarecimentos e questões que provoquem ansiedade para motivar a introspecção do paciente;
— examinar a transferência positiva preponderante, para criticar os laços transferenciais parentais precoces, durante a primeira parte da terapia, de modo a criar uma atmosfera onde possam instaurar-se uma aprendizagem e uma experiência emocional corretiva;
— evitar ativamente traços de caráter como a dependência, a tendência passiva, a tendência de agir impulsivamente, usadas defensivamente pelo paciente para evitar a angústia;
— ensinar sistematicamente as técnicas de resolução de problemas, as quais o paciente deve aprender;
— terminar precocemente a terapia, logo após a obtenção de sinais claros de resolução atual do problema psicológico inicialmente definido.

A questão do limite de tempo para esse tipo de psicoterapia, agora colocado em suas próprias perspectivas, será brevemente discutida do ponto de vista teórico e prático. Dado que a S.T.A.P. é uma terapia psicodinâmica baseada em princípios psicanalíticos, ela pressupõe que os fenômenos da transferência estejam entre seus ingredientes básicos. A transferência é aqui definida como interação psicológica entre duas pessoas, com componentes tanto conscientes quanto inconscientes. Desse modo, a transferência, de acordo com esta definição, não se limita apenas à interação paciente-terapeuta.

Uma neurose de transferência, por outro lado, segundo Glover, é um fenômeno observável ao nível da psicanálise dos pacientes neuróticos. O paciente, durante a sessão de análise, transfere para o analista todos os sentimentos, as atitudes emocionais e as características de comportamento que existiam, no passado, em relação a outras pessoas-chaves em sua infância. O analista, em cada momento, é visto, por exemplo, como pai punitivo, mãe amorosa, irmão ciumento, irmã sedutora, etc.

Dado que a neurose de transferência deve aparecer em algum momento, não importa quando, é importante que a terapia termine antes disso. A neurose de transferência deve ser analisada antes que o tratamento psicanalítico chegue com sucesso a seu final. Isso pode ser feito porque o analista, graças à técnica da associação livre, tem acesso virtualmente a todas as fantasias do paciente e ele pode, por esse motivo, analisar com sucesso a neurose de transferência. O terapeuta, que vê seu paciente uma vez por semana face a face, não tem acesso a essas fantasias, ou melhor, tem acesso a apenas algumas delas. Em conseqüência, não pode analisar a neurose de transferência, e o tratamento deveria levar, por definição, ao fracasso. Em vista disso, a meu ver, a psicoterapia de longa duração muitas vezes acaba se deparando com um impasse intransponível, e a única vantagem que ela pode oferecer é uma espécie de apoio.

Da análise ora feita, concluímos que a limitação do tempo é um aspecto crítico da S.T.A.P.

Devemos lembrar que a tarefa de resolver um problema, tal como especificado no foco no qual o terapeuta se concentra, deve ser cumprida rapidamente, *antes* que se instale a neurose de transferência. A rapidez é, pois, um ingrediente essencial na S.T.A.P., e por esse motivo os problemas caracterológicos do paciente são ativamente evitados nesse tratamento, contornados e ignorados pelo terapeuta, que tem somente um objetivo em mente, precisamente o de ajudar o paciente a resolver seu problema psicológico antes que a instalação da neurose de transferência influencie seu trabalho.

Devemos lembrar que, devido à abrangente avaliação das forças de caráter do paciente e de sua resposta aos critérios de seleção, o terapeuta pode sentir-se tranqüilo e confiar no fato de que o paciente dispõe de recursos para lidar com a situação, e que os traços de caráter que foram contornados são de pouca importância, abordando assim, sem receio, o processo global de tratamento. Por esse motivo, deve ser evidente que o tempo requerido para o aparecimento da neurose de transferência e a capacidade do indivíduo de resolver os seus problemas psicológicos variam consideravelmente, apesar de os pacientes terem sido selecionados em um grupo homogêneo. Por essa razão, não fixamos um número arbitrário de entrevistas, ou um limite específico de tempo para a S.T.A.P. Determinamos, simplesmente, de modo pouco preciso, um intervalo de tempo, definido como de curto prazo. Por exemplo, quando os pacientes se interessam pela extensão do tratamento, dizemos que ele também é responsável, tanto quanto o terapeuta, por cumprir a tarefa proposta em "alguns meses", e não em "alguns anos". Desse modo, a responsabilidade pela limitação do tempo é compartilhada pela dupla "paciente-terapeuta". Não esquecer, porém, que, em última análise, a psicoterapia é uma tarefa altamente individual.

Não podemos, de um lado, declarar que desejamos dar a nosso paciente o benefício de uma análise pessoal e de uma compreensão absoluta, suficientes para ajudá-lo a se libertar de todas as suas correntes neuróticas e, de outro lado, deitá-lo no leito de Procusto da limitação do tempo.

Não se pode, naturalmente, discutir o limite de tempo sem abordar a questão do término da psicoterapia de curta duração. Correspondentemente, deve-se assinalar a questão de saber em que medida a fixação de uma data para o término, ou de um limite para o número de sessões, ajuda o paciente a enfrentar as dificuldades da perda e da separação e o prepara para o fim do tratamento.

Dois fatos muito específicos serão aqui discutidos brevemente. O primeiro é o da negação do fim previsto; é um fenômeno bem conhecido o de que alguns pacientes ajam como se não devesse haver um fim para seus tratamentos. O segundo é o da elaboração dos sentimentos ambivalentes que surgem com relação ao término. Observa-se freqüentemente estas duas atitudes em psicanálise, mas elas não são exclusivas da psicoterapia de curta duração, e os que afirmam o contrário o fazem "de fora" do contexto da psicoterapia.

Novamente, parece-me que o ponto crucial do término do tratamento está relacionado com a avaliação das forças do caráter do paciente. A título de exemplo, descobrimos que aproximadamente metade de nossos pacientes "S.T.A.P." são os primeiros a levantarem a questão do fim do tratamento, depois de se terem conscientizado de que resolveram o problema psicológico colocado no centro de interesse de sua terapia.

Apesar de tristes por terminarem um processo que lhes deu segurança e uma relação com alguém que lhes é querido, eles invariavelmente chegam a um ponto onde a conclusão lógica é a de que pouco mais resta a fazer.

A outra metade, de pacientes talvez menos ativos, espera que o terapeuta tome a iniciativa de falar sobre o fim do processo.

É evidente que, com os pacientes mais sadios, não é necessário discutir os sentimentos ambivalentes, caso existam, na hora do término do tratamento. Com pacientes mais doentes ou com pacientes de psicanálise, ao contrário, ocorre a necessidade de elaboração desses sentimentos sobre a perda e a separação.

Em nossa pesquisa com a S.T.A.P., descobrimos que a maioria dos pacientes trabalha até o último momento num esforço para se compreender ou para esclarecer algum ponto que, a seu ver, vale ainda a pena trabalhar. Apenas acidentalmente, num ou noutro momento da última entrevista, eles exprimem de modo apropriado seu desgosto por acabar com uma relação que os ajudou.

Embora alguns observadores possam ainda considerar isso como um sinal de negação ou de evitamento, seria interessante constatar, através da catamnese, que estes mesmos pacientes não dão mostras de terem problemas sérios, e que o caminho que percorreram parece ter dado bons resultados. Pode-se notar que muito poucos (talvez nenhum) exprimiram o desejo de prolongar sua psicoterapia, como se tivessem sentido que o atingido foi mais do que suficiente.

Estou certo de que minhas considerações podem suscitar numerosas controvérsias. Espero, no entanto, que a discussão que se seguirá nos ajude a levar adiante, esclarecendo-as, nossas idéias sobre a psicoterapia de curta duração, em geral, e sobre a questão do limite de tempo em particular.

Intervenções

b) LIMITAÇÃO DE TEMPO, FIM DO TRATAMENTO

D. BECK

A limitação de tempo na terapia breve provoca efeito estimulante sobre o processo terapêutico e sobre o comprometimento emocional. Por outro lado, a psicoterapia breve mobiliza rapidamente no paciente os problemas relacionados com o fim de uma psicoterapia: a angústia de separação, o luto e a dor. Existem fundamentalmente duas atitudes relativas ao fim de uma terapia breve: ou se estabelece desde o princípio um número definido de sessões, por exemplo vinte horas, ou se deixa em aberto desde o início a duração do tratamento sem determinar um final para o mesmo.

Tenho o hábito de fixar, de partida, um número determinado de sessões com pacientes que têm uma estrutura dominantemente histérica; com pacientes que apresentam uma estrutura em parte depressiva, determino o fim de modo menos preciso, e me adapto às iniciativas e aos desejos de cada paciente.

O modo concreto de organizar o fim varia sempre segundo a individualidade do paciente e suas possibilidades de evoluir. Depende, também, do fato de os objetivos, combinados desde o início entre o terapeuta e o paciente, terem sido ou não alcançados. Os objetivos que o paciente deveria alcançar são, no entender de Wollberg, os seguintes: diminuição da angústia e da tensão, ou melhora, isto é, desaparecimento dos sintomas; uma percepção das dificuldades interiores e de suas origens; uma possibilidade de perceber soluções mais adequadas; um aumento da tolerância à frustração; adaptação crescente às dificuldades cotidianas; capacidade de introspecção e sentimento maior de segurança interior.

No final da terapia, parece-me importante fazer, com o paciente, um balanço do que foi e do que não foi conseguido. Em geral, é útil para o paciente chamar-lhe a atenção para a possibilidade de recaídas depois da terapia. Em toda evolução existem fases regressivas. O paciente deve, portanto, perguntar-se a respeito do que o teria levado a essa recaída. Ele terá de enfrentar novas dificuldades, também depois da psicoterapia; e, durante a terapia, terá aprendido a compreender melhor estas dificuldades.

c) LIMITAÇÃO NO TEMPO — FIM DO TRATAMENTO

P. Dreyfus

(tradução francesa: A. Gerber e J. Schmutz)

Para mim, é muito difícil ater-me à limitação no tempo, por um lado porque existe uma pressão do paciente que exige mais, e, por outro, sobretudo porque eu mesmo não consigo metabolizar minhas fantasias, isto é, que eu poderia dedicar mais tempo ainda aos pacientes e que é difícil *me* limitar. O tempo também é, no entanto, um fator muito importante na psicoterapia; é preciso um certo tempo para que aquilo que chamo aqui de processo analítico possa acabar. Trata-se, portanto, de um processo durante o qual encontramos o desenvolvimento de uma transferência, sua interpretação e sua liquidação. Tudo isto aumenta ainda mais as dificuldades que eu experimento a respeito destes limites. O limite de tempo é um meio de circunscrever a regressão. Quero, no entanto, simplesmente permitir que a transferência se desenvolva numa terapia breve, incluindo uma regressão. Se desde o início digo ao paciente que a terapia será limitada no tempo, então o medo da separação, em alguns pacientes, particularmente os depressivos, desempenhará um tal papel que haverá resistências massivas contra a transferência. Por esse motivo, parece uma medida criteriosa não introduzir esta limitação de tempo antes de o processo já estar em andamento. Essa maneira de proceder tem também suas desvantagens — ela é vivida pelo paciente como dura, até mórbida, agressiva, como uma rejeição; provoca raiva e exige uma interpretação. As vantagens, no entanto, parecem predominar. Colocar desde cedo limites claros, sabendo que se trata de uma terapia breve, é uma grande vantagem. Permite conduzir o processo, o que me parece importante, em direção a uma resolução da transferência, da separação, e, na última fase, permite o trabalho do luto. Isso me parece particularmente importante porque, a meu ver, na terapia focal as partes da transferência não contidas no foco não são resolvidas — restam, então, os aspectos positivos e negativos da transferência no final da terapia. O trabalho do luto permite que se aborde uma grande parte dos componentes negativos da transferência, de modo que, desde a liquidação de todos os componentes positivos da transferência, é precisamente o terapeuta idealizado e não introjetado que é trazido pelo paciente. A questão seguinte se coloca: em que medida, precisamente, estes resíduos da parte positiva da transferência contribuem para o bem-estar do paciente que terminou seu tratamento?

3. a) O FOCO E SUA DETERMINAÇÃO

D. Beck

(tradução francesa: A. Gerber e J. Schmutz)

A psicoterapia breve caracteriza-se pelo fato de se propor um objetivo limitado e de tentar eliminar unicamente distúrbios circunscritos. O tratamento tem como objetivo resolver o conflito inconsciente de base, ligado ao sintoma principal e às queixas do paciente. Por analogia a um foco infeccioso somático, o conflito psicológico profundo foi chamado de foco. Os sintomas existem, como "formulação psicodinâmica", "fórmula interior", "conflito focal" ou "hipótese psicodinâmica". O foco indica a direção e o fio condutor do trabalho psicoterapêutico. É o sinal indicativo para a terapia. O objetivo do tratamento é a integração ao Ego de forças ligadas ao interior do foco. Segundo French, o conflito focal contém um conflito pré-consciente e superficial que explica a maior parte do material clínico. Balint e seus colaboradores escrevem: "Esquematicamente, o conflito focal constrói-se da seguinte maneira: surge a motivação perturbadora (uma pulsão ou desejo) que está em conflito com uma motivação reacional (uma reação do Ego ou do Superego), tornando-se necessário encontrar uma 'solução' (um compromisso adaptativo ou defensivo). Os conflitos focais derivam de conflitos de base mais profundos e mais arcaicos."

A formulação psicodinâmica é a chave da compreensão dos sintomas e das dificuldades que levam o paciente a procurar um tratamento. A arte do terapeuta é encontrar, entre os dados relativamente pobres da primeira entrevista, as informações psicológicas que permitam compreender o sintoma.

A psicoterapia breve está sempre ligada aos sintomas. O foco e a fórmula interior devem elucidar o significado inconsciente dos sintomas. O material fornecido pelos pacientes permite, de modo variável, a elaboração de uma fórmula psicodinâmica. A situação desencadeadora, com seus acontecimentos atuais, é particularmente útil para uma primeira orientação em direção a uma possível fórmula de um foco. Nos pacientes que apresentam sintomas psicossomáticos e que geralmente têm poucas possibilidades de introspecção sobre suas emoções, a situação desencadeadora exterior oferece muitas vezes a única possibilidade de aproximação para uma compreensão dinâmica de seus distúrbios.

Em princípio, o foco não deveria apenas permitir uma compreensão psicológica da situação desencadeadora, mas deveria também incluir os acontecimentos traumáticos da biografia do sujeito que fazem com que a dificuldade interna atual surja como repetição de um conflito infantil. É preciso ressaltar que os detalhes e as raízes biográficas dos distúrbios geralmente só se esclarecem durante a terapia breve ou já no seu final. Sua compreensão pelo médico e pelo paciente se dá, portanto, essencialmente através do processo terapêutico.

Um exemplo de determinação de um foco ilustrará as observações acima. Um marceneiro de 33 anos sofria de distúrbios psicogênicos na voz (voz de falsete). O seguinte acontecimento precedeu o aparecimento desse sintoma: ao serrar um pedaço de madeira com uma serra circular, o paciente cortou, por azar, um fio elétrico, provocando assim um curto-circuito e um corte na corrente elétrica na casa e em toda a vizinhança. Desde a primeira entrevista, ele assinalou que não ficou particularmente incomodado com esse incidente, mas tinha receio de perder, por causa do curto-circuito, a sua reputação de profissional perfeito. O sintoma da disfonia apareceu logo depois deste erro. O paciente dizia também que sempre temia ser inábil em suas relações humanas, tentando, por isso, se garantir contra essas falhas por meio de princípios religiosos. Tinha, também, dificuldade de impor-se aos outros. Com base nessas informações, formulamos o seguinte foco, que contém o distúrbio básico desse paciente: "Eu sou um homem que não se pode permitir qualquer falha, pois serei, por ela, publicamente culpado. Se me acontecer falhar, não serei mais um homem, tornar-me-ei um castrado e tenho de adotar, portanto, uma voz de menino (voz de falsete)."

Como podemos notar nesse exemplo, o foco foi formulado na primeira pessoa. Essa formulação facilita ao psicoterapeuta a identificação com seu paciente. A identificação passageira com o doente tem um papel importante na terapia breve. Em suma, a formulação do foco não implica que o comuniquemos ou interpretemos, logo de início, para o paciente. A fórmula interior é, desde o princípio, a hipótese "privada", se é que a podemos chamar assim, que o terapeuta faz sobre os distúrbios do doente.

Freqüentemente, a partir do momento em que o psicoterapeuta procura localizar os problemas num paciente, muitas outras fórmulas de foco, situadas em diferentes níveis, acabam surgindo diante dele. Se esboçarmos brevemente, para um grupo de analistas, o problema de um paciente e lhes pedirmos que encontrem uma fórmula psicodinâmica, as concepções irão variar consideravelmente entre si. Em seu livro, Malan dá exemplos dessas "hipóteses psicodinâmicas mínimas". As variações na focalização, segundo os terapeutas, derivam das maneiras diferentes de estruturar a sintomatologia, dos múltiplos pontos de vista sobre a natureza e o nível psicogenético dos conflitos pulsionais, das diferenças na preponderância atribuída a esse ou àquele aspecto defensivo, etc.

Malan dá um exemplo de três hipóteses mínimas numa mulher deprimida, de 29 anos, que apresentava um quadro de falsa gravidez e não sabia o que fazer a respeito: a) a paciente seria incapaz de tolerar sua raiva; b) teria medo de se realizar como mulher dando à luz um bebê; c) teria medo da rivalidade.

Numa terapia breve, a escolha de uma ou de outra dessas hipóteses depende, antes de tudo, de duas coisas: das reações dos pacientes às interpretações; da estrutura e da contratransferência do terapeuta. Diante de múltiplas focalizações possíveis, deve-se renunciar ao significado mais profundo de um sintoma em favor de outro, mais superficial. Acontece, também, que ao longo do tratamento se descobrem outros sintomas que também estão relacionados com distúrbios de origem mais profunda. Assim, um paciente queixava-se de ter medo de exames. Eis como foi formulado o foco: "Eu tenho medo da autoridade tal como tinha medo de meu pai; evito os superiores porque lhes reprovo a virilidade; ao mesmo tempo, vingo-me de meu pai ao ser reprovado nos exames." O paciente revelou uma homossexualidade manifesta durante o tratamento. Certamente, ela inscrevia-se dinamicamente na brevidade da psicoterapia. Mas o problema de saber se devemos ou não elaborar os novos distúrbios depende da sua imbricação no caráter: quanto mais cristalizados estiverem esses distúrbios, menos se pode elaborá-los.

Num trabalho com Lambelet sobre doentes que sofrem de sintomas psicossomáticos, fiquei impressionado pelo fato de que muitas vezes não chegava a encontrar um foco delimitado e uma bela fórmula psicodinâmica, por causa da probreza do material apresentado. Por outro lado, nós encontramos regularmente entre eles um traço de caráter neurótico que saltava aos olhos ou um comportamento neurótico. Assim, notamos, por exemplo, nos pacientes com um estômago irritável, necessidades evidentes de passividade e de dependência, com uma tendência à resignação e ao retraimento; nos pacientes que padecem de cefaléia, exigências crescentes de eficiência, acompanhadas por oposições inconscientes; e, nos homens que sofrem de ejaculação precoce, expectativas ilusórias coexistindo com tendências depreciativas a respeito do sexo feminino. Neste grupo de pacientes, nós fizemos desse traço de caráter ou desse comportamento neurótico o fio condutor da psicoterapia breve.

Trata-se, do ponto de vista psicanalítico, da elaboração de um distúrbio isolado do Ego, por exemplo de um mecanismo de defesa específico ou de uma formação reativa circunscrita. Nos pacientes psicossomáticos, um traço neurótico de caráter é freqüentemente o único ponto de partida para a realização de uma psicoterapia breve, porque suas doenças, vistas pelo ângulo da psicologia das neuroses, são, muitas vezes, neuroses de caráter bem estabelecidas. Na sintomatologia desses doentes não se vê um conflito pulsional manifesto, mas apenas aspectos patológicos do caráter. O tratamento deste grupo de pacientes é difícil e exige muita experiência.

Depois da formação de um foco pode ser útil conhecer a interpretação que o próprio paciente dá a esses sintomas. Quase todos os enfermos criam, para si mesmos, uma explicação sobre a origem de seus problemas. Essa concepção pessoal esclarece consideravelmente o médico a respeito do grau de capacidade de introspecção e de defesa do conflito inconsciente. Nos pacientes capazes de uma introspecção parcial, a formulação do foco deveria estar ligada à sua própria hipótese sobre a doença. Isso favorece a relação positiva e o contrato terapêutico.

Embora a formulação precoce do foco, feita já nas primeiras entrevistas, seja decisiva na psicoterapia breve, a formulação interior é constantemente completada, tornando-se precisa e ampliada durante o tratamento. Aspectos menos claros no começo ganham importância. Para um arquiteto, com dificuldades no trabalho, a formulação inicial do foco tinha sido a seguinte: "Eu estou protestando contra as exigências de rendimentos que minha mãe me faz." Mais tarde, a partir do material obtido, acrescentamos: "Estou ambivalente a respeito do direito que eu tenho de protestar ou não contra as exigências de rendimento que minha mãe me faz." Por trás dos protestos contra a mãe, que inicialmente estavam em primeiro plano, escondia-se uma dependência inconsciente e intensa em relação a ela. Só mais tarde isso apareceu.

A "evolução" de uma psicoterapia pode ser avaliada pela ampliação e pelo aprofundamento do foco. Se o foco não sofre alterações durante o tratamento, no sentido de complementar-se, a compreensão é muitas vezes deficiente. Diferentes razões podem provocar essa deficiência. Por exemplo, uma defesa acirrada do paciente, uma defesa do médico ou sua falta de experiência. Segundo minhas próprias experiências, a psicoterapia breve é freqüentemente interrompida antes do seu término se a visão do conjunto for deficiente. Uma falta de compreensão dos processos psicodinâmicos suscita no médico e no paciente decepções, a resignação e a perda de motivação para uma colaboração ulterior. Disso resultam, portanto, os fracassos terapêuticos.

Que significa, em princípio, um "foco errado"? Uma hipótese psicodinâmica deduzida do material trazido pelo paciente nunca pode ser totalmente falsa. Ela sempre toca, em algum ponto, em algum aspecto da psicopatologia do doente. O paciente não pode, no entanto, assimilar todas as formulações psicodinâmicas. Existem focos que dizem respeito aos conteúdos inconscientes, recalcados muito profundamente, ou que não dão conta de alguns aspectos da organização do Ego. Eles são portanto falsos na medida em que não se prestam a uma elaboração psicoterapêutica que dura apenas algumas sessões.

b) FOCALIZAÇÃO NAS PSICOTERAPIAS BREVES DE CRIANÇAS

B. Cramer

Quando nos referimos a um indivíduo adulto, a focalização estará orientada para o sintoma, a angústia ou o conflito predominante. A focalização estará dirigida para uma patologia localizada no espaço intrapsíquico.

Que fazer quando nos referimos a uma criança? Pode-se optar pelo mesmo procedimento adotado para um indivíduo qualquer, e focalizar terapia sobre a patologia intrapsíquica, como se faz nas psicoterapias clássicas e como se tentou em algumas formas de terapias breves de crianças.

A hipótese que eu preferi, em alguns trabalhos, é a de que seria interessante, num apreciável número de casos, focalizar nossa atenção não sobre um indivíduo isolado, mas sobre um espaço intermediário ligando os pais e a criança numa interação psíquica — e real — que podemos considerar como um sistema.

A prática de psiquiatria infantil nos confronta freqüentemente com fenômenos descritos nos seguintes termos: fenômeno do bode expiatório (scapegoating), criança = sintoma, atribuição de papéis, etc. Trata-se de uma forma de contágio psíquico onde a criança é investida por seus pais de conteúdos psíquicos recalcados ou cindidos neles mesmos. No plano dinâmico, trata-se de projeções, de identificações projetivas e de identificações do pai com a criança. No plano estrutural, trata-se da indiferenciação dos selfs dos pais e da criança, permitindo o aparecimento de fenômenos imaginários de fusão, favorecendo uma confusão entre os conteúdos psíquicos dos pais e os da criança.

O pai vê, portanto, em seu filho:
1. aspectos de seu narcisismo: o filho torna-se o portador do ideal do Ego do pai, ou de sua ferida narcísica;
2. derivados pulsionais recalcados, libidinais e agressivos;
3. estruturas, particularmente aspectos do Superego;

4. imagos internas, restos de relações de objeto do passado. Portanto, o pai vê em seu filho o efeito de suas próprias projeções; de sua parte, a criança pode ser muito receptiva a essas projeções que integrará mais ou menos a seu funcionamento mental. O grau de patologia da criança dependerá do grau de internalização ou de sua capacidade de resistir a essa ingerência parasita.

A terapia breve será dirigida aos pais e filhos que serão vistos, tanto juntos, a dois, quanto separadamente.

Os esclarecimentos e interpretações serão focalizados nesse espaço intermediário que liga pais e filhos, através de projeções e identificações baseadas na fusão imaginária. O objeto da focalização é portanto um espaço de mutualidade psíquica e não apenas um conteúdo intrapsíquico individual.

Um dos aspectos interessantes dessa abordagem é que não se opta por *um* paciente, mas se privilegia a interação psíquica. Isso contribui para uma redução das resistências, de um lado, e para uma redução das transferências regressivas, de outro, o que contribui para a brevidade dessas terapias.

A *meta* da terapia será menos a redução sintomática ou a resolução de um conflito intrapsíquico do que a desparasitagem projetiva, a redução das identificações (principalmente dos pais com as crianças) e a retomada dos processos de individuação do pai e da criança, favorecendo o restabelecimento de limites mais claros de seus respectivos selfs.

Os casos mais indicados para esse tipo de tratamento são os de crises durante o desenvolvimento: crises de separação, reações a uma perda, puberdade, etc. Essa abordagem é também especialmente útil nos distúrbios precoces da relação mãe/filho, quando a criança é ainda vista como se fizesse parte do corpo e do narcisismo materno.

Com base nessas experiências terapêuticas, algumas observações sobre uma teoria da focalização talvez se tornem possíveis. Casos nos quais as terapias breves provocaram melhora são precisamente de situações nas quais uma problemática específica na criança, uma fase, uma crise, entra em consonância com algum conflito específico (geralmente latente até aquele momento) no pai. Por exemplo, quando ocorre a separação causada pela entrada na escola, as angústias de separação se manifestam na mãe; quando a criança atinge a puberdade, os conflitos sexuais se apresentam nos pais. Essas angústias dos pais parasitarão a criança, que as retoma para si, formando, por sua vez, um sintoma.

Pode-se, portanto, considerar muitos sintomas da criança como associados a uma problemática correspondente *focalizada* e *específica* em seus pais. Afastamo-nos claramente, desse modo, de noções generalizantes tais como as da "mãe rejeitadora", da "mãe castradora", etc.

Deve-se evidenciar aqui que podemos considerar que existe uma *tendência focalizadora normal do funcionamento psíquico*. Essa tendência, que pode ser concebida em termos de integração e de diferenciação, é reconhecida na teoria psicanalítica e na teoria da gestalt; sirvam de exemplos o trabalho do sonho ou a formação do sintoma. Outro exemplo seria também a passagem das angústias de despedaçamento para a angústia focalizada da castração.

Na terapia breve, cabe tirar proveito da tendência de focalização, tanto mais marcante quanto mais evoluídas forem as capacidades de simbolização.

Esse é o ponto em que esta abordagem se distingue da técnica psicanalítica propriamente dita. Na primeira, tenta-se manter o foco limitando a regressão; a técnica psicanalítica tende a desestruturar o sintoma colocando em evidência seus protótipos genéticos, seus determinantes dinâmicos e estruturais.

A abordagem focalizadora deverá, portanto, renunciar à elucidação extensa do multideterminismo e dosar a referência aos antecedentes genéticos.

É essa dosagem, bem como o manejo da transferência, que representam as maiores dificuldades técnicas desta abordagem.

A técnica de focalização sobre a interação psíquica que propus parece tornar essas dificuldades menos intransponíveis.

c) O PROBLEMA DA FOCALIZAÇÃO

P. Dreyfus

Para exame da focalização, apresentarei alguns elementos não totalmente pertinentes ao tema. Uma questão é minha incapacidade de trabalhar de maneira estritamente focal em minha prática privada. Segundo minhas próprias observações, o que chamei de "focalidade" é um dos critérios mais importantes de prognósticos e, conseqüentemente, um dos critérios de seleção da terapia focal. Nós podemos definir a focalidade como sendo a medida da capacidade do terapeuta de determinar um foco e de permanecer nesse foco; portanto, de determinar sua importância em relação a um único tema básico. Desse modo, depois dessas terapias, fui por assim dizer compelido a permanecer focal. Devido a meu fracasso frente a essa limitação, tive de admitir que as minhas terapias teriam, provavelmente, maus resultados. No entanto, nem sempre isso ocorreu. Tive, pouco a pouco, a impressão de que um outro fator adquiria, em alguns tipos de terapias breves, uma influência muito determinante. Um fator que eu havia antes negligenciado, a saber, a problemática narcísica do paciente. A problemática narcísica, que desempenha um papel muito importante em um grande número de pacientes, tornou-se, por assim dizer, o meu foco. A fim de evitar mal-entendidos, gostaria de precisar que, em geral, não se trata, no caso de meus pacientes em terapia breve, de "neuroses narcísicas", ou de "distúrbios narcísicos da personalidade", mas principalmente de verdadeiras neuroses de transferência. Que quer dizer, então, "focalizar a problemática narcísica do paciente"? Para mim, pessoalmente, tratava-se de mudar minha postura em relação ao paciente. Excluindo a meta fixada (ou seja: o paciente deve mudar sua atitude em relação a si mesmo e deve ser reforçado o sentimento que ele tem de seu próprio valor), passei a enfrentar com muito menos freqüência este tipo de entrave terapêutico. Nesse "foco narcísico", é igualmente importante, penso eu, que se produza uma espécie de processo analítico, ou seja, que a transferência se desenvolva e que haja uma regressão parcial, como acontece nos outros focos. A meu ver, apenas esse tipo de processo pode levar a uma alteração do equilíbrio narcísico. Parece-me que as intervenções do terapeuta podem, através desse processo (ao qual voltarei, em minha próxima palestra), desenvolver-se de um modo mais eficiente, por exemplo ao assumirem a forma de encorajamento vindo de um amigo. A isso acrescento o fato de que, particularmente após a regressão, nossos pacientes se acreditam vistos "nus" por nós, quer dizer, com seus lados desprezíveis, maus e repulsivos. Ser aceito e reafirmado após tais relações é, a meu ver, deveras terapêutico.

4. SOBRE INDICAÇÕES PARA PSICOTERAPIAS BREVES

O problema dos limites está relacionado com a questão dos fatores específicos da psicoterapia breve e, assim, à questão das indicações para esse tratamento.

Por esse motivo colocamos aqui duas intervenções a respeito desse problema que será retomado no Capítulo IV deste livro, dedicado à pesquisa em psicoterapia breve.

a) FATORES ESPECÍFICOS E NÃO ESPECÍFICOS EM PSICOTERAPIA BREVE

D. BECK

(tradução francesa: A. Gerber e J. Schmutz)

A respeito desse assunto, gostaria de tratar das indicações específicas das psicoterapias breves. Uma psicoterapia breve me parece indicada quando as quatro condições seguintes são cumpridas:

a) Ego forte do paciente;
b) boa motivação;
c) possibilidade de delimitar um foco;
d) sólida aliança terapêutica entre o médico e o paciente.

Um *Ego forte* significa que tratamos com as funções do Ego intactas, e que a maior parte desse Ego é saudável. Apenas uma parte bem delimitada do paciente está descompensada. Por *boa motivação* entende-se que o paciente apresenta uma disposição ativa para mudanças interiores. A motivação pode freqüentemente ser avaliada pela demanda que o paciente formula para o tratamento. Parece-me que circunstâncias externas, tais como uma breve permanência do paciente no local onde o terapeuta trabalha, reforça a motivação para um tratamento.

A *delimitação de um foco* implica uma compreensão rápida dos problemas do paciente; quanto mais experiente for o analista, menos material ele precisará para presumir um conflito principal. No entanto, não é suficiente delimitar um foco; o paciente deve ser capaz ainda de utilizar as interpretações que lhe são feitas pelo analista a respeito desse foco.

Uma *aliança terapêutica sólida* permite uma cooperação frutífera entre o médico e o paciente. Esta aliança é uma condição inicial para que o paciente possa fazer uso de uma maneira estruturante das interpretações do terapeuta.

b) FATORES ESPECÍFICOS E NÃO ESPECÍFICOS NA TERAPIA BREVE

P. Dreyfus

(tradução francesa: A. Gerber e J. Schmutz

Permito-me aqui ampliar a questão da terapia focal através de algumas reflexões e questionamentos pessoais.

Aprendi o método da terapia focal com David Malan, em

Londres, e tive a possibilidade, nessa ocasião, de trabalhar em equipe numa policlínica, que dedicava muito tempo e muitas reflexões a cada caso de terapia focal.

Agora, há cinco anos, trabalho como psicoterapeuta num consultório privado e, embora no começo ainda tivesse realizado algumas terapias focais, geralmente com pouco sucesso, não tive, depois de certo tempo, casos de terapia focal no sentido estrito do termo. Não que tenha repentinamente renegado a terapia focal; se a tivesse abandonado, não estaria aqui. Mas meu consultório, de algum modo, não está muito preparado para essa atividade. Ocorre o contrário em minha atividade institucional acadêmica, que me conduz a aconselhar colegas mais jovens a praticarem, ocasionalmente, terapias focais. A instituição é lugar mais favorável para a prática de verdadeiras terapias focais.

Coloco-me a seguinte questão: minhas dificuldades na terapia focal seriam de natureza totalmente pessoal, ou essa forma particular de terapia seria pouco adequada para uma prática independente? Os dois fatores desempenham provavelmente um papel. Faltam-me autodisciplina, segurança e firmeza necessárias para ater-me ao foco e respeitar os prazos previstos. A maioria dos pacientes querem de mim mais do que eu lhes posso dar num tempo limitado; além disso, nem sempre consigo libertar-me da idéia de que, se tivesse mais tempo e a possibilidade de me dedicar a outros conflitos, poderia fazer ainda mais por esses pacientes. Sinto-me pressionado e pressiono meus pacientes. Acredito que a importância do trabalho institucional em equipe reside no fato de que ele estimula, além das horas de consulta, um grande trabalho intelectual, esforço do terapeuta no sentido de melhor compreender e verbalizar suas idéias. Esse processo de compreensão dá uma gratificação narcísica importante, que beneficia em última instância o paciente. Apenas os pacientes que possibilitam esse tipo de gratificação narcísica são admitidos numa terapia focal; de fato, sem ela o médico nunca teria acesso ao foco. No entanto, muito poucos pacientes autorizam por bastante tempo e de forma regular seus médicos a receberem esta gratificação —

compreensão narcísica — que lhes permite permanecer fixados ao foco. É nesse ponto que, aparentemente, o "workshop" oferece uma gratificação constante. O "workshop" também ajuda, entretanto, segundo a minha experiência, a dosar os desejos de perfeição do terapeuta.

5. COMENTÁRIOS

Como atestam os diferentes trabalhos apresentados acima, a possibilidade de abreviar as psicoterapias analíticas está fortemente relacionada com a possibilidade de limitar suas ambições. O problema principal desse procedimento é o da "regressão", constantemente lembrado nas elaborações dos diferentes autores. P. Sifneos não determina, desde logo, um fim para o tratamento. Combate a regressão através de uma atitude ativa e didática; D. Malan e D. Beck, combatem-na através da determinação de um término para o tratamento e da técnica já mencionada de "negligência seletiva" e de "atenção seletiva". P. Dreyfus centra-se numa abordagem narcísica das dificuldades e adota uma atitude valorizante.

Nós, como veremos mais adiante, tentamos não lutar contra a regressão, mas simplesmente interpretar os diferentes movimentos em função do fio condutor dado pela hipótese psicodinâmica inicial. Desse modo, a regressão que aparece ao longo da psicoterapia deve variar bastante entre os autores.

Esse problema, como vimos no Capítulo I, articula-se com o da *seleção* de pacientes para as psicoterapias breves (indicações para as psicoterapias breves). Vemos, desde o início, que as opiniões variam bastante, e que não existe provavelmente uma indicação *específica* para a psicoterapia breve. Assim, P. Sifneos seleciona rigorosamente os pacientes, enquanto D. Malan ou nós mesmos somos muito mais flexíveis. D. Beck escolhe às vezes as estruturas psicossomáticas, H. Davanloo os obsessivos graves. Tudo parece depender então do objetivo da terapia e a resposta a essa questão parece portanto ser da responsabilidade tanto do paciente quanto do terapeuta. E podemos perguntar também se o problema da *motivação* não diz respeito tanto ao médico quanto ao paciente.

Esta constatação, decepcionante à primeira vista, abre no entanto horizontes muito interessantes: ela mostra a importância das diferentes coordenadas de um tratamento, qualquer que seja ele. Desse modo, uma atitude didática e ativa compensaria a ausência de um limite de duração para o tratamento. Um acordo entre pacientes e terapeutas a respeito do objetivo a ser atingido favorece a aliança terapêutica e limita a regressão; a fixação desde o início de um término para o tratamento acelera o processo e parece instigar os pacientes a se limitarem aos aspectos mais importantes de sua problemática, etc.

Poderíamos também formular a hipótese de que a mobilização das pulsões e dos afetos varia segundo essas diferentes coordenadas.

Devido a esses elementos mencionados acima, nós não dedicaremos nenhum capítulo específico à questão da seleção dos pacientes.

CAPÍTULO IV
ALGUNS ASPECTOS DO PROCESSO PSICOTERÁPICO EM PSICOTERAPIA BREVE

1. INTRODUÇÃO

Este capítulo tem como objetivo considerar alguns aspectos dos tratamentos analíticos breves no seio de sua própria evolução. Quando nos referimos à psicanálise, a questão da transferência e da contratransferência torna-se primordial. Primordial também é a questão da regressão. Nessa área ainda, as opiniões divergem muito. Assim, alguns pensam que é conveniente limitar a qualquer preço a regressão dos pacientes se há uma vontade de encurtar a terapia. Outros acham que não é o caso de limitar artificialmente a regressão, desde que a técnica utilizada seja adequada: o paciente seguirá espontaneamente o caminho que lhe convém mais. Toda manifestação regressiva pode ser utilizada e incluída num sentido favorável ao tratamento.

A respeito da transferência, o problema é análogo. Muitos achavam conveniente evitar o desenvolvimento da neurose de transferência. Veremos adiante que Dreyfus, cujas posições são muito próximas às nossas, pensa o contrário: numa psicoterapia analítica breve se desenvolve uma neurose de transferência, mas focalizada. Ela se limita aos aspectos principais da problemática neurótica dos pacientes.

Sabe-se que a noção de conscientização é fundamental para a psicanálise, admite-se que ela seja um dos fatores terapêuticos mais importantes desta forma de abordagem. Acontece o mesmo numa psicoterapia breve? Peter Sifneos pensa que a interpretação tem um caráter mais didático na psicoterapia breve do que na psicanálise. De algum modo, *instruímos* o paciente. Habib Davanloo, cujas concepções parecem próximas às de Sifneos, não adota o mesmo ponto de vista. Ele acha que, no método terapêutico de que se utiliza, há lugar para uma certa regressão para que as tomadas de consciência possam se dar de maneira análoga à que vige na psicanálise. David Malan, Peter Dreyfus e nós não vemos diferença apreciável entre as conscientizações ocorridas em psicanálise e as que aparecem nas psicoterapias analíticas breves.

O presente capítulo se propõe a confrontar justamente estas diferenças.

2. a) INTERPRETAÇÃO E CONSCIENTIZAÇÃO

E. GILLIÉRON

A interpretação é certamente o ápice de todo o edifício psicanalítico; a noção não deixa de ser ambígua, pois designa, ao mesmo tempo, uma tentativa de *descrição* do modo de funcionamento do aparelho psíquico e uma *ação médica* de objetivo terapêutico. Seu corolário, a "conscientização", também designa um fato ambiguamente entendido: ora o aparecimento, no consciente, de uma *significação* até aquele momento oculta, ora uma *mudança* importante no modo de funcionamento psíquico do indivíduo. A interpretação e a conscientização são, portanto, dois fatores fundamentais, específicos da terapia analítica, totalmente complementares entre si. A interpretação não seguida de uma tomada de consciência é considerada ineficiente; uma conscientização que não conduza a quaisquer mudanças não é considerada uma "*verdadeira*" tomada de consciência. O único instrumento terapêutico ativo de que o analista dispõe é a interpretação; o único fator de melhora intrapsíquica que o analisando tem é uma melhoria do funcionamento do Ego através de repetidas conscientizações. Todo método terapêutico que se pretenda derivado da psicanálise deve, então, em primeiro lugar, interessar-se por esses dois aspectos. Embora ciente da extensão desse assunto, desejo abordá-lo sob alguns aspectos que nos interessam; colocar o método da psicoterapia breve que usamos em Lausanne sob as luzes da interpretação e da conscientização e formular algumas hipóteses sobre as origens das mudanças observadas em nossos pacientes comparando-as às observadas nas psicanálises clássicas.

Pode-se, acompanhando Malan, e mesmo que outros autores não o tenham explicitado tão claramente quanto ele, considerar os métodos breves de psicoterapia como uma reação ao movimento de prolongamento das psicanálises ao longo dos anos.

Assim, o problema comum de todos os terapeutas interessados em abreviar tratamentos é o de encontrar um meio de provocar, em tempo relativamente curto, uma alteração, se possível profunda e durável, num paciente que padece de distúrbios neuróticos.

O quadro referencial de cada qual dos terapeutas é uma interpretação psicodinâmica dos problemas neuróticos, o instrumento terapêutico disponível e, também, a *intervenção* interpretativa. Muitos (Mac Kinnon, por exemplo) optaram por técnicas chamadas de encobridoras, que levam em conta uma interpretação psicodinâmica dos problemas, mas tentam agir no sentido de reforçar as defesas, com tudo que isso implica. Entretanto, as tendências mais dinâmicas nas escolas de psicoterapias breves situam-se do lado oposto. Sifneos nos fala de psicoterapias de curta duração "provocadoras de ansiedade", quer dizer, reveladoras de conflitos; o próprio Malan, seguindo Balint, fala de bom grado sobre psicoterapia analítica "focal". Apesar de os autores trilharem, muitas vezes, caminhos diferentes, eles chegam, assim mesmo, a um ponto de convergência. Desse modo, Ferenczi e Rank, apoiados por Freud, no início descreveram uma técnica mais ativa de intervenção, em 1920; Alexander, um pouco mais tarde, propôs, dentro dos moldes de sua idéia de "experiência emocional corretiva", renunciar a um perfeccionismo terapêutico e evitar os movimentos regressivos indesejáveis, enquanto Balint e Malan tentaram voltar às origens da psicanálise estudando os primeiros casos de Freud e dos analistas da primeira geração, casos que notoriamente foram tratados de maneira muito mais abreviada (Anna O, Dora, O Homem dos Ratos, etc.), para redescobrir os recursos terapêuticos utilizados naquela época. Malan faz, inicialmente, notável resumo das razões que levaram as psicanálises a se alongarem cada vez mais. Pode-se dizer que atualmente, depois de diferentes trabalhos, todos os autores interessados em formas breves de psicoterapia "reveladora" estão de acordo quanto aos seguintes pontos:

1. É conveniente dizer ao paciente desde logo que o tratamento terá duração limitada.

2. Convém *limitar-se* a *um* aspecto particular do sofrimento do paciente, centrar-se por exemplo em um sintoma.

3. Adotar, desde o início, uma atitude *ativa* de interpretação, a qual poderá se referir aos primeiros movimentos transferenciais surgidos durante o tratamento, sem negligenciar os movimentos extratransferenciais.

4. Adotar a posição face a face, ou melhor "poltrona-poltrona", em vez de colocar o paciente sobre um divã.

5. Reduzir a freqüência das sessões.

Cada um dos autores atribui maior ou menor importância a um ou a outro desses fatores. Creio poder afirmar que Sifneos insiste sobretudo na atividade e na focalização, Malan atribui um pouco mais de relevância à limitação do tempo e à técnica de interpretação centrada numa "atenção seletiva" e numa "negligência seletiva". Davanloo privilegia mais a atividade e a confrontação. Outros, tais como Wolberg ou Alexander, enfatizam o ecletismo dos métodos utilizáveis. J. Mann atribui importância primordial à limitação do tempo de tratamento.

Para esclarecer nossas idéias, gostaria de descrever, em algumas palavras, a técnica que nós utilizamos em Lausanne, a fim de discutir alguns aspectos pelo prisma da interpretação e da conscientização:

Cada paciente que nos procura é preliminarmente examinado, numa primeira entrevista semi-estruturada, centrada essencialmente nas queixas *atuais* do paciente; depois progressivamente em sua *história* pessoal. O contexto e as circunstâncias exteriores nas quais os sintomas apareceram são estudados minuciosamente, bem como as condições nas quais a consulta foi pedida. Em seguida, a anamnese será investigada o mais profundamente possível, mas o terapeuta terá sempre presente, como pano de fundo, a imagem das *circunstâncias* do aparecimento e da *natureza* da descompensação atual, o que permite fazer rápidas sondagens sobre as relações entre o passado do paciente e sua vida atual. Já no fim da primeira entrevista, e isso ocorre com todos os pacientes, o terapeuta deve ter *uma idéia* do tratamento que lhe pareça mais adequado: tratamento medicamentoso, psicoterapia de longa duração, psicanálise, psicoterapia de curta duração, etc. A segunda entrevista deverá ser orientada em função dessa primeira impressão. Se estiver pensando numa terapia de curta duração, o terapeuta deverá formular uma *hipótese psicodinâmica simples que resuma, da melhor maneira, a problemática neurótica do paciente*. A segunda entrevista, como preconiza Malan, tem por meta formular essa hipótese, encontrar elementos que possam ajudar o terapeuta e, se possível, estabelecer os primeiros passos do tratamento futuro através de interpretações experimentais.

Depois da terceira entrevista* é que se deve tomar decisões quanto às modalidades do tratamento (horário, freqüência das sessões, honorários, etc.).

Trata-se aqui, é claro, de um esquema, as decisões terapêuticas podem ser tomadas mais ou menos rapidamente, segundo a experiência do terapeuta e a natureza dos distúrbios do paciente. A partir da discussão das modalidades de tratamento, o terapeuta propõe um processo terapêutico de duração limitada, e em

---

* N. do R. Ver Apêndice; esquema de 4 sessões.

geral, pede ao paciente que indique o tempo que, *subjetivamente*, lhe parece necessário para chegar ao fundo de suas necessidades; o terapeuta já pode ter sua própria opinião a esse respeito. A duração habitual varia de três meses a um ano (com freqüência de uma sessão por semana, às vezes duas), a média seria de seis meses. *A data da última sessão* será claramente determinada no início do tratamento.

1. As instruções

As sessões acontecem face a face. O médico, ao formular sua hipótese psicodinâmica global, *não a comunica* ao paciente. A única instrução que dá é a da regra das *associações livres*. Tudo isso é possível na medida em que as *intervenções feitas* desde as entrevistas de estudo de caso tenham permitido ao paciente compreender a natureza do trabalho a ser desenvolvido. Citemos como exemplo o caso de um paciente quarentão que recorreu a um terapeuta por causa de dificuldades sentimentais. Durante a primeira entrevista foi revelado que uma das *lembranças* de infância que o paciente guardava em sua memória era uma briga com *uma menina de sua idade*, briga essa que havia incomodado consideravelmente o resto da família. Eu disse, simplesmente, a esse paciente, que me surpreendia vê-lo, aos quarenta anos, procurar um terapeuta por causa de problemas sentimentais, notando que, desde os *quatro anos de idade*, ele já estava marcado pelo mesmo tipo de dificuldades com as mulheres! Esta simples intervenção fez com que o paciente refletisse muito, acarretando com isso que, na segunda entrevista, ele evocasse todo seu temor de emancipação, seu medo da morte. O paciente afirmou, então, que nunca havia notado, até aquele momento, a existência de uma ligação entre seu modo de vida atual e seu passado! Limitei-me a observar que o tipo de tratamento por mim oferecido lhe permitiria estabelecer ligações como as que acabara de fazer!

O caso é citado para sublinhar que as intervenções durante as entrevistas de estudo de caso devem permitir que o paciente *compreenda* a natureza do trabalho a ser desenvolvido. Isso me parece muito mais útil do que qualquer intervenção explicativa ou qualquer contrato com o paciente a fim de discutir um problema determinado em detrimento de outros.

Uma vez estabelecidas as condições básicas, enunciada a regra da associação livre, o terapeuta deixa que o processo se desenrole, *exatamente como na psicanálise*, com as diferenças, é óbvio, das coordenadas precisas: a limitação clara da duração e a posição face a face. O terapeuta seguirá seu paciente da maneira mais próxima possível, sem negligenciar qualquer dos aspectos das associações, esforçando-se sempre para *"compreendê-las"* à luz da hipótese que haja formulado. Se a hipótese psicodinâmica básica for correta, o processo desenrolar-se-á harmoniosamente e o terapeuta disporá, rapidamente, de muitos elementos, nas associações do paciente, para confirmá-la. Se a hipótese for falsa, aparecerão muitos mal-entendidos, que obrigarão, evidentemente, ou pelo menos deveriam obrigar, o terapeuta a rever sua opinião. A nosso ver, o trabalho de reflexão a respeito das sessões deve ser feito *fora* das sessões, sobretudo se os terapeutas forem inexperientes. Isso porque é muito difícil refletir e sentir ao mesmo tempo. Insisto no fato de que o terapeuta deve *compreender* o material associativo do paciente e não *dirigi-lo*. As intervenções devem ter como meta favorecer as associações e realmente permitir as conscientizações. A partir desse momento, desenrola-se um processo acelerado que, em certos aspectos, se parece estranhamente com o da psicanálise!

É conveniente agora estudarmos principalmente estes dois aspectos da interpretação: a hipótese psicodinâmica básica e a técnica de intervenção.

2. A hipótese psicodinâmica básica

Toda a psicoterapia breve de um paciente está de fato baseada, como foi mostrado por muitos autores, numa *interpretação global da problemática desse paciente*, interpretação manifestamente parecida com as *"Construções"* propostas por Freud em 1937 ("Construções em análise"); no entanto, diferentemente de Freud (que propunha fossem comunicadas ao paciente, de preferência no fim do tratamento, as suas construções, no momento em que se verificasse impossível a supressão total da amnésia infantil), na terapia breve *há um esforço para elaborar as correspondentes interpretações desde o início.* Tem-se, portanto, de reunir o mais rapidamente possível os elementos úteis para essa construção. Sobre quais elementos ela se baseará? Ei-los:

1. a observação clínica do paciente (sua sintomatologia).
2. o estudo da anamnese psiquiátrica.
3. a tentativa de compreensão da "demanda atual do paciente".
4. um exame psicológico baseado em técnicas projetivas.

A hipótese psicodinâmica básica terá de dar conta de todos esses elementos; insistirei mais, em seguida, no terceiro ponto, a "demanda" do paciente, problema amplamente discutido por Balint em seus estudos realizados com grupos de médicos-clínicos, mas um pouco negligenciado na literatura psicanalítica. Antes, porém, é interessante recordar um ponto teórico que às vezes opõe psicanalistas entre si:

Classicamente, na atualidade, a *neurose é considerada uma doença da personalidade como um todo.*

Sabe-se o que Freud enfrentou para guiar seus alunos até essa noção. Desde o período chamado catártico, onde o tratamento tinha como objetivo provocar uma descarga emocional através da lembrança de acontecimentos traumáticos esquecidos, Freud foi-se encaminhando progressivamente, com a descrição da segunda tópica em 1920, para uma proposta terapêutica fundamentada nas funções do Ego. Não se trata mais de fazer ressurgir as recordações esquecidas, mas de aprimorar o funcionamento do Ego. A neurose não era mais considerada resultado de um trauma psíquico, mantido inconsciente, mas como resultado de uma disfunção do Ego, portanto uma doença da totalidade da personalidade. No entanto, essa noção continua muito nebulosa, na medida em que se fala, com muita facilidade, em "Ego fraco" ou em "Ego forte", em "parte sadia do Ego", etc. Isso corresponde ao fato da gravidade dos distúrbios neuróticos variar consideravelmente de um indivíduo para outro. Alexander, por exemplo, já havia protestado contra a aplicação de uma única técnica clássica para qualquer tipo de neurose. Apesar de tudo, ainda tendemos a considerar apenas como "paliativos" os resultados de qualquer outra forma de terapia que não seja a psicanálise.

Do ponto de vista da psicoterapia breve que se pratica, por outro lado, temos a tendência de tratar algumas formas de neurose, aquelas às quais a psicoterapia breve se aplica, como uma espécie de "ferida psicológica", mal cicatrizada, num psiquismo em bom estado geral. É nesse contexto que o terapeuta examinará seu paciente e tentará "localizar a ferida", de algum modo, permanecendo próximo, pois, ao primeiro estilo de Freud, pelo menos no que concerne à investigação. Isso me parece importante, na medida em que o analista, orientado para o método que estamos descrevendo, adotará uma atitude de escuta um pouco diferente da posição clássica: não se contentará em perguntar se as condições necessárias para uma psicanálise são preenchidas (tempo disponível, recursos financeiros, força do Ego, insight, etc.), mas tentará também *"localizar um conflito central"*. O modo de conseguir isso me parece importante; e varia de autor para autor. Nós, além dos aspectos clássicos da investigação psiquiátrica, insistimos muito na apreciação do *conteúdo latente* da demanda do paciente.

Em suma, a primeira interpretação do terapeuta diz respeito ao conteúdo da *demanda* de quem o procura.

Para ilustrar esse ponto, eis um exemplo que permitirá acrescentar algumas observações: Madame F., 26 anos, procura-nos a conselho de um colega com o qual ela fez um tratamento psicoterápico de apoio regularmente durante dois anos e meio, em virtude de um estado depressivo desencadeado por dificuldades sentimentais. Ela deseja romper o relacionamento com seu amante, mas diz não ter força para isso: "Estou metida numa situação onde tenho a impressão de estar morrendo em fogo lento", diz ela; "sofro de momentos de pânico; para onde quer que me vire, meus horizontes se fecham. Às vezes tenho a impressão de que só me resta morrer. Eu gostaria de vencer essas angústias, mas tudo me parece irracional. Em meu primeiro tratamento, compreendi muitas coisas intelectualmente, mas sou incapaz de vivê-las. Tenho medo de mim, de minha própria existência, de desistir." Ela conta que travou uma relação com uma mulher que a fez conhecer o verdadeiro amor. Depois disso, sentiu-se dividida entre sua paixão homossexual e suas angústias frente à necessidade que tinha de romper com seu amante ou com sua amante, a quem temia magoar.

Ela conta que se casou contra sua vontade e que seus sogros se opunham a esse casamento; a decisão só pôde ser tomada depois de um acordo entre as famílias dos respectivos pais, para que um eventual bebê não tivesse a desonra de ser filho ilegítimo. Havia, no entanto, a promessa de que se divorciariam depois do nascimento do filho, o que efetivamente aconteceu. Ela diz que gostaria muito que seu marido se tivesse casado com ela não apenas em função desse acordo, e conseguiu realmente seduzi-lo. Apesar de tudo, porém, divorciaram-se! O amante, que ela conheceu dois anos mais tarde, se parece muito com o ex-marido, homem frio e dependente; parece que ele se mostrou mais amoroso algum tempo antes da ligação homossexual da paciente. Entretanto, a sra. F. diz sofrer por causa da atitude de seu amante, muito passiva, dependente, incapaz de assumir responsabilidades. Ele foi incapaz de lhe propor casamento. Toda a responsabilidade pela educação da criança recai sobre a mulher; também a carga das decisões importantes. Agora, contudo, o amante se opõe à separação e lhe propõe casamento! Ela não consegue sair do impasse porque, diz, "descobriu, enfim, o amor e a paixão com sua amiga". Conclui dizendo que gostaria de romper, a qualquer preço, porque seu amante é muito fraco e incapaz de ajudá-la a resolver qualquer coisa. Depois de simplesmente escutá-la durante o começo da entrevista, chamei sua atenção para o fato de, ao se ter decepcionado por não ser sustentada pelo amante, ter se voltado para uma mulher que a reconfortasse! Ela imediatamente me responde que não era homossexual mas que, nessa relação, tinha a sensação de haver recuperado uma falta da infância. Pela primeira vez, tinha a impressão de existir. Tinha a sensação de que seu amante lhe exigia coisas além de suas forças, etc. "Eu não entendo," diz, "no entanto eu tive uma vida sexual harmoniosa durante esses últimos anos; era a única coisa que funcionava bem; no resto, era eu quem tinha de assumir todas as responsabilidades." Retruquei: "No fundo, sua ligação com uma mulher nessas condições parece mostrar sua impossibilidade de acreditar que um homem pudesse apoiá-la."

Ela me responde: "Não é complicado, minha mãe nunca acreditou em meu pai; meu pai era um homem inexistente e eu nunca tive um marido." Ela se lembra ainda que tem, no entanto, muitos amigos homens, mas que sempre duvidou que um homem pudesse realmente se interessar por ela.

Durante a entrevista, ela havia se perguntado sobre a diferença entre psicoterapia e psicanálise, pensando que seu caso necessitava de um tratamento muito profundo e de longa duração. A meu ver, sua atitude era de uma demanda forte, mas ao mesmo tempo transpareciam, constantemente, dúvidas quanto à possibilidade de ser realmente curada. Terminei a primeira entrevista dizendo-lhe que, no meu entender, poderíamos empreender um tratamento de curta duração e lhe pedi que refletisse sobre isso até nosso próximo encontro. Ela se mostrou surpresa com minha proposta, dizendo que se espantava por eu propor um tratamento curto para problemas que lhe pareciam tão profundos. Aceitou, porém, refletir sobre isso. Na sessão seguinte, logo no começo, ela me diz que aceitaria minha proposta de tratamento breve; "no entanto", diz ela, "uma coisa me preocupa: tenho medo que o sr. não possa me ver com regularidade. Além do mais, meu médico anterior lhe avisou que sou campeã em somatizar meus problemas e que isso representa um certo perigo. Concordo com ele. Receio um pouco que o sr. não me dedicará a atenção que me deveria dedicar". Respondo-lhe que por meio dessas advertências, a respeito de sua doença e de sua necessidade de ser seriamente cuidada, ela me chama a atenção para o fato de que talvez eu não seja um médico tão poderoso quanto penso. Ela retruca: "No entanto, é verdade que fico doente com muita freqüência, desde muito pequena. Depois de conhecer minha amiga Gilberte é que reajo melhor nessa área." Digo então: "Só as mulheres são potentes." "Pode ser," responde ela, "no entanto, eu me recusei absolutamente a ser atendida por uma mulher! Mas talvez..." Ela pára por um longo tempo, começa a rir e me diz: "É engraçado: vejo desfilar em minha cabeça um grande número de mulheres: todas elas me marcaram, minha avó, as freiras de minha escola, etc. Eu tive, no entanto, professores homens, mas sentia muito medo desses senhores. No começo de minha adolescência me senti muito atraída por um rapaz. Eu tinha dezesseis anos, ele dezoito. Ele me beijou. Eu não sabia o que era o amor. No entanto, muito bruscamente, voltei-me para uma amiga muito chegada, logo após ter rompido com esse rapaz; continuamos muito íntimas durante mais de dez anos, até eu conhecer o meu marido. Mas não tivemos nenhum contato sexual." Eu lhe propus então um tratamento breve, fixando o término para seis meses depois.

Usei esse exemplo para ilustrar o processo de decisão, relativa a um tratamento que, à primeira vista, parecia difícil. A homossexualidade tardia, o estado depressivo durante mais de três anos e que quase não foi modificado pelo tratamento anterior, o conflito sentimental persistente não eram fatos que pudessem permitir muito otimismo. No entanto, o alto nível de motivação da paciente era notável, assim como sua capacidade de verbalização de seus sentimentos; eu a sentia muito desamparada, mas também muito desejosa de compreender o que estava acontecendo com ela. Além disso, parecia que, após a infância, a paciente se havia deparado com um problema bem localizado: uma tendência a desvalorizar o homem, a considerá-lo fraco ou até inexistente, e uma tendência a idealizar a mulher. Nesse contexto, parecia importante a hipótese de inclinações homossexuais baseadas em conflitos neuróticos. No entanto, minha atitude não foi tão motivada por essas considerações, quanto pelo *estilo de relação* que a paciente estabeleceu comigo desde o começo: suas propostas e seu comportamento traíam um forte desejo de ser cuidada por mim, de confiar em mim. Muitas lembranças ligeiramente difamantes, despertadoras de desilusões, ou mesmo depressivas, deixavam transparecer suas dúvidas. Ela se comportava comigo tal como uma criança em busca de proteção e de cuidados maternos. Todavia, algumas mudanças bruscas de atitude, alguns olhares mal dissimulados revelavam o desejo oculto de *avaliar o homem*! Ela imaginara um tratamento muito demorado, muito profundo, sempre indagando se teria os necessários recursos financeiros, afirmando que problemas tão profundos como os seus não poderiam ser tratados de outra maneira. Minha primeira observação: "Fiquei surpreso pelo fato de que, ao se decepcionar com seu marido, se tenha voltado para uma mulher", tinha o objetivo de testar a força de seu Ego e de ver a confiança que ela poderia ter em mim, sempre tentanto localizar o conflito. Sua reação foi imediata; ela associou sobre recordações de infância e sobre a sensação de não ser realmente homossexual. Depois, ao lhe dizer que ela parecia não poder acreditar no homem, concluiu que isso tudo era compreensível, pois "sua mãe passara todo o tempo denegrindo o pai". Desse modo, com essas respostas ela mostrou que estava pronta para me escutar e para elaborar. A essa altura, já havia formulado mentalmente a hipótese de que poderíamos focalizar seu tratamento nos aspectos neuróticos de sua homossexualidade, em sua tendência a denegrir o homem, em obediência à mãe que era obrigada constantemente a idealizar. Eu havia formulado, ao mesmo tempo, a hipótese de que ela estava pronta a se engajar comigo numa relação transferencial do tipo sobretudo paternal. A hipótese inicial implicava, portanto, que elaboraríamos esta relação do tipo paternal com todas as suas implicações. Eu tinha *interpretado* a demanda latente da paciente como uma demanda no sentido de restaurar a imago desvalorizada do pai, imago essa projetada no amante e, de maneira bastante ambivalente, em mim. Minhas intervenções na primeira sessão e a reação da paciente, a partir da segunda sessão, me permitiram confirmar esta hipótese.

A meu ver, pois, a hipótese inicial deve basear-se não apenas naquilo que o paciente diz, durante a investigação psiquiátrica, mas *também no estilo de relação que ele estabelece com o terapeuta, relação que dá indícios de sua demanda latente.*

O fato de que elementos transferenciais apareçam desde os primeiros contatos com o terapeuta é bem assinalado por Maurice Bouvet, por exemplo ("O tratamento padrão", in: *Resistência-transferência*, Payot, Paris, 1968).

A respeito da elaboração da hipótese psicodinâmica básica de nossa "construção", convém discutir um aspecto complementar da neurose: como já revelei acima, tendemos a considerar a neurose uma doença da personalidade como um todo. No entanto, ninguém poderá negar que nossos pacientes, salvo algumas exceções, nos procuram em momentos específicos, não em qualquer ocasião. A consulta é precedida de uma longa elaboração por parte do paciente, que em geral ocorre após uma série de fracassos afetivos. Na maioria das vezes, a princípio, a consulta é conseqüência de algum acontecimento *significativo* para um paciente. Este acontecimento significativo, onde a problemática inconsciente e os acontecimentos reais se encontram, quase sempre pode ser descoberto, por quem efetivamente desejar encontrá-lo. Lembro-me, por exemplo, de uma neurose fóbica da qual um colega me falou. Tratava-se de uma jovem, cuja primeiras manifestações graves haviam aparecido há alguns anos, subitamente, quando estava sentada à mesa, numa confeitaria. Meu colega afirmava que nada, na anamnese da paciente, ou em sua vida afetiva atual, permitia explicar o desencadeamento dos distúrbios.

Tendo em mente a história que me foi contada, recomendei simplesmente que esse colega perguntasse à paciente sobre a pessoa que ela havia visto, enquanto naquela mesa de café. Foi o que ele fez. Para sua grande surpresa, viu que sua paciente se atrapalhou e confessou que, de fato, tinha visto passar um jovem forte e atraente na rua e que, pela primeira vez desde seu casamento, ela alimentara algumas fantasias de escapadas extraconjugais, que a tinham deixado muito culpada!

Existe uma tendência de distinguir entre neurose atual e neurose constituída. De fato, a meu ver, *toda evolução neurótica comporta um aspecto atual no momento em que o paciente consulta o terapeuta*. Este aspecto "atual" constitui, segundo nossa hipótese, uma *zona de fragilidade do funcionamento do Ego*, sobre a qual a terapia poderá agir, com boas possibilidades de êxito. A construção da hipótese psicodinâmica inicial, baseada no aspecto atual da descompensação neurótica, parece-me garantir o máximo de sucesso para a terapia.

No caso sra. F., constatamos que a ligação homossexual, causa de sua depressão, nasceu a caminho da estação de trem onde a paciente havia ido buscar seu amante, que voltava depois de longa ausência! Recordo que ele se mostrara mais amoroso nos meses precedentes!...

Comparo a hipótese psicodinâmica inicial com a "construção em análise" da qual fala Freud. Freud e numerosos analistas que o seguem atribuem a essa construção certa eficácia terapêutica, desde que seja precisa e comunicada ao paciente no momento adequado. Nossa construção, em psicoterapia analítica breve, pode ter certa eficácia terapêutica, se baseada em critérios anteriormente estabelecidos e se a psicoterapia for corretamente conduzida. De qualquer modo, a psicoterapia terá como meta permitir ao paciente confirmar a construção e avaliar a sua validade.

3. O processo psicoterapêutico

Como salientei acima, toda terapia breve será organizada em função da construção prévia do analista, com a esperança de que esta construção leve a conscientizações úteis, tomadas de consciência acompanhadas, muito freqüentemente, de recordações importantes. O analista, que reconstruiu, em seu espírito, os diferentes caminhos e destinos da história interior e exterior de seu paciente, terá de acompanhá-lo na redescoberta de seu passado. A questão será a de saber se existe um *processo evolutivo específico da psicoterapia breve*. A maioria dos autores concorda em indicar como características da psicoterapia breve os princípios de *"atividades"* e de *"planejamento"*. A "atividade" implica, por parte do terapeuta, uma atitude muito mais intervencionista que em psicanálise; o "planejamento" implica um *projeto* do terapeuta, que o obriga a negligenciar alguns aspectos da problemática do paciente e a dar mais atenção a outros. De fato, minha impressão é de que, *a partir do momento em que as coordenadas do tratamento sejam claramente colocadas* (limite de tempo, face a face, freqüência de sessões, regra das associações livres), *a atitude interior do analista não diferirá muito da que ele teria numa psicanálise ortodoxa*. Insisto em que se trata de atitude *interior*.

Antes de mais nada, falemos das *intervenções* do terapeuta. Algumas intervenções aparecem já durante a fase de investigação como uma preparação para o tratamento. Diatkine assinala que, "no começo de uma psicanálise, o paciente não tem idéia do novo prazer do Ego que ele encontrará no tratamento; é até mesmo completamente supérfluo descrevê-lo. Deve-se encontrar a *intervenção útil* que o faça descobrir" (*A psicanálise precoce*, P.U.F., 1973). É nesse estado de espírito que o terapeuta, durante a fase de investigação, fará algumas intervenções experimentais, destinadas a corroborar suas primeiras impressões, mas sobretudo a aumentar a *motivação* do paciente. Este verá muito aumentada, com efeito, sua motivação para um tratamento de inspiração analítica, se descobrir, através da intervenção do terapeuta, esse "novo prazer do Ego", do qual fala Diatkine.

A respeito do tratamento propriamente dito, pode-se admitir que a primeira intervenção de peso é a proposta de *limitar o tempo de duração do tratamento*. Introduzir a noção de tempo numa terapia tem, certamente, um impacto considerável no paciente, quer se trate do tempo futuro ou do tempo passado. Vimos o efeito de uma simples intervenção, aparentemente inocente, como é a de mostrar a um paciente que, desde a mais tenra infância, ele já experimentara algumas dificuldades com mulheres, as quais se pareciam, estranhamente, às atuais!

Esta simples intervenção teve um impacto considerável, dado que permitiu ao paciente perceber, por exemplo, que ele sempre teve medo de se emancipar de sua família e que temia, especialmente, envelhecer. Lebovici assinala que uma interpretação, para ter certa eficácia, deve conter um elemento de *verdade histórica* ("Colóquio sobre as interpretações em procedimentos terapêuticos", *Revue Française de Psychanalyse*, 1962, n? 1). Introduzir a limitação do tempo, a dimensão temporal, automaticamente introduz a noção de *historicidade*. Esse problema é amplamente discutido por James Mann, por exemplo (*Time-limited psychotherapy*, Harvard University Press, Camb., Mass., 1973). Não insistiremos portanto nesse ponto; simplesmente faremos notar que, em si mesmo, o limite de duração tem valor interpretativo, pois introduz a noção de realidade temporal, de limite, com a fantasia de castração que isso implica; é o princípio de realidade que se opõe ao princípio do prazer, é o processo secundário que se opõe ao processo primário; ele obriga o sujeito a se imaginar assumindo ele mesmo o controle, em um momento determinado.

Parece-me oportuno relembrar, aqui, que o clima *emocional* em que o tratamento psicanalítico se desenvolve tem uma importância primordial para que as tomadas de consciência do sujeito consigam levar a modificações profundas da personalidade. Como assinala Nacht, "a técnica psicanalítica tende, precisamente, a manter um clima que favoreça as manifestações emocionais, pois ela suscita, constantemente, conscientizações, ao mesmo tempo que deseja destruir as *resistências* que elas provocam, logo que as primeiras apareçam" ("La thérapeutique psychanalytique", *in*: *La Psychanalyse d'aujourd'hui*, P.U.F., Paris, 1967).

Incontestavelmente, a limitação da duração aumenta a tensão emocional da relação médico-paciente, como atesta, por exemplo, o trabalho de Stierlin ("Short-term versus long-term psychotherapy, in the light of a general theory of human relationship." *Brit. J. Med., Psychol.*, 1968). Isso acarreta que as *conscientizações* pareçam mais eficientes, mas também que as *resistências* se tornem mais "*visíveis*", para o terapeuta e para o paciente.

Desse modo, a limitação da duração aumenta a tensão emocional do tratamento, favorecendo com isso a profundidade das conscientizações; ao fazê-lo, favorece também, é claro, o aparecimento de resistências, que se tornarão mais manifestas aos olhos do terapeuta, mas, por causa disso, serão também mais acessíveis às interpretações. *Em conseqüência, toda a dinâmica do tratamento se acelerará*!

4. As intervenções

Como ficou dito acima, o terapeuta, durante o período de investigação, através de suas interpretações de ensaio, deverá ter permitido ao paciente sentir "ao vivo" a natureza do processo no qual ele poderá se envolver. Não se trata, portanto, de lhe propor, a nosso ver, um contrato baseado na discussão desse ou daquele aspecto de sua problemática, nem de lhe explicar o que vai acontecer. Nisso concordamos inteiramente com a opinião de Diatkine citada acima. A única instrução que damos ao paciente, desde a primeira sessão, é a da regra das *associações livres*.

A hipótese subjacente a essa atitude é a de que, automaticamente, o discurso do paciente se *ligará ao conflito central*. A esse respeito, permito-me citar de novo Diatkine, mostrando que "a atividade dos processos considerados como os mais primitivos pode ser às vezes notada desde a primeira sessão, naquilo que possamos compreender do investimento do analista pela criança". Isso também nos parece válido na psicanálise do adulto, o que Diatkine assinala alhures. A arte do psicoterapeuta consistirá em encontrar a intervenção mais acessível ao Ego do paciente, exatamente como o faria na psicanálise. Voltemos, contudo, ao exemplo da sra. F. Estamos na primeira sessão, depois de lhe ter enunciado a regra da associação livre!

"Eu estou com *muito medo do senhor* esta manhã", são as primeiras palavras que ela diz, "tenho vontade de fugir! Me veio à cabeça um pesadelo de criança: Há um corredor estreito, uma porta que se abre, um senhor chega, se aproxima cada vez mais e ameaça esmagar-me, apesar de minha expressão suplicante!"
"Tenho vontade de fugir, mas é de mim que tenho de escapar e é inútil... Instintivamente, assumo a atitude de menininha que se mostra frágil para que o outro a proteja... Eu tive a mesma atitude com uma colega." Eu lhe mostro, então, que ela evita sua angústia perante um homem descrevendo seu comportamento diante de uma mulher.

"— Sim", responde, "mas não tenho a mesma sensação com os homens." Ela pára bruscamente e depois diz:

"— Não, é mentira. Na realidade, sinto os homens como ameaçadores. Minha amiga também teme os homens, no entanto ela necessita deles, ela não é feliz." Eu observo: É que a sra. se coloca no lugar dessa amiga e se sente infeliz!

"— Sim", diz ela, "... Agora tenho a impressão de ser negada em minha própria existência."

"... Eu vou explodir!"... Segue-se uma longa elaboração na qual não intervenho, durante a qual ela coloca questões sobre sua infância. "Eu queria chamar a atenção de meu pai", conclui, "mas não ousava amá-lo porque ele era denegrido por minha mãe. A única lembrança que tenho dele é de uma surra!... Não, lembro-me também de outra coisa: nós passeávamos juntos. Mas, em minhas recordações, é minha mãe quem ocupa todo o espaço, somente ela eu vejo!..."

A sessão evolui dessa maneira, sem que eu intervenha. As associações da paciente dirigem-se, desde o princípio, para seu conflito sentimental.

Esta primeira seqüência permite algumas observações. Cabe admitir desde logo que a paciente entrou no âmago da questão, ao dizer logo de início: "Eu estou com muito medo do senhor!", o que ela associa a um sonho de sua infância. Depois, progressivamente, desvia-se para suas relações com as mulheres, associando o que sente por mim ao que sente geralmente pelas mulheres: tem medo e tende a se mostrar frágil para conseguir proteção. Assim, praticamente *toda a problemática da paciente aparece nos primeiros minutos* e a hipótese de trabalho inicial fica, de certa forma, confirmada.

Se, de acordo com Diatkine, admitirmos considerar o discurso no tratamento como uma formação reativa, podemos pensar que o medo que a paciente exprimia ter de mim refletia sobretudo um receio em relação aos desejos que ela se arriscaria a sentir por um homem que tivesse diante de si. Sua procura de proteção feminina seria, portanto, uma maneira de evitar esse medo.

A respeito de minhas intervenções, fiz apenas duas durante toda a sessão. A primeira para lhe mostrar, sem fazer referência a mim, que ela utilizava suas relações com as mulheres para evitar os receios que sentia em relação aos homens. A segunda, para lhe mostrar que ela tinha tendência a considerar que uma mulher que precisa de um homem é muito infeliz. Pode-se ver que essas duas intervenções, em sua essência, não diferem das que se pode utilizar em psicanálise. O que muda, talvez, é o *momento* escolhido para fazê-las.

A partir da segunda sessão, a paciente começa a discutir suas relações com o amante e depois com os homens em geral. Ela chega a comparar os sentimentos que experimenta com relação a seu amante e os que experimenta em relação à amiga, dizendo que esta lhe parece ter numerosos problemas, que realmente não se sente à vontade com ninguém, só com minha paciente... Fala também sobre a fragilidade de *seu amante* afirmando que o que mais a perturba nele é o fato de não ser alguém e de se anular diante dela.

Faço, então, com que note estar dizendo que não tolera pressentir dependência numa mulher, no caso a amiga, que precisa dela para se sentir bem; mas que, depois de ter-me confessado isso, se viu obrigada imediatamente a me falar de um *homem* dependente. Era uma forma de dizer: "Minha amiga não é tão dependente assim, meu amante é!"

Muito emocionada, ela responde: "O sr. não é nada divertido!", acrescentando que, de fato, ela às vezes sente que sua amiga *tem uma falha*... "Mas meu amante é pior!", conclui.
Durante essa sessão, fiz apenas uma intervenção. A partir da terceira sessão, ela começa imediatamente a dizer que se sente mal, que duvida muito do sucesso desse tratamento e me diz, em seguida, que minha última intervenção a atormentou bastante durante a semana. Percebeu que, embora fosse verdade que ela não agüentasse descobrir nenhuma falha em sua amiga, isso não a perturbava tanto quanto percebê-la num homem.

Depois ela me diz: "Mas tudo isso é muito bonito porque, se aceito a idéia de que minha amiga apresenta uma falha, seria bom que eu *visse a falha que tenho em mim!*" Ela gira em torno desse problema, depois evoca sua culpa em relação a seu desejo de *tudo ter*, a amiga e o amante, o que resolveria todas as questões... Depois diz que todo este problema é extremamente doloroso para ela e que tem muito medo do resultado da terapia.

Eu a faço então notar que, após a sessão anterior, ela sente necessidade de *duvidar do que lhe posso propiciar*, sobretudo depois de lhe ter mostrado seu modo de evitar enxergar as carências de sua amiga.

Ela responde: "É verdade, a dúvida me persegue! Eu não consigo acreditar que *alguém possa me amar*!..."

Em seguida, rememora seu passado, colocando questões sobre a influência de sua mãe.

Digo que, de fato, a única pessoa de sua família a quem ela pode atribuir algum poder é à mãe.

Ela passa, então, a elaborar as recordações de suas relações com o pai e a mãe, e começa a chorar lembrando-se de seu sofrimento por ter um pai quase inexistente. No final da sessão ela percebe no entanto que, diante de um homem, tem tendência a se sentir muito autoconfiante, muito potente e orgulhosa, porque muito freqüentemente ela tem a impressão de ser mais forte do que eles, de conseguir descobrir suas falhas e de despojá-los de seu sentimento de virilidade.

Entretanto, na quarta sessão, seu aspecto mudou completamente: ela está vestida de modo muito mais elegante e feminino do que antes, está bem penteada e um pouco maquiada! Pode-se dizer, creio, que este início de psicoterapia mostra um movimento muito intenso nessa paciente, com uma mudança notável na quarta sessão, onde se revela uma personagem bem diferente da do começo. De depressiva, muito relaxada em seu comportamento e em suas vestimentas, ela passa, subitamente, a mais sedutora e desejosa de seduzir. Não farei, aqui, uma digressão sobre essa mudança. Seria o início de uma "cura pela transferência"?

Provavelmente, mas o que eu gostaria de assinalar é o importante trabalho de reflexão que a paciente faz *entre as sessões*, e a *continuidade* das associações; a passagem muito rápida do presente para o passado, e vice-versa, depois que é feita uma intervenção. Creio que devemos notar também que as intervenções têm como meta principal favorecer as associações e ampliar as possibilidades de insight da paciente. Poderíamos falar de uma atitude *"ativa"* do terapeuta nesse caso particular? Sim, se admitirmos que as *"interpretações influenciam o curso das associações"*. Não, se entendermos com isso que se deve falar muito mais, intervir de modo artificial, desprezar material importante ou manipular *artificialmente* as associações do paciente.

Nessa forma de psicoterapia breve que apresentamos, as primeiras intervenções são uma espécie de indicação preparando a tomada de consciência final do *conflito central contido na construção hipotética feita pelo terapeuta no início do tratamento*.

As noções de "negligência seletiva" e de "atenção seletiva", a meu ver, merecem algumas reflexões adicionais. Segundo nossa experiência, se a hipótese inicial for apropriada, não será necessário centrar conscientemente a atenção nesse ou naquele aspecto da problemática do paciente. Ao contrário, os elementos associativos se "impõem" de algum modo ao terapeuta. A técnica que visa intervir desde o início no âmago do problema *trazido* pelo paciente acrescenta à limitação do tempo uma *aceleração da evolução* do tratamento. A arte do terapeuta consistirá, então, em seguir seu paciente "o mais perto possível", para utilizar uma expressão que os adeptos da navegação à vela conhecem bem. A hipótese inicial será, então, um fio condutor útil para a compreensão do material trazido pelo paciente.

No que diz respeito à "profundidade" das interpretações, eu não acredito ser conveniente evitar esta ou aquela intervenção dita profunda. Trata-se principalmente de entender o *porquê* desse ou daquele movimento regressivo no tratamento e de *"relacioná-lo"* com o material precedente. Assim, não hesitei em falar de "falta" para minha paciente, expressão que também pode evocar problemas especialmente "profundos". Outro exemplo é dado na sétima sessão da sra. F., quando percebe que não queria mais desempenhar para seu amante o papel daquela que deveria "completá-lo", dizendo que ele é quem deveria encontrar um meio de ter confiança em si mesmo. Nesse momento, começa a se perturbar, me pede um "empurrãozinho" para ajudá-la a ir em frente. Assinalo esse gesto de confiança em mim ("Eu lhe pareço suficientemente forte para ajudá-la") e, ao mesmo tempo, me recuso a prestar-lhe auxílio, dizendo que, para se sentir bem, deve agir absolutamente sozinha.

Eu a fiz então notar que, se ela me reconhecia como alguém que poderia lhe dar alguma coisa, isso seria para ela a prova intolerável de um vazio em si mesma, o que a emocionou muito e provocou associações a meu ver frutíferas, até quando ela percebeu (9ª sessão) que de fato tinha a sensação de ter sido rejeitada, como *mulher*, por sua mãe, que lhe negava todo acesso à feminilidade, impedindo-a de aceitar qualquer coisa vinda de um homem, que pudesse confirmá-la em seu status de mulher.

As intervenções em psicoterapia breve não se diferenciam, portanto, das intervenções em psicanálise. Pelo contrário, a rapidez do processo em curso obriga às vezes o terapeuta a intervir com mais freqüência, se quiser acompanhar de perto o movimento de seu paciente, e é nesse aspecto que podemos falar numa atividade maior.

O tratamento da sra. F. levou dezoito sessões, com muitos momentos dramáticos, que a levaram a compará-lo a uma intervenção cirúrgica muito dolorosa. Durante a última sessão, apareceram, ao lado de sentimentos de tristeza por terminar o tratamento, numerosos sinais de abertura para uma outra forma de existência. A catamnese dirá se esse prognóstico será ou não confirmado!

5. Conclusões

Tenho plena consciência de ter apenas apresentado a maioria dos problemas específicos da psicoterapia breve. Tentei traçar algumas diretrizes dessa forma de tratamento utilizada em Lausanne, que se assemelha bastante ao trabalho desenvolvido por D. Malan. Quis mostrar que a natureza das interpretações e das conscientizações que elas provocam pouco diferem, em sua essência, das obtidas em psicanálise.

Pelo contrário, parece-me que, modificando algumas coordenadas do tratamento, pode-se desencadear, nos casos favoráveis, um processo associativo acelerado que provoca mudanças consideráveis. James Strachey, em seu célebre artigo de 1934 (J. Strachey, trad. franc: "La nature de l'action thérapeutique de la psychanalyse", in: Rev. franç. psychanal., P.U.F., 2, 1970), diz que "a partir do momento em que o paciente neurótico encontra, durante sua vida cotidiana, um novo objeto, segundo nossa hipótese básica, terá tendência a projetar nele objetos arcaicos introjetados; através desse processo, o novo objeto tornar-se-á um objeto imaginário!". "Quando o paciente procura um psicanalista, está pedindo para mudar, mas o terapeuta, como se sabe, logo se torna objeto de projeções arcaicas do paciente." Neste ponto reside um dos elementos dinâmicos que tornarão possíveis as eventuais mudanças. Em psicoterapia breve, há um esforço, logo de início, voltado para o estudo desta relação particular, *antes que se desenvolva plenamente* a neurose de transferência, a qual, a nosso ver, já é *de antemão fortemente marcada pelo "conflito neurótico nuclear"* do paciente.

"A psicoterapia começa", diz Widlocher, "a partir do momento em que o psiquiatra utiliza a relação para curar seu enfermo." Nós fazemos justamente isso.

Gostaria de concluir com uma hipótese: quando um paciente neurótico entra em contato com algum interlocutor, tende sempre a projetar sobre ele seus objetos arcaicos introjetados; mas geralmente a reação do interlocutor é de *desiludir* o neurótico, o que lhe permite utilizar *ativamente* seus mecanismos de defesa para reforçar seus *próprios fantasmas inconscientes*. Cria-se assim rapidamente um círculo vicioso relacional do qual é impossível sair.

Se, ao contrário, o terapeuta não desilude seu paciente, *"aceitando, por um instante"*, "ser" este objeto arcaico e apenas *mostra* o que está acontecendo, o paciente poderá utilizar *ativamente* sua energia para *"compreender"* e *"mudar"*. James Strachey atribui o valor "mutativo" de uma interpretação ao fato de ela provocar um confronto entre fantasma e realidade. Isso me parece confuso. O confronto realmente ocorre, mas entre duas realidades *"internas"*, a do passado e a do presente. Parece-nos que é justamente a introdução da dimensão *histórica* que ajuda o paciente. Nesse ponto divergimos de concepções como as de Ezriel, por exemplo.

A especificidade do processo de psicoterapia breve deve-se principalmente ao fato de suas coordenadas serem outras e do tratamento centrar-se desde logo nos aspectos neuróticos da relação médico-paciente, ligados ao conflito nuclear do enfermo.

Embora a natureza das intervenções seja muito semelhante à da psicanálise, parece que seu *"impacto"* sobre o paciente geralmente é maior. Mas a psicoterapia evolui antes do cabal estabelecimento da "neurose de transferência". Seria lícito pensar que, neste momento, as capacidades integrativas do Ego do paciente estão mais acentuadas do que quando ele está mais envolvido pelos fantasmas inconscientes, quando o analista se torna o centro de suas preocupações?

Parece que a fase preliminar da relação analista-analisando

foi até agora pouco estudada. Seria este um dos objetivos a fixar para psicoterapia breve?

b) CONSCIENTIZAÇÃO E INTERPRETAÇÃO

P. DREYFUS

(tradução francesa: A. Gerber e J. Schmutz)

Sobre esse assunto, penso que, numa terapia focal, a compreensão e a verbalização — em forma de interpretação — de um foco têm uma importância capital. Entendo, em suma, que esse processo (da parte do terapeuta) deve se produzir prioritariamente fora do âmbito das entrevistas com o paciente. Por outro lado, fora das sessões, acontece com o paciente de terapia focal um processo análogo de compreensão. Comigo, se esse processo de compreensão não ocorre fora das entrevistas, me sinto inibido durante as sessões. Minha escuta se transforma então num processo demasiado intelectual e tenho a impressão de manter uma relação muito superficial com o paciente. Provavelmente, é também a pressão exercida pelo foco e pela limitação do tempo que deve contribuir para impedir que me coloque naquele estado livremente flutuante e de regressão limitada, do qual emerjo novamente, de tempo em tempo, para reordenar minhas idéias e meus sentimentos, como ocorre na psicanálise.

Sobre a forma de interpretação, ela ocorre sempre da mesma forma, em todos os tipos de tratamento psicanalítico: tento, sempre que possível, deixar o paciente formular suas próprias interpretações e me restrinjo a colocar questões que, a meu ver, podem ajudar o paciente a se abrir; ou a apontar algumas associações que me vêm à mente, em meu estado de atenção flutuante, que nos permitem, ao paciente e a mim, conjuntamente, chegar a uma interpretação. Em psicanálise, é importante que eu possa ser surpreendido pelo paciente, quer dizer, que não me sinta muito atado a um tema, a fim de, se possível, evitar condicionar o paciente.

Um foco bem determinado, ao qual nos atemos durante a terapia, admite, naturalmente, o oposto. A seguinte razão também me leva a ser reticente contra a terapia focal: será realmente possível, durante a terapia focal, fazer descobertas com o paciente? Ou será que o paciente fica restringido a só confirmar um conceito ou uma hipótese?

c) CONSCIENTIZAÇÃO E INTERPRETAÇÃO

D. BECK

(tradução francesa: A. Gerber e J. Schmutz)

O trabalho interpretativo começa com as interpretações de ensaio. Depois de uma ou duas entrevistas, o terapeuta testará suas hipóteses psicodinâmicas acerca do principal conflito inconsciente do paciente. Será considerado como foco o conflito sobre o qual as interpretações experimentais mostrarem os resultados mais frutíferos (Loch).

A reação do paciente à interpretação de teste decidirá finalmente qual conflito pode ser considerado como foco. Não são apenas reações como a compreensão e a aprovação que devem ser levadas em consideração, mas também as reações emocionais do paciente na entrevista ou nas entrevistas seguintes. Por ser o sintoma neurótico um compromisso entre uma pulsão e uma defesa, as interpretações centradas na defesa são em geral melhor assimiladas do que as interpretações centradas nas pulsões. Caberia discutir se as interpretações de teste devem ou não englobar os fenômenos de transferência. Uma vez determinado o foco, a atividade interpretativa centra-se antes de tudo sobre a transferência e as resistências. Esses fenômenos devem ser rapidamente interpretados na terapia breve, para que não se instalem profundamente e para que não provoquem uma regressão. A respeito da interpretação dos movimentos transferenciais e resistenciais, deve-se interpretar com prioridade todos os componentes que se relacionem com o foco. Quando o conflito básico se torna transparente no aqui e agora da situação transferencial, ele dá à interpretação o caráter de uma grande evidência.

Parece-me útil, ainda, mencionar dois pontos a respeito do trabalho interpretativo: a interpretação dos sonhos; a interpretação dos silêncios.

A interpretação dos sonhos desempenha um papel menor na terapia breve. Os sonhos que o paciente possa contar não me parecem utilizáveis, a não ser que, sem longo trabalho de associação, venham a ser relacionados com o foco.

Dada a orientação da terapia breve para o aqui e o agora, os silêncios são geralmente raros. No entanto, se surgirem, cabe também interpretá-los diretamente ou interrompê-los com uma questão.

3. a) TRANSFERÊNCIA E REGRESSÃO TERAPÊUTICA NA TERAPIA FOCAL

P. DREYFUS

(tradução francesa: A. Gerber e J. Schmutz)

Segundo Freud, a transferência é o instrumento terapêutico mais importante em psicanálise. Somente a criação de uma relação transferencial, na situação analítica, permite ao paciente reviver os conflitos infantis inconscientes durante o tratamento e deles tomar consciência. No tratamento psicanalítico, minha tarefa principal, como terapeuta, será *dirigir um processo e é esse processo que é terapêutico*. Trata-se, no processo, do desenvolvimento da relação entre analista e paciente.

O processo pode ser esquematicamente dividido em três fases:
— primeira fase: criação de uma relação transferencial;
— segunda fase: elaboração da relação transferencial;

— terceira fase: resolução da relação transferencial.

O fator tempo tem, aqui, um papel essencial. Trata-se, no fundo, de um processo espontâneo que o analista não deve nem forçar (acelerar), nem frear (amortecer), mas apenas tornar possível. Se o analista o possibilita, cria-se, no decorrer da primeira fase, aquilo que Freud chamou de neurose de transferência — múltiplos conflitos infantis se manifestam na relação transferencial, onde podem ser revividos e tornados conscientes. Na neurose de transferência, como dissemos antes, dá-se uma atualização de conflitos infantis na relação terapêutica. Assim, a neurose de transferência está inexoravelmente relacionada com uma regressão. Se as condições analíticas forem respeitadas, sempre surgirá algum tipo de regressão.

Como certamente foi notado, o título de minha conferência é *transferência e regressão terapêutica na terapia focal*. Freud mencionou quatro funções que a regressão pode assumir clinicamente:
1. mecanismo de defesa;
2. fator na patogênese;
3. uma forma de resistência;
4. fator terapêutico essencial.

Quando falo de regressão, em minha palestra, refiro-me essencialmente à regressão terapêutica. Esta regressão é parte permanente do desenvolvimento da transferência e é facilitada pela situação analítica, pela concentração exclusiva do paciente. Acrescente-se a isso a segurança e a regularidade do analista, o qual, num campo claramente delimitado, está, de maneira singular, inteiramente presente para seu paciente.

Durante a sessão, só o paciente ganha importância e a atenção do analista está constantemente voltada para seus desejos, movimentos, necessidades e interesses. Uma freqüência grande de sessões facilita a regressão. A regressão terapêutica é um fenômeno influenciado, no par analista-paciente, por seus dois participantes. No que se refere ao paciente, Balint distingue, em seu livro sobre a regressão terapêutica, duas categorias de doentes.

Com um tipo de paciente, pode-se obter resultados terapêuticos satisfatórios sem uma regressão importante no nível pré-edipiano, permanecendo, portanto, num plano relacional triangular. Com outro tipo de doente, não se consegue resultados estáveis e duráveis, apenas melhoras passageiras, através do uso da transferência. Resultados terapêuticos reais só aparecem, nesse tipo de paciente, depois de uma regressão mais ou menos longa, que sempre atinge um nível relacional mais primitivo que o edipiano. No campo do complexo de Édipo, a estrutura característica da relação é triangular e a força propulsora deriva de um conflito. O que se desenrola pode se expressar adequadamente numa linguagem convencional adulta, ao contrário do que ocorre no campo da falta fundamental, como Balint a denomina, onde a estrutura relacional que prevalece é uma relação didática mais primitiva do que a existente entre adultos.

As pesquisas de Malan sobre as terapias focais mostraram claramente que existe uma relação significativa entre um resultado favorável do tratamento e a elaboração da transferência durante a terapia. Esse resultado, não muito surpreendente, sugere que um mesmo processo terapêutico se desenvolve na terapia breve e na psicanálise propriamente dita. Esse processo não pode, no entanto, ser situado no tempo, pois, como descrevemos acima, é processo espontâneo que não deve ser forçado. Como conciliar essa exigência com a exigência da terapia breve? Gostaria de relatar uma terapia breve, para discutir a questão através de um exemplo.

A sra. Smith tem 28 anos. É casada e mãe de um menino de um ano. É assistente social. Ela sofre, desde a infância, de acessos de angústia fóbica e de pânico. Quando começamos o tratamento, uma frigidez, que se intensificou depois do nascimento do filho, está em primeiro plano. Ela não tem mais desejos sexuais, sente-se frustrada e deprimida.

Tratei da paciente em 31 sessões, durante nove meses.

Desde a primeira sessão fui imediatamente conquistado por ela, mulher atraente, muito viva e inteligente. Pressenti logo sua grande motivação para conseguir ajuda psicoterápica, a fim de superar seus problemas. Criou-se uma boa relação afetiva e pairava um clima de sedução entre nós. Ela relata que havia tido grande sucesso com os homens, conseguia seduzi-los, mas se desinteressava deles logo em seguida. Está, no entanto, casada com o homem a quem ama e não tem mais satisfações sexuais. Além de David, seu marido, só amou um outro homem, Tom, que, no entanto, não a amava. Era um homem atraente e muito bem-sucedido, mas que a tratava como um capacho e ela permitia que assim agisse, sem se defender. Com ele, podia ser inteiramente mulher e se entregar totalmente. Tom lhe telefonou recentemente e ela percebeu, com pavor, que ainda estava apaixonada por ele. Pôde ter prazer com Tom, não, porém, com seu marido. Fica furiosa quando se fala disso e considera Tom um sádico por lhe ter telefonado.

Um foco se delineia já nesta primeira sessão. A paciente me seduz e me abandonará rapidamente ou se tornará frígida, pois se confrontará, em sua relação comigo, com seu próprio sadismo. Eu logo abordei o pré-consciente, sem pensar, naquela hora, numa terapia focal. Disse à paciente que ela queria me seduzir para me abandonar em seguida, o que ela ouviu com um sorriso.

Uma semana mais tarde, na segunda sessão, falou acerca de seus pais e de sua união conjugal. O pai, ela descreveu como fraco, uma pessoa que nunca assumiu sua responsabilidade; a mãe, como pessoa dominante. Sexualmente, a relação tinha sucesso, mas a mãe era uma espécie de capacho para seu pai. Ela descreve David, seu marido, como pouco seguro de si mesmo e angustiado quando tem de tomar decisões; não ousa criticá-lo porque ele poderia desmoronar. Minha interpretação foi a seguinte: "A sra. diz que as relações de seus genitores eram satisfatórias e que sua mãe, para seu pai, era uma espécie de capacho. Na última sessão a sra. disse que se sentia como um capacho diante de Tom, que ele não era simpático, mas que a sra. o amava. Pode ser que a sra. tenha sentimentos similares em relação a Tom e a seu pai, enquanto com David são diferentes. Com David, a sra. pode sentir-se eficiente, capaz e independente.'' Com essa interpretação, estabeleci uma ligação entre a problemática atual e sua infância, mas não abordei o conflito de sua própria agressividade.

A paciente reagiu à interpretação, contando pouco a pouco lembranças de sua infância. Durante a guerra, ela foi separada de seus pais e de seus irmãos; foi enviada para a casa de parentes, no Canadá. Pode lembrar-se da dor intensa que sentiu ao separar-se de sua mãe, quando estava com três anos de idade. Pergunta-se como sua mãe pôde agir dessa maneira. Não consegue se lembrar do pai nessa época. Ele estava no serviço militar e só voltou ao seio da família dois anos após seu retorno do Canadá, quando ela estava com nove anos. Nessa época tiveram início as dificuldades com ele. Pouco depois de sua volta, ela se lembra de ter tido, pela primeira vez, a fantasia de que ele queria atirá-la pela janela. Essa fantasia repetiu-se durante semanas. Ao mesmo tempo, sonhava — sonhos que se repetiam até hoje — que a casa da família era bombardeada e ela era salva por seu pai.

É evidente que existe, por trás desse seu conflito, na relação com o pai, outro conflito mais profundo e importante, relacionado com a *separação da mãe*, que deve constituir parte importante da neurose infantil desta paciente. Aplica-se aqui uma das técnicas específicas da terapia focal. Decidi que, naquele momento, deveria *omitir o conflito mais profundo e centrar* minhas intervenções no conflito com o pai, se ele se manifestasse na transferência.

Na oitava sessão, a paciente diz que se havia sentido mal durante a semana anterior, ao perceber que nos aproximávamos de problemas que ela evitava abordar. Conta aventuras de banheiro da escola e de masturbação anal, muito excitante, mas ligada a intensos sentimentos de culpa. Certa noite, quando se masturbava, seu pai se aproximou, inesperadamente, de sua cama. Ela sentiu um medo terrível e ficou imaginando o que aconteceria se ele descobrisse. A própria paciente estabeleceu, então, uma relação com sua forte tendência à prisão de ventre, que só não ocorre quando está na casa da mãe. Lembra-se, também, de que não queria usar o penico, no Canadá, e imaginava histórias terríveis; queria apenas usar o vaso sanitário reservado para sua mãe. Interpretou seu medo como conseqüência de sentimentos de vingança contra o pai que a abandonara numa época em que ela o amava muito. Por isso, tem medo de ser abandonada, seduz os homens e os deixa, antes de ser abandonada por eles. Ela se protege e se vinga. A paciente encadeia isso com associações que mostram seu medo de ser abandonada por David, seu marido. Fica claro que David se tornou mais viril nos últimos tempos e tem tido sucesso com as mulheres e que isso desencadeou, entre outras coisas, a procura de um tratamento.

Na sessão seguinte, traz primeiramente detalhes sobre seu pai e se lembra agora de que nutria por ele sentimentos dos quais não havia tomado consciência até aquele momento. Tinha ciúme das pessoas que recebiam sinais de afeição de seu pai. Lembra o quanto ele estava esfuziante quando partiu com uma amiga dela. Nunca lhe pôde dizer como tinha ficado furiosa com seu comportamento. Atualmente, seu pai não a visita. Apesar de suas promessas, ela nunca recebeu o presente dele, pelo nascimento de seu filho. Jêrome, seu irmão mais velho, se dá bem com seu pai e se preocupa muito com ele. A partir de um sonho, podemos constatar claramente que sua problemática com o pai entra na transferência.

O sonho: ela convidou o irmão Jêrome para que fosse visitá-la. Durante os preparativos, tem no entanto de se ausentar para a sessão que teria comigo. Havia se esquecido completamente do que estava acontecendo em casa, mas, depois de dez minutos, eu digo que temos de ir a uma reunião. Ela fica decepcionada e pensa no que dirá a Jêrome ao voltar para casa. Ele nunca compreenderá que ela está em tratamento psicoterapêutico. Fica muito espantada ao saber que Jêrome também está em terapia. Em suas associações, acrescenta que nunca poderá falar com Jêrome sobre a terapia. Ele não acreditaria que ela tem problemas sexuais. Menos ainda poderia falar disso com seu pai. A questão da sessão está ligada à confusão de papéis, proveniente de sua profissão, onde ela tem a sensação de ter que se haver sozinha com os problemas. Em minha interpretação, fiz alusão à sua rivalidade com os homens e sua inveja do pênis. Ela diz que se sentiu rejeitada por todo o mundo na semana anterior. Chora copiosamente e conta que desejou dormir com David e que ele, pela primeira vez, a repeliu; aquilo que ela tantas vezes fizera não conseguia suportar da parte dele. Foi constatado durante as sessões de terapia, depois da segunda entrevista, que a elaboração acontecia em profundidade com a ajuda das interpretações situadas seletivamente em nível edipiano. O foco foi o seguinte: a paciente só é capaz de se excitar com um homem sádico, pois está inibida, por causa de seu temor das pulsões destrutivas devido à sua inveja do pênis e às suas ambivalências em relação ao pai. Esse foco engloba o conflito edipiano e o relaciona com o medo de seus próprios ataques sádico-anais ao objeto simultaneamente amado e invejado. Esse foco não é comunicado à paciente, mas serve de orientação para o analista.

Somente agora, quando o movimento de transferência já está nitidamente delineado, comunico à paciente que a terapia será de tempo limitado. A paciente reage violentamente e diz com tristeza: o que aconteceu durante toda a minha vida agora se repete: isso acontece com todos os meus casos amorosos. A limitação do tempo provoca na paciente sentimentos de pânico e de medo de não conseguir atingir o objetivo. Ela chora amargamente e fala de suas dificuldades de separação. Em seguida, a situação focal de conflito exprime-se de maneira cada vez mais densa dentro da transferência. Na 16ª sessão, a paciente diz que estava decepcionada com a sessão anterior, que eu a ajudara pouco, mas que se sentira muito bem, apesar de tudo, durante a semana, experimentando desejos sexuais intensos. Conta um sonho: ela vem para a sessão e encontra outra mulher que a impressiona muito, e a mim também. Subitamente, a paciente tem três anos de idade e tenta perdidamente chamar a atenção para seu comportamento, dando voltas a meu redor. Interpreto: custa-lhe muito conseguir minha atenção e meu amor. Na sessão anterior, ela viera expressamente de suas férias, em Manchester, mas ficara irritada e decepcionada, pois tivera a sensação de que eu não estava pronto para socorrê-la. Ao mesmo tempo em que ela experimenta sensações de amor ou de decepção ou de raiva, pode também viver desejos sexuais em relação a David. Mas isso significa também que ela se sente dependente, o que lembra experiências infantis: a menininha de três anos com seu pai, por quem alimenta tantos sentimentos amorosos, mas por quem ela se sentiu decepcionada e abandonada logo depois.

Na 18ª sessão, ela diz ter refletido muito. Acha que deve enfrentar seu problema básico, que é o do medo de perder o controle. Este medo, julga ela, está na origem de seu problema sexual. Relata seus medos de tempestades e de música em volume muito alto, nas salas de concerto. Vive, nesses momentos, ataques de pânico e tem de sair rapidamente do recinto. Reconhece aí um deslocamento de sua própria violenta agressividade. Fala sobre lembranças de sua infância, de fantasias de morte em relação a outras pessoas, e as interpreta como projeções. Apenas com Tom conseguia relaxar seu controle. Na 19ª sessão, conta a raiva que sentiu por ter dado todas as suas economias para Tom, quando se separaram, e por ele tê-las aceitado. Pouco depois, diz que, quando a avisei sobre o fim de sua terapia, ficou muito triste, mas logo decidiu dar-me um presente. Pensou num quadro, mas não estava de modo algum com raiva, como eu poderia supor. Minha interpretação: quando alguém lhe faz mal, Tom, por exemplo, ou eu, quando lhe avisei sobre o fim do tratamento, não fica com raiva, mas tem vontade de retribuir com um presente. Na sessão seguinte, ela chega com um pacote que parece conter um quadro.

Diz que só pôde aproveitar poucas coisas da sessão anterior, que sexualmente ela está mal, apesar de algumas mudanças não essenciais, provocadas pela terapia, e que, em suma, sexualmente, tudo continuava no mesmo ponto. Minha interpretação: ela está muito decepcionada, mas mesmo assim tem a intenção de me dar um quadro de presente, no fim da sessão. A paciente se irrita, porém se controla cuidadosamente e finge não estar irritada. Comento então seu controle e lhe digo que ela gostaria de me dar outra coisa, não um belo quadro, algo que se parecesse com uma tempestade, mas que tem medo de perder o controle. Ela diz: nós sempre falamos sobre nossa relação, do aqui e agora, e isso certamente foi importante e eu aprendi muito com isso, mas existe alguma coisa, no fundo, que está além disso, na raiz do problema sexual. Aqui, posso me controlar sem dificuldades; isso não se pode comparar às saídas abruptas de um concerto, por causa de sons violentos. Eu digo: a sra. preferiria me dar um som bem estridente, não um lindo quadro, mas a sra. tem medo. Ela ri e diz como lhe é difícil e ao mesmo tempo aliviante falar desses fenômenos corporais. Na sessão seguinte, pudemos estabelecer a ligação entre a excitação sexual, o orgasmo, a perda do controle e o medo do aspecto destrutivo que aparece após essa perda de controle. Na sessão seguinte, também, ela se queixa novamente, afirmando que suas emoções muito vivas escapam de seu controle. Ela conta sonhos de violência e fala de um medo — quase pânico — em situações de violência. Durante as sessões seguintes, fala sobre seu medo de uma aproximação maior: os sentimentos sexuais em relação a mim são fortemente recalcados e ela traz cada vez mais material relacionado com seus medos de separação. Diz viver, pela primeira vez, ao lidar com esse medo de separar-se de mim, o que a separação de seu pai realmente desencadeara nela.

Nesta parte da terapia focal, estabeleceu-se, a meu ver, um tipo de neurose de transferência focal, quer dizer, todos os elementos do foco se intensificam dentro da transferência. Embora a elaboração com a ajuda das interpretações não se limite ao foco, relativamente pouco material foi elaborado durante as sessões. Uma boa parte da elaboração é deixada para o intervalo entre as sessões.

Esta fase da terapia focal corresponde à segunda fase do processo psicanalítico descrito acima.

Durante as últimas sessões, todos seus sentimentos diziam respeito ao problema de nossa separação, sem que ela tivesse recebido o que queria. Sentia raiva por isso. Pouco a pouco, fomos relacionando esse fato com a situação de separação primária e com sua relação sexual com David. Na última sessão regulamentar, a paciente pensou que estava grávida. Expressou alguns receios a respeito de seu estado depois do parto. Indagou se poderia procurar-me novamente. Contou um sonho, no qual a mãe e o pai jazem apunhalados sobre sua cama. A menininha que perpetrou esse ato esconde-se dentro do armário. A paciente é a testemunha atordoada dessa cena. Numa segunda cena ela está fazendo amor. É maravilhoso. Comenta que gostaria apenas que a segunda cena fosse possível sem a primeira. Marcamos uma entrevista para seis meses depois.

Quatro meses mais tarde, a paciente volta a procurar-me. Após o fim da terapia, sua relação com o marido era muito boa; estava apaixonada e tinha prazer nas relações sexuais, como nunca lhe tinha acontecido antes. Durante os três primeiros meses de gravidez, vomitara. No entanto, sentira-se diferente, muito melhor do que em sua primeira gravidez. Mas, há duas semanas, tornara-se, subitamente, frígida, o que não conseguia entender. Conta depois a seguinte história: No coro onde a paciente canta, existe um novo maestro. É um homem atraente, desagradável com as mulheres do coro, inclusive ela própria, mas gentil com os homens. Porém, começa a flertar com ela, e ela fantasia seduzi-lo para depois abandoná-lo.

A seguir, fala novamente de seu pai, de sua raiva por ele ter visitado seu irmão Jêrome e não a ela. Interpretação: por causa do que vivia com o maestro, seus sentimentos ambivalentes em relação a seu pai foram novamente despertados, estava excitada e irritada e reagiu com frigidez em relação a David. Além disso, seus ressentimentos por ser apenas uma mulher intensificaram-se durante a gravidez, quando ela se vê ainda mais dependente. Está ambivalente a respeito do bebê que está esperando. Propus algumas sessões para elaborar esses problemas. Quatro semanas mais tarde, durante a entrevista seguinte, ela conta que a situação se havia alterado de forma dramática, imediatamente após a última sessão. "É impressionante", diz. "Tive um sonho, na noite seguinte à sessão, um sonho horrível, sádico, e depois tudo ficou em ordem de novo." Nessa sessão, tínhamos outra vez elaborado os sentimentos despertados pela história com o maestro. Dessa vez, isso acontecera em relação à transferência; pois, quando precisava especialmente de mim, para ter seu bebê, sentia-se abandonada por mim. No fim da sessão, teve a sensação de que não precisaria de mais sessões e me propôs uma nova entrevista depois que desse à luz. Revi-a depois de mais de um ano. Havia lhe mandado um bilhete pedindo-lhe que viesse me ver. Parecia muito bem depois do parto de uma menina. As relações sexuais com David estavam maravilhosas e a relação com seu pai havia melhorado. Com sua mãe, também estava se dando bem. Estava feliz, como dona de casa e mãe, mas tinha, assim mesmo, atividades fora do lar. Os sintomas fóbicos não reapareceram. Diz que se sente sexualmente atraída por muitos homens. Isso não a preocupa, no entanto, pois está bem com David. Acrescenta que tem a sensação de ter colocado todos os seus ovos numa única frigideira, e está muito feliz por isso. Deixou-me com uma sensação de reconhecimento e nunca mais a vi. Cinco anos mais tarde, no entanto, Malan teve a oportunidade de vê-la. Estava inscrita na clínica de Tavistock por causa de um grave ataque de pânico. Esse ataque ocorreu depois de ter visto as manchetes dos jornais, anunciando o início da guerra no Oriente Médio. A paciente diz que tem medo da solidão. Malan pesquisou o significado dessa solidão em sua vida. A paciente fala então de sua separação de sua mãe, aos três anos. Foi nesse momento que viveu seu primeiro ataque de pânico. Existe uma relação com a situação presente, ao ser abandonada pelo marido, que se interessava cada vez menos por ela, do ponto de vista sexual. Isso, depois de ela ter estabelecido com ele uma relação estreita e muito feliz, mas também muito impregnada pela dependência. Evoca-se então sua raiva contra David, e ela conta um sonho onde há dois homens. O primeiro deles é um grande amigo, ao qual ela se sente ligada por amizade platônica; o outro é David. Os dois são idosos. Enquanto o amigo está ainda muito vivo, David sofre de mal de Parkinson e está perto de morrer. Ela segura sua mão e pergunta a seu amigo: "Como salvar meu marido?" Malan interpreta os sentimentos violentos e destrutivos em relação a David. Conta então que a vida sexual com seu marido fora feliz durante todos aqueles anos. Diz que muitas vezes, de manhã, estavam deitados na cama e se diziam: "Obrigado, Deus, o dr. Dreyfus existe." Malan lhe diz que provavelmente um desses homens em seu sonho representa o dr. Dreyfus; como se ela se sentisse abandonada por ele, assim como por David e por sua mãe. A ênfase que a paciente coloca no problema da solidão e o fato de mencionar a separação da mãe aos três anos e o primeiro ataque de pânico naquele momento nos fazem naturalmente pensar que o conflito profundo desta paciente, seletivamente escotomizado durante a terapia, se manifesta presentemente e a paciente não mais consegue enfrentá-lo. A meu ver, podemos perguntar se, seis anos depois do fim da terapia, não deveríamos voltar ao antigo foco.

No material, encontramos sinais muito nítidos de uma transferência massiva com o terapeuta inicial, que subsiste mesmo depois do fim da terapia. O modo de esse casal se expressar ("Obrigado, Deus, o dr. Dreyfus existe") nos leva a suspeitar que a presença do analista permitiu a relação genital satisfatória e isso parece ser confirmado pelo material posterior. No sonho, o amigo-analista deve protegê-la de um ataque destrutivo contra o marido. É interessante notar, em relação a esse ponto, que foi a leitura das manchetes, anunciando a guerra de Israel, que provocou pânico. Isso não teria reativado uma fantasia de destruição do analista? A terapia teve lugar durante a Guerra dos Seis Dias, no Oriente Médio. Já naquele momento, a paciente tinha esses medos, que foram relacionados com o fato de o terapeuta poder abandoná-la e ir para o front, da mesma maneira que ela tinha sido abandonada pelo pai durante a Segunda Guerra Mundial. Parece, portanto, que também numa terapia focal se desenvolve uma neurose de transferência, embora muitas vezes mais intensa, a qual só é elaborada e resolvida de modo superficial. Mas quando o analista termina sua tarefa, cabe perguntar o que resta dessa transferência. Quando uma terapia breve ou mesmo uma psicanálise terminam, a representação psíquica do analista e de suas interpretações não continuam desempenhando um papel essencial na cura do paciente?

Com este exemplo casuístico, espero ter exibido alguns problemas da transferência e da regressão terapêutica, durante uma terapia focal. Do ponto de vista do método, a terapia focal não difere da psicanálise, exceção feita ao foco e ao limite de tempo. Gostaria, antes de mais nada, de abordar o problema do foco e de sua influência no desenvolvimento da transferência. Penso que, através do foco, um conflito essencial também se desenvolve na transferência, formando, assim, uma espécie de neurose de transferência focal. O conflito, neste caso, foi elaborado dentro da transferência e, em conseqüência disso, esta parte da transferência ficou resolvida. Paralelamente ao desenvolvimento da neurose de transferência focal, delineia-se também uma evolução da transferência nos conflitos seletivamente negligenciados. Essa transferência não é elaborada e não é suficientemente resolvida ou mesmo nada resolvida quando a terapia chega a seu final. Parece-me essencial que, durante a terapia focal, a regressão terapêutica se limite, como no caso acima, ao campo edipiano e não chegue ao nível do distúrbio básico. Uma técnica que empregue de modo precoce e ativo as interpretações serve para frear a neurose de transferência e para limitar a regressão. De maneira semelhante, freia-se esta evolução com a freqüência de sessões uma vez por semana. A limitação do tempo é um recurso muito útil para represar o desenvolvimento de uma neurose de transferência. Por outro lado, obriga-se o paciente a enfrentar precocemente a separação prevista, em geral não desejada e mais ou menos definitiva. Ajudamos, assim, a que ele se distancie da idealização e elabore uma decepção, a separação, que faz parte da resolução da transferência. No caso citado, eu disse para a paciente, durante a terapia, que o número de sessões seria limitado, o que precisamente favoreceu a transferência. Neste caso, a medida foi muito favorável. Resta-nos discutir se é justificável, e em quais condições, anunciar o limite de tempo durante a terapia.

b) TRANSFERÊNCIA E REGRESSÃO

D. BECK

(tradução francesa: A. Gerber e J. Schmutz)

Parece-me que a distinção que Greenson faz entre os componentes neuróticos e não neuróticos da relação médico-paciente é importante para o sucesso da terapia breve. A partir dessa situação relacional podem ser elaborados os fenômenos transferenciais irracionais e inconscientes que o paciente projeta em seu terapeuta. Parece-me também que, no amplo material transferencial, devem ser sobretudo elaboradas aquelas manifestações situadas na linha do foco. Como assinalei antes a respeito da interpretação, é muito importante que a transferência e a regressão não se instalem exageradamente, mas que sejam resolvidas por uma elaboração precoce.

Gostaria de abordar aqui um problema de contra-transferência que se relaciona com a concepção básica do terapeuta. Se, na psicanálise clássica, nos esforçamos para compreender o material do paciente de um ponto de vista metapsicológico, tranqüilizando-nos quando o conseguimos, na psicoterapia breve sempre nos frustramos nessa tentativa de compreensão. Aqui, o terapeuta tem apenas uma visão parcial da esfera inconsciente do paciente: sua curiosidade não é satisfeita; e freqüentemente ele precisa renunciar a obter uma visão de conjunto. O médico deve ter uma atenção seletiva, como diz Balint; ele deve, de maneira seletiva, deixar de lado um material que gostaria de conhecer. Comparado às condições de trabalho do analista clássico, esse sentimento de falta aumenta ainda mais em face da limitada ajuda que podemos oferecer ao paciente. Durante nossas catamneses, ficamos às vezes um pouco decepcionados com os resultados. Sendo assim, parece-me importante que o médico tenha a capacidade de se auto-aprovar, apesar de suas próprias limitações, e de tolerar imperfeições. Ele deve poder admitir, abertamente, que a terapia breve muitas vezes serve apenas como ajuda lacunar.

4. COMENTÁRIOS

Percebe-se que há certa unidade de pensamento dos autores, mas divergências também se mostram. A unidade: a teoria de base. As divergências: a técnica. Assim, é notável que tanto D. Beck, P. Dreyfus, D. Malan ou nós não diferencemos a interpretação em psicoterapia breve da interpretação em psicanálise. Durante cada discussão, as opiniões foram reafirmadas. Por outro lado, P. Sifneos e H. Davanloo apresentam uma concepção diferente que privilegia o aspecto ativo e educativo da intervenção terapêutica. Seria isso um reflexo da oposição entre duas concepções de psicanálise, uma da Europa e outra dos Estados Unidos, esta mais influenciada pela psicologia do Ego?

Devemos ressaltar que o problema da interpretação na psicoterapia breve nos põe imediatamente diante da questão da especificidade ou não-especificidade das intervenções nesse tipo de tratamento. Pode-se admitir que a interpretação se situa entre dois pólos importantes: o do *sentido* e o do *afeto*. Graças à teoria da reversibilidade das transformações psíquicas, a interpretação tem como objetivo ligar o afeto a seu sentido primordial: na primeira concepção freudiana, tratava-se de associar o afeto à lembrança desagradável ou traumática recalcada; depois, tratava-se de ligá-lo, dada a sobredeterminação dos sintomas, às inúmeras lembranças recalcadas; finalmente, em 1920, simplificando, trata-se simplesmente de ligar o afeto à representação adequada. Desse modo, toda concepção de interpretação deveria levar em conta esses dois aspectos mencionados. Em psicanálise, admite-se que o trabalho de interpretação implique uma abordagem longa e paciente, uma elucidação da problemática inconsciente dos pacientes devendo atingir uma reestruturação do aparelho psíquico sob um modo edipiano de organização. Em princípio, o analista se eclipsa perante seu paciente e, em geral, espera que o afeto apareça para associá-lo a uma representação adequada: ele interpreta aquilo que o paciente lhe diz ou lhe mostra. Ele próprio permanece neutro, num enquadre fixo e bem estruturado.

Vimos que, na terapia breve, acontece o contrário: as condições externas do tratamento são modificadas e a atitude freqüentemente eclética do terapeuta pode variar bastante. De qualquer modo, podemos considerar que a *relação* terapêutica adquire uma importância considerável, a ponto de precisarmos perguntar se aquilo que chamamos de interpretação, em psicoterapia breve, corresponde exatamente à interpretação no sentido psicanalítico do termo, e se não se trataria mais de intervenções reveladoras ou educativas. Apesar de divergências importantes relatadas nos Capítulos III e IV, pudemos constatar que cada autor afirma a necessidade de modificação profunda da personalidade, obtida através da interpretação das raízes inconscientes dos conflitos manifestos. Também se pode tentar situar as diferentes atitudes terapêuticas nos eixos do afeto e do sentido.

Por esse prisma, duas noções são fundamentais na psicoterapia breve:

1. a noção de *atividade*;
2. a noção de *focalização*, ou hipótese psicodinâmica básica.

Admite-se que a noção de atividade diz respeito, essencialmente, ao ponto de vista econômico e ao campo dos afetos; a noção de focalização tem a ver com um ponto de vista mais hermenêutico.

Diferentes terapeutas podem situar-se em posições diversas com respeito aos seguintes parâmetros:

A. ATIVIDADE

Contrato terapêutico — Tempo limitado — Intervenções múltiplas — Ecletismo — Insistência — Motivação do terapeuta — etc.

B. FOCALIDADE

Hipótese psicodinâmica básica — "Contrato" — Indicações: a) problemas superficiais (edipianos); b) problemas profundos (pré-genitais) — Atenção seletiva — Negligência seletiva — etc.

Aparentemente é a primazia atribuída a um ou a outro desses fatores que, geralmente, constitui a originalidade dos diferentes autores. Todavia, podemos perguntar se alguns pormenores superficiais não refletiriam importantes e profundas divergências. Assim, a posição que classificamos como "européia", defendida por Beck, Dreyfus, Malan e nós mesmos, tem privilegiado, em diferentes graus, a *ligação do afeto*, permanecendo, pois, numa orientação muito freudiana. A posição "americana", ao privilegiar o aspecto educativo, parece aproximar-se um pouco das teorias comportamentais. Mas talvez isso não passe de uma impressão errada.

De todo modo, poderíamos dizer que os "europeus" privilegiam o manejo comedido da regressão e os "americanos" a luta contra a regressão. A nosso ver, seria conveniente, para entendermos melhor o processo desencadeado, classificar os problemas, distinguindo-os claramente:

1. entre o que é efeito do *enquadre* (coordenadas fixas do tratamento);

2. e o que é efeito da *técnica* (desvio do curso das associações através da técnica de interpretação utilizada).

Retomaremos esse assunto no Capítulo VII.

PARTE III

PESQUISA E FORMAÇÃO

CAPÍTULO V
PESQUISAS EM PSICOTERAPIA BREVE

1. INTRODUÇÃO

As formas breves de psicoterapia são um campo ideal de pesquisa, na medida em que elas oferecem, ao contrário da psicanálise, por exemplo, a possibilidade de estudar um número grande de tratamentos num espaço de tempo relativamente curto. Desse modo, o risco de intervenção de fatores estranhos ao tratamento diminui muito. Existe a possibilidade de grupos de controle e podemos pensar mais facilmente na realização de exames catamnésicos após intervalos de tempo adequados, sem prolongar indefinidamente a duração do programa de pesquisa.

Assim, a maioria dos autores deste livro empreendeu pesquisas acerca da forma de psicoterapia breve que preconiza. D. Beck, H. Davanloo, D. Malan, P. Sifneos pesquisaram o tema e ainda o continuam estudando.

Este capítulo dedica-se a dois estudos desse gênero, centrados principalmente nos fatores terapêuticos da psicoterapia breve. O de Malan já foi publicado antes e sua tradução francesa é aqui apresentada com a autorização do autor e do editor. O outro é o primeiro de uma série que realizamos em Lausanne sobre os efeitos das psicoterapias. Como os temas básicos são semelhantes e os resultados convergentes, em muitos aspectos, apesar das abordagens muito diferentes, parece-nos útil apresentá-los juntos.

2. FATORES TERAPÊUTICOS EM PSICOTERAPIA BREVE DE INSPIRAÇÃO ANALÍTICA

D. H. MALAN (capítulo extraído do livro
Support, Innovation and Autonomy.
R.-H. Gosling, ed., Londres, Tavistock, 1973)

(tradução francesa: Ed. de Perrot e J. Bovet)

a) Generalidades

Quando os fundamentos da psicanálise foram estabelecidos por Breuer e Freud nos anos 1890, os fatores terapêuticos principais pareciam ser a recuperação de lembranças esquecidas e a mobilização de emoções não expressas. No entanto, mesmo no primeiro de todos os casos, o fenômeno da transferência já havia surgido de modo dramático, culminado em diversas manifestações alarmantes, tais como a gravidez nervosa de Anna O., e culminando, finalmente, no abandono completo desse trabalho por um Breuer escandalizado. Devemos a Freud ter enfrentado esses fenômenos em seus pacientes e, posteriormente, tê-los usado como pedra fundamental de seu método terapêutico. *A experiência real da relação de transferência* foi considerada finalmente como o fator mais importante de todos.

Contudo, as idéias sobre a ação terapêutica de uma psicanálise completa não se prestam facilmente a uma avaliação científica. Entre outras dificuldades, o material é muito volumoso, e o processo completo se desenrola num período de tempo muito longo, quando muitas coisas podem acontecer, tanto no tratamento quanto na vida exterior do paciente. Essas duas dificuldades específicas não são encontradas na psicoterapia breve, que é o tema deste trabalho.

A idéia original da retomada da questão da psicoterapia breve de inspiração psicanalítica — assunto que se tornou nebuloso depois das ásperas controvérsias suscitadas pela publicação do livro de Alexander e French, *Terapia psicanalítica* (1946) — provém, naturalmente, de Michael Balint, de cuja equipe participei como membro fundador.

Qualquer pessoa interessada em estudar alguma forma de psicoterapia, seja qual for, deve se ocupar de três questões práticas principais:

a) Critérios de seleção: quais pacientes se beneficiam com esta forma de terapia?
b) Técnica: quais são os tipos eficientes de intervenção?
c) Resultado: que resultados se pode obter?

Deve-se ressaltar os dois aspectos seguintes:

a) As duas primeiras questões são essencialmente estatísticas. Devemos ser capazes de comparar, por exemplo, a presença ou a ausência de certos tipos de intervenções respectivamente nos tratamentos mais exitosos e menos exitosos.

b) Conseqüentemente, a variável mais importante é o resultado — não se pode chegar a qualquer conclusão sem um método relativamente seguro e válido para medir o seu êxito.

Em nosso trabalho, desenvolvemos um método para medir os resultados segundo o qual critérios de saúde emocional foram estabelecidos individualmente, para cada paciente, e depois comparados com os dados catamnésicos. O resultado final foi uma nota numa escala simples, mas a determinação da nota foi fruto de um processo altamente psicodinâmico e diferenciado. Todos os julgamentos foram realizados por mim, sozinho, mas, para descartar as evidentes objeções metodológicas, recorri ao método científico clássico de publicar, sempre que possível, os dados sobre os quais baseei meus julgamentos.

Eis aqui os fatores que encontramos, em nosso primeiro grupo de dezoito pacientes, em correlação com resultados favoráveis:

a) Alta motivação do paciente. Esse foi o único critério de seleção com algum valor prognóstico.

b) Entusiasmo elevado do terapeuta; conclusão inferida da tendência de cada terapeuta em conseguir um notável sucesso com o seu primeiro paciente.

c) Capacidade de relacionar a transferência com a infância.

d) Capacidade de elaborar sentimentos de tristeza e de raiva em relação ao término do tratamento.

Um dos mecanismos freqüentemente encontrados na história da ciência é a cristalização da simplicidade a partir de imensa complexidade. O princípio básico que estes fatores têm em comum é a anuência, tanto do paciente quanto do terapeuta, a se engajar numa forma especial de relação terapêutica. Em outras palavras, esse trabalho sobre a psicoterapia breve confirmou a importância do fator que há muito tempo era percebido como sendo o fator da eficácia na psicanálise.

Também é importante ressaltar aqui uma consideração teórica. Supõe-se geralmente que o único meio de validar a psicoterapia seria um estudo rigorosamente controlado, no qual os efeitos do "tratamento" fossem comparados com os do "não-tratamento". Mas, se fizermos uma analogia com um experimento medicamentoso, veremos que também poderia ocorrer uma correlação positiva e significativa entre quantidades diversamente dosadas e o grau de efeito terapêutico. Os experimentos medicamentosos não são realizados dessa maneira porque isso não é necessário, mas não seria cientificamente incorreto se fossem. Exatamente isso foi feito aqui, o medicamento testado sendo a intensidade da relação terapêutica. Não é uma prova tão completa quanto um estudo corretamente controlado, pois gostaríamos de saber o que ocorre na total ausência do tratamento — o problema da remissão espontânea. Mas, contanto que o estudo possa ser repetido de maneira mais rigorosa e que os resultados possam ser confirmados, obteremos uma demonstração que tende à validação da própria psicoterapia.

Assim, os resultados do estudo original devem passar por inúmeras espécies de provas — e sobreviver a elas —, como as do silêncio, do fogo e da água na *Flauta encantada*. São elas:

a) Catamneses pós-alta dos casos originais: a questão era saber se as correlações se mantêm enquanto as cotações dos resultados mudam ao longo do tempo.

b) Estudo de segurança: juízes independentes chegariam a concordar quanto à cotação dessas variáveis, em especial quanto ao resultado?

c) Estudos "às cegas": as correlações seriam mantidas se os julgamentos sobre uma variável fossem feitos sem o conhecimento das outras variáveis?

d) E, finalmente, a prova crucial da reprodução: as correlações se manteriam se fossem pesquisadas em uma nova série de pacientes?

Detalhando:

a) Acompanhamentos pós-alta

Obtivemos acompanhamentos pós-alta, com um máximo de doze anos após o fim do tratamento, com dezessete de nossos dezoito pacientes. Constatamos mudanças consideráveis nas cotações dos resultados do tratamento: cinco pacientes tiveram recaída, dois melhoraram, outros dois melhoraram depois de um outro tratamento. Mas o resultado global pode ser descrito simplesmente assim: os três casos julgados como os mais exitosos durante o primeiro controle, e cujas cotações se mantiveram ao longo do tempo, eram os que apresentavam as seguintes características: motivação elevada, transferência rápida, relação freqüente entre a transferência e a infância, trabalho de finalização do tratamento. Assim, portanto, os acompanhamentos pós-alta reforçam em grande medida as hipóteses originais.

b) c) d) Reprodução

Com o apoio financeiro da Fundação David Matthew, do Instituto de Psicanálise e da Fundação de Pesquisa em Saúde Mental, pudemos repetir esse estudo com trinta outros pacientes. Com a ajuda de muitos pesquisadores, pudemos incluir nesse estudo as garantias científicas, mencionadas acima, de "julgamentos às cegas" e provas de segurança.

Em primeiro lugar, o resultado foi avaliado independentemente por dois grupos de duas pessoas; um estava contaminado pelo conhecimento do que iria acontecer no tratamento (E. H. Rayner e eu); o outro ignorava completamente esse dado (H. A. Bacal e E. S. Heath acompanhados por F. H. G. Balfour). Um dos nossos resultados mais importantes, que não teria valor em si mesmo se não houvesse outros resultados positivos, é que a concordância dos julgamentos entre os diferentes pares possíveis de juízes (coeficiente de correlação de momento misto) não foi, em caso algum, inferior a 0,79 positivo.

Em segundo lugar, dois juízes (P. Dreyfus e R. Shepherd), ignorando completamente tanto o resultado quanto a evolução do tratamento, avaliaram dez critérios de seleção baseando-se unicamente no material inicial de avaliação (isto é, a primeira consulta e o teste projetivo).

Em terceiro lugar, durante os oito primeiros encontros, Dreyfus fez, sessão por sessão, a estimativa contínua de dois fatores: a) a motivação; b) uma nova variável chamada "focalidade", que se pode definir como o grau em que o terapeuta dispõe de um plano e a ele se pode ater, enquadrando, assim, suas interpretações dentro de um tema basal único. O primeiro estudo já havia sugerido que uma focalidade elevada poderia ser um importante sinal prognóstico favorável.

Era importante, naturalmente, controlar essas estimativas de um juiz único através de outro juiz. Aqui, o problema é sempre encontrar alguém que seja dedicado, tenha tempo e competência para realizar essa tarefa a contento, pois julgamentos precipitados ou insuficientemente fundamentados seriam piores do que ausência de julgamento. Eu era a única pessoa disponível. Decidi empreender a tarefa de verificar os julgamentos de Dreyfus sobre a motivação e a focalidade, apesar de já estar influenciado pelo conhecimento do resultado dos tratamentos, e de também já ter sido influenciado no que concerne à focalidade, tendo tomado conhecimento (imprevidentemente) dos julgamentos realizados por Dreyfus. De qualquer modo, espero não ter sido indevidamente influenciado pela vontade de obter um bom nível de concordância, pois meus próprios julgamentos desautorizaram bastante um resultado espetacular apontado por Dreyfus, não porém em todos os casos, como veremos.

Podemos agora perguntar quais hipóteses originais resistem a esta reprodução sob condições mais rigorosas, e quais não resistem. Darei primeiro os resultados negativos.

a) Sucesso com o primeiro caso do terapeuta

À luz do controle catamnésico final sobre as duas séries combinadas (48 pacientes), esta hipótese provou ser equivocada. O resultado final foi extraordinário e não pude explicá-lo: os cinco terapeutas do Hospital Cassel tiveram êxito em seus primeiros casos, os seis terapeutas da Clínica Tavistock fracassaram em seus primeiros casos. Como não faz parte dos planos deste livro fazer propaganda não solicitada para o Hospital Cassel, passemos rapidamente para os outros resultados!

b) Importância de uma transferência rápida e
c) Trabalho sobre o término do tratamento

Embora a observação clínica pareça sugerir que esses fatores seriam importantes em casos individuais, houve bastantes casos exitosos nos quais eles não estavam presentes e as correlações globais com os resultados, embora positivas, não foram significativas. O fato destas três hipóteses não terem sido confirmadas enfraquece a idéia de que a *intensidade* da relação seja, em si mesma, um fator importante. Voltarei depois a essa questão.

Os resultados positivos foram os seguintes:

d) Motivações e
e) Focalidade

Entre os dez critérios de seleção julgados por Dreyfus e Shepherd sobre o material inicial de investigação (entrevista e testes projetivos que, geralmente, constituem os dois primeiros encontros com a clínica), a motivação apresentou a correlação mais elevada com o resultado, mas o nível de significação (teste unilateral) foi somente 0,1.

Somente com relação à motivação, o parecer de Dreyfus durante a terceira e a quarta entrevistas apresentou cifras similares, mas na quinta entrevista a correlação elevou-se repentinamente para o nível de significação 0,01 e se manteve no nível 0,05 durante os sextos, sétimos e oitavos encontros.

O resultado dos pareceres de Dreyfus em relação à focalidade foram extremamente parecidos. Novamente, as correlações foram positivas, porém não significativas do primeiro ao quarto encontro; e outra vez tornaram-se subitamente significativas do quinto ao oitavo encontro.

Quando meus julgamentos foram estudados, verificou-se que o comportamento geral era parecido, mas que o resultado era muito menos impressionante. As curvas apareciam deslocadas para baixo, em relação às curvas de Dreyfus, de modo que muitas das primeiras correlações eram negativas, e, embora a súbita elevação no quinto encontro também estivesse presente, as correlações não atingiam, na maior parte das vezes, o nível significativo. As curvas representativas dos 22 pacientes que tiveram menos do que quarenta sessões encontram-se nas figuras 1 e 2.

No entanto, o resultado obtido por Dreyfus era tão claro que parecia pouco provável não ter alguma significação clínica. Por esse motivo, empreendi estudo exaustivo das cifras e pude conseguir, assim, muitos modelos aparentemente significativos e extremamente interessantes, mesmo entre minhas próprias correlações pouco significativas. Descreverei o mais importante desses modelos.

Dos 22 pacientes cujos tratamentos duraram menos de quarenta sessões, havia quatro que chamamos de "falsos casos"; dois porque a observação clínica sugeria que teriam melhorado independentemente do tratamento; discutiremos isso mais adiante. Se, descartados esses quatro casos, dividirmos em duas categorias os resultados do tratamento dos outros dezoito pacientes, veremos que existem nove casos "breves/favoráveis" e nove "breves/não favoráveis". O problema, agora, é saber se essas duas categorias de pacientes apresentam diferenças bem marcadas em seu tipo de motivação e de focalidade, passíveis de utilização prática para a aceitação ou a não-aceitação de pacientes, após um período de tratamento experimental.

De fato, pudemos encontrar essas diferenças, como exporemos adiante.

É necessário, primeiro, que fixemos, para cada variável, um valor arbitrário abaixo do qual o paciente receberia um "escore de recusa" para esse encontro em particular. Poderemos, então, decidir que um paciente deverá ser rejeitado se receber três escores de recusa de cada um dos dois juízes nos quatro encontros, do quinto ao oitavo. A distribuição resultante está representada nas tabelas 1 e 2.

Como se pode ver, as distribuições das duas variáveis são as mesmas. Mas isso não é tudo: com apenas uma exceção, os pacientes que se encaixam em uma dessas quatro rubricas são de fato equivalentes.

Perguntaremos, imediatamente, se, ao avaliar a motivação e a focalidade, não estaríamos medindo de fato uma só coisa. Os dois juízes concordaram ao dizer que não, e isso foi confirmado por um estudo de correlações entre as duas variáveis, que não são significativas nos encontros 1 e 2; são realmente negativas no encontro 3 para os dois juízes; e só se tornam positivas e significativas depois.

Naturalmente, o complicado raciocínio retrospectivo utilizado nunca poderia levar a um resultado melhor do que uma vaga hipótese. O passo seguinte necessário é uma "validação retrocruzada", quer dizer, um estudo no qual o mesmo procedimento fosse aplicado na série original. Isso foi possível porque Dreyfus não tinha sido influenciado pelo conhecimento do resultado dos tratamentos desses pacientes. A operação não foi inteiramente satisfatória, por muitas razões; os resultados foram ao mesmo tempo fascinantemente semelhantes e cruelmente diferentes. Bastará dizer que havia semelhanças suficientes para indicar que não

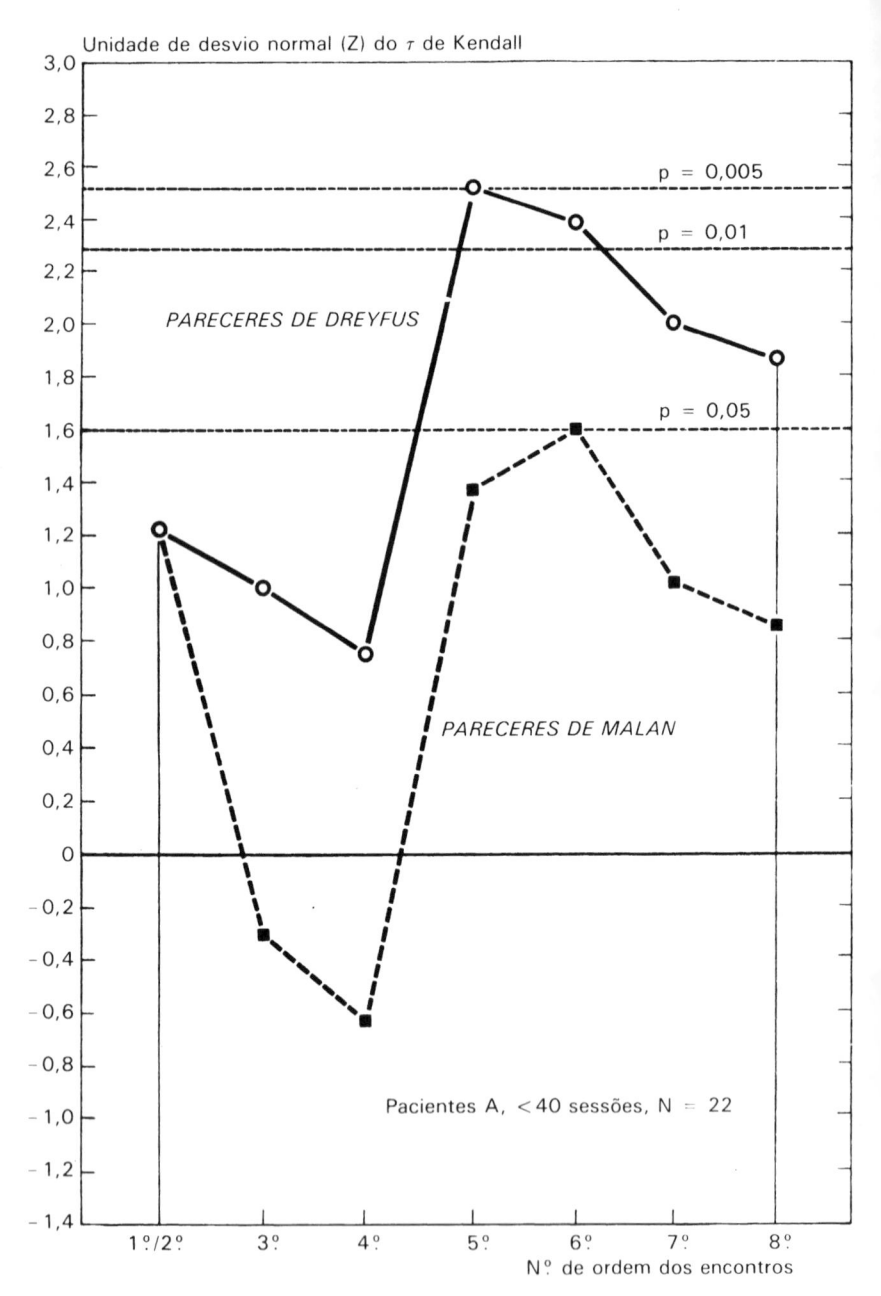

Fig. 1 — Correlação entre o resultado final e a motivação durante os oito primeiro encontros clínicos.

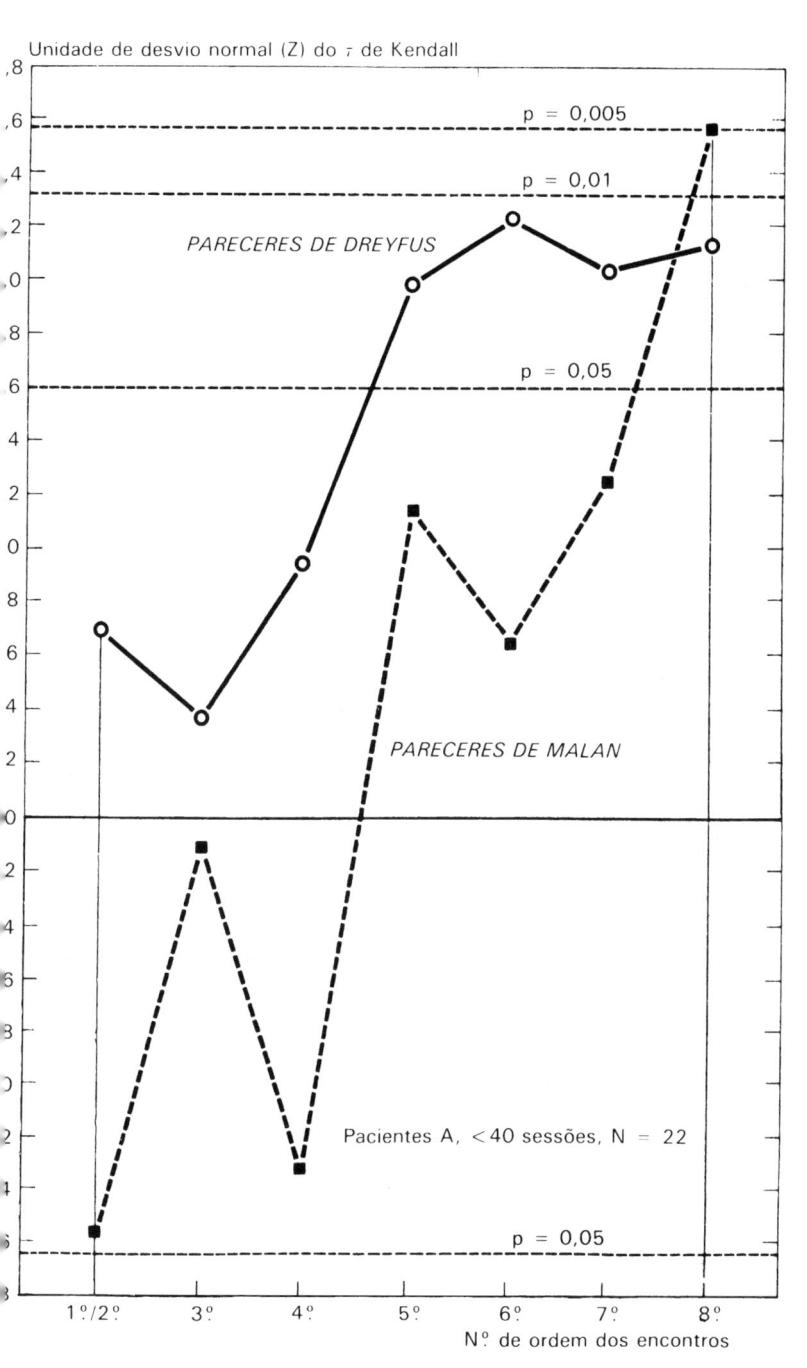

Fig. 2 — Correlações entre o resultado final e a focalidade durante os oito primeiro encontros clínicos.

Tabela 1 — Aceitação ou recusa segundo o critério da motivação nos encontros 5 a 8.

	Resultado	
	não favorável	favorável
Aceito	2	7
Rejeitado	7	2 $p<0,05$

Tabela 2 — Aceitação ou recusa segundo o critério da focalidade nos encontros 5 a 8.

	Resultado	
	não favorável	favorável
Aceito	2	7
Rejeitado	7	2 $p<0,05$

estávamos simplesmente num processo de nos livrar das manipulações retrospectivas de um conjunto de cifras aleatórias.

b) Discussão sobre a motivação e a focalidade

O aparente sentido clínico dessas observações pode ser expresso da seguinte maneira:

Cada uma dessas duas variáveis é um aspecto da interação entre paciente e terapeuta. Toda terapia interpretativa é um ato de doação mútua. O paciente oferece seus pensamentos, seus sentimentos, suas reações; o terapeuta, sua compreensão, permeada por suas próprias respostas e por sua personalidade. Enquanto o tratamento vai bem, tanto a motivação quanto a focalidade tendem a crescer. O paciente responde positivamente ao que o terapeuta lhe oferece, e o terapeuta tem a sensação de saber aonde está indo. De modo semelhante, quando o tratamento vai mal, o paciente pode começar a se recolher e o terapeuta perde o rumo. Cada uma dessas situações pode provavelmente provocar reações circulares, das quais surge a tendência a uma divergência marcante entre os tratamentos que "vão bem" e os que "vão mal".

Aparentemente, esta situação começou a se desenvolver claramente entre a quinta e a oitava entrevistas. Mas agora aparece o ponto importante: os tratamentos que vão bem, segundo esse critério de interação dinâmica, tendem a levar a melhoras durante os controles catamnésicos, o que não ocorre com os tratamentos que "vão mal". Em outras palavras, uma interação marcante corresponde a um resultado favorável e uma interação falha a um resultado desfavorável.

O que pudemos observar, até o momento, é que a relação real é relativamente menos importante do que a interação dinâmica.

O fator seguinte, no entanto, reconduz a relação a um caminho inequívoco.

f) A ligação transferência-pais

Podemos perguntar qual é o fator mais importante na compreensão que o terapeuta oferece através de suas interpretações. Entre os fatores estudados na primeira série de pacientes, o mais importante foi a ligação entre a transferência e a infância. Estudei-a de duas maneiras; primeiramente, através de um julgamento clínico; em segundo lugar, através de um método mais objetivo e quantitativo, baseado numa análise do conteúdo dos autos dos processos (que foram ditados de memória pelos terapeutas).

Em poucas palavras, este método consiste em indicar todas as interpretações, a contá-las e a fazer uma avaliação de seu conteúdo. Utilizei, portanto, a porcentagem dessa forma de interpretação em relação ao total das interpretações como medida de orientação para o terapeuta nessa direção específica. Utilizei medida proporcional (porcentagem) e não um número absoluto a fim de eliminar o quanto possível a influência a) do tamanho dos relatórios b) do número de sessões. Acrescentaria também que grande experiência com esse método me convenceu de que é, de longe, a mais fiel medida da importância de qualquer tema em terapia. É possível justificar teoricamente essa afirmativa, mas isso levaria a complicações, aqui desnecessárias.

Na série original, a porcentagem de interpretações de transferência em geral não estava em correlação significativa com o resultado do tratamento; mas a porcentagem de interpretações de transferência parental — isto é, das que estabelecem um vínculo entre a transferência e a relação com os pais, essencialmente durante a infância —, estava em correlação positiva com o resultado (num índice de significação de 0,05).

Na segunda série, essa análise minuciosa do conteúdo de mais de mil interpretações registradas foi realizada independentemente por E. H. Rayner e por mim. Obtivemos um satisfatório nível de segurança. Mais uma vez, a porcentagem de interpretações de transferência não teve correlação significativa com o resultado, enquanto a porcentagem de interpretações de transferência parental forma um diagrama de distribuição representado na figura 3.

Nessa questão, o coeficiente de correlação do momento-misto "r" era + 0,40, significativo em nível 0,05 (teste unilateral). Clinicamente, esse resultado sugere fortemente que um importante fator terapêutico seja a vontade do paciente de se embrenhar em caminho que repete uma relação infantil, e de adquirir uma compreensão íntima dessa repetição. Desse modo, a importância da *relação* fica fortemente confirmada.

É importante, também, observar que os resultados desse estudo repetido não são simplesmente hipóteses, mas, antes, estão mais próximos do status de conclusão científica; além disso, essas conclusões confirmam aspectos importantes da teoria psicanalítica; observar, enfim, que, se utilizamos a analogia com um experimento medicamentoso já mencionado, os resultados nos levam a uma validação da psicoterapia.

c) Estudo de pacientes não tratados

Que aconteceria, no entanto, com os pacientes se não recebessem o medicamento "psicoterapia"? Naturalmente, eu não poderia responder a essa questão, mas, devido à idéia crescente de

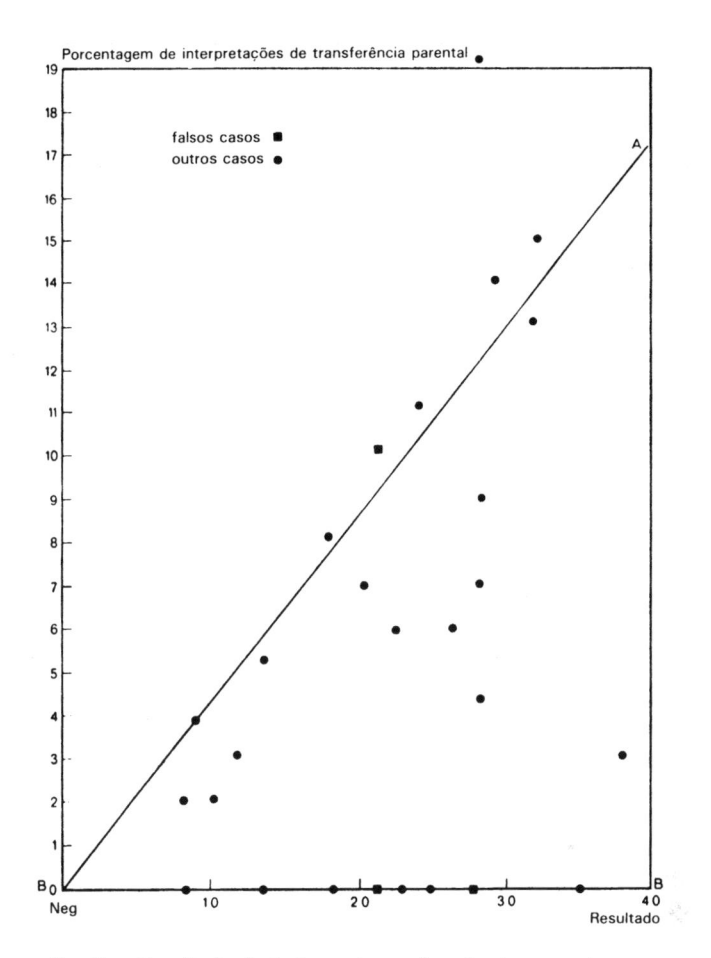

Fig. 3 — Resultado do tratamento em função da porcentagem de interpretações da transferência parental.

que deve exitir uma forma de remissão espontânea, quatro de nós decidimos empreender estudo catamnésico dos pacientes não tratados.

Os outros membros da equipe eram H. A. Bacal, E. S. Heath e F. H. G. Balfour. Os sujeitos escolhidos foram pacientes que procuraram a clínica, mas por diversos motivos não receberam tratamento. Utilizamos o mesmo método, já discutido, adotado para os pacientes tratados, isto é, o estabelecimento a priori de critérios de saúde emocional, forjados sob medida para cada paciente, depois comparados com resultados catamnésicos. Nossa hipótese era a de que, embora muitos pacientes apresentassem melhoras sintomáticas, um exame minucioso mostraria que tais melhoras poderiam ser questionadas do ponto de vista dinâmico. Finalmente, conseguimos nos encontrar com 45 pacientes, depois de intervalos variando de dois a oito anos após a consulta inicial. Os resultados essenciais estão na tabela 3.

Tabela 3 — Proporção de pacientes não tratados, apresentando melhora do ponto de vista de critérios sintomáticos e dinâmicos.

Grau de melhora	Critérios sintomáticos	Critérios dinâmicos
Pelos menos "melhores"	22 (49%)	11 (24%)
Curados	9 (20%)	1 (2%)

Em outras palavras, embora exatamente a metade dos pacientes fosse julgada como "melhor", do ponto de vista de critérios sintomáticos, a metade destas melhoras era discutível do ponto de vista dinâmico; e embora 1/5 se tenha "curado" sintomaticamente, apenas 1/50 curou-se do ponto de vista dinâmico.

Pode-se ver esse resultado por dois ângulos. De um lado, caberia dizer que a hipótese original foi confirmada — muitas melhoras sintomáticas eram discutíveis do ponto de vista dinâmico. A esse respeito, publicamos um artigo no *British Journal of Psychiatry* (1968). No entanto, de outro lado, também caberia dizer que muitas melhoras *não* eram discutíveis, incluindo até mesmo um paciente considerado como alguém que se curou sozinho.

Como psicoterapeutas, não achamos esse dado muito gratificante.

Desse modo, deparamo-nos aqui com um fenômeno clássico que surge incessantemente na história da ciência: o imprevisto, que também é, porém, um dos prazeres da pesquisa. Começamos, então, a escrever um segundo artigo, cujo tema, no fundo, era "psicoterapeutas, atenção: a remissão espontânea existe!". Mas, se o imprevisto existe, também existe chance considerável de um inesperado de outra ordem: o imprevisto no imprevisto. Quanto mais estudávamos os dados, mais clara ficava a prova de que estes pacientes tinham sido profundamente influenciados pela primeira entrevista. Além disso, vimos que essa influência podia ser pelo menos de duas espécies. A primeira, a aquisição do "insight". Uma jovem expressou-se assim, durante o controle: "Minha entrevista aqui foi como estar diante de um problema de álgebra, muito complexo, e que alguém ensina como deve interpretar. Eu não tinha percebido que meus sentimentos eram tão fortes, e que meu pai estivesse por trás de todas essas coisas. Percebendo, fiquei arrasada." O segundo fator era ainda mais surpreendente, consistindo essencialmente no mecanismo de "se reassumir", que geralmente menosprezamos. Muitos pacientes foram ajudados por terem sido obrigados a se confrontar com *a necessidade de assumir a responsabilidade pela própria vida.* De fato, sinais de uma dessas duas influências podem ser encontrados em oito dos onze pacientes com melhoras no plano dinâmico, e inclui aquele paciente que foi visto como curado. Não encontramos esses fatores nos pacientes que não sofreram melhora. Subitamente, percebemos que a prova da remissão espontânea, em vez de ser forte, era muito frágil. Não se podia falar aqui de pacientes "não tratados": eles perceberam uma psicoterapia breve, não intencional, de uma única sessão.

Mas, se encararmos essas entrevistas como psicoterapias breves de uma sessão, valerá a pena considerá-las à luz de fatores terapêuticos importantes nas psicoterapias breves intencionais de mais sessões, segundo o que dissemos anteriormente. Primeiramente, o insight sobre a origem da doença e a motivação para conseguir ter esse insight só fazem parte do mecanismo terapêutico de alguns pacientes; e, surpreendentemente, não faziam parte do processo daqueles pacientes que tinham recebido, de algum modo, a mensagem de precisarem responsabilizar-se por sua própria vida.

Em segundo lugar, o papel da interpretação da transferência era mínimo, e o da ligação transferência-pais quase complemente nulo. Naturalmente, tudo o que se passou nessas entrevistas não poderia ter acontecido em outra situação que não fosse em uma relação, mas a prova da importância dessa relação, em si mesma, era bem menos forte. Em outras palavras, deparamo-nos aqui com mecanismos terapêuticos aparentemente diferentes dos conhecidos até aquele momento. Assim, estamos novamente perante outro fenômeno clássico da história da ciência: a simplicidade cristaliza e permanece essencialmente válida, mas nós descobrimos que ela é muito mais complexa do que de início aparentava ser.

d) Remissão espontânea nos pacientes tratados

À luz dessas considerações, podemos voltar aos pacientes que passaram por um processo de psicoterapia breve. Exame atento dos dados clínicos desses pacientes revela o seguinte: um paciente apresentou bom resultado terapêutico sem interpretação transferencial. Quatro pacientes quase não apresentaram melhora no fim do tratamento, mas melhoraram em anos seguintes, aparentemente em resposta a eventos ocorridos na vida exterior. Uma dessas pacientes foi piorando progressivamente durante muitos anos, desde o fim da psicoterapia, e depois, aparentemente, melhorou ao deixar seu marido e empregar-se como "babá", tendo assim que se arranjar sozinha pela primeira vez na vida. Ela se curou de seus sintomas e depois voltou para o marido, estabelecendo com ele uma relação muito melhor que a anterior.

Examinando os diagramas de distribuição dos resultados conseguidos, em relação aos fatores importantes já esboçados anteriormente, veremos, quase sempre, que esses quatro pacientes não combinavam com as tendências marcantes apresentadas pelos outros pacientes, e contribuíam negativamente para as correlações.

Poderemos observar melhor a situação se dividirmos os pacientes em quatro categorias: tratamento curto (menos de quarenta sessões), resultado favorável (nove casos); tratamento longo (mais de quarenta sessões), resultado favorável (sete casos); tratamento curto, resultado desfavorável (nove casos); e esses quatro casos que chamarei de "falsos casos".

A nota média para o resultado dos quatro "casos falsos" foi elevada (2,4), inferior apenas à dos casos curtos favoráveis (2,5). Depois, vêm os casos longos (2,3); e, com média bem mais baixa (1,1), os casos curtos desfavoráveis. Se o mecanismo terapêutico fosse o mesmo para todos os casos, deveríamos esperar, nos casos falsos, tendência de se colocarem na segunda posição, em relação aos diversos fatores importantes. Isso não ocorre: eles geralmente estão na última posição.

Vejamos rapidamente essa questão:

Primeiramente, podemos considerar quatro critérios de seleção ajuizados por Dreyfus e Shepherd sobre o material de avaliação inicial, a saber: a motivação, a cooperação, a resposta à interpretação e a focalidade. A tabela 4 mostra que nossos quatro "casos falsos" estão na última faixa da classificação em relação a três desses critérios, e na penúltima para o outro critério.

Tabela 4 — Ordem classificatória para os escores médios em relação aos critérios de seleção dinâmicos nas quatro diferentes categorias de pacientes.

	Motivação	Cooperação	Resposta à interpretação	Focalidade
Favorável curto	1	1	1	1 =
Favorável longo ...	2	2	3	4
Falso	4	4	4	3
Desfavorável curto .	3	3	2	1 =

Em seguida, apresentamos a motivação (Dreyfus), durante as oito primeiras entrevistas, representada graficamente na figura 4: o valor médio desses quatro casos é sempre o mais baixo.

A curva da focalidade (Dreyfus) durante as oito primeiras entrevistas é exatamente a mesma.

Finalmente, apresentamos a ligação transferência-pais (Rayner), tal como é ilustrada na figura 3, que agora estudaremos com mais atenção.

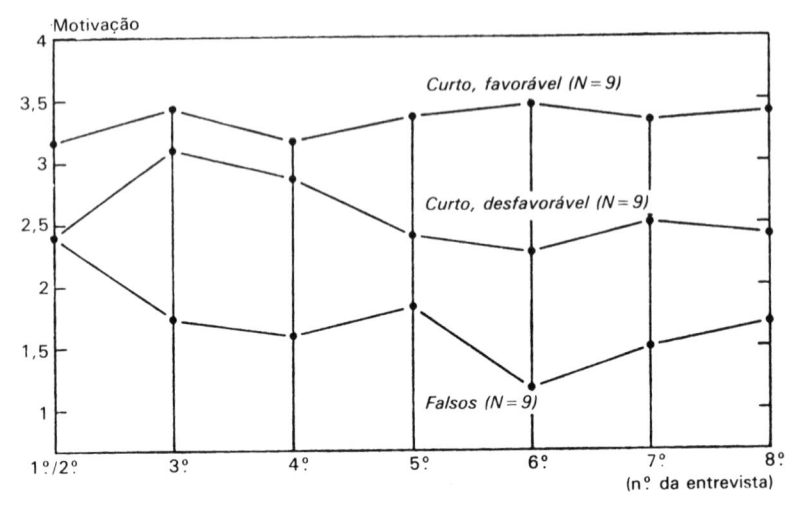

Fig. 4 — Motivação média (Dreyfus) para três categorias de pacientes, durante seus primeiros contatos clínicos.

Constatamos que os pacientes tendem para um ou outro lado: ou para o lado da linha AA, que traduz aproximação proporcional entre o resultado do tratamento e a porcentagem de interpretações de transferência parental; ou para o lado da linha horizontal BB, que traduz uma ausência completa de interpretações desse tipo. Em outras palavras, o diagrama sugere que existem pelo menos dois mecanismos terapêuticos diferentes em ação — um dependente do vínculo transferência-pais, o outro (ou os outros) no qual (nos quais) esse vínculo não desempenha qualquer papel. Os "casos falsos" são representados pelos quadrados, e três deles caem nesta última categoria.

Em outras palavras, muitas cadeias de acontecimentos inteiramente independentes entre si parecem indicar que esses quatro "casos falsos" estão entre os menos dinâmicos e que, desse modo, a psicoterapia psicodinâmica provavelmente não foi o fator responsável por sua melhora. Poderiam eles ser verdadeiros exemplos de uma remissão espontânea? Deparamo-nos, então, com um fato inesperado de uma terceira espécie. A prova mais palpável de uma remissão espontânea não provém de nossos casos não tratados, mas de nossos casos tratados.

e) Conclusão

Podemos voltar ao começo: a ignorância da importância da relação pode levar a um desastre na prática, e a um erro grosseiro na teoria. Nosso trabalho sobre terapia breve assinala a importância terapêutica da interação dinâmica numa relação. Mas é fácil ir longe demais e acreditar que essa interação, ou a própria relação, sejam o único fator implicado na cura. Nossa análise indica que outros fatores também podem ser importantes, e que exitem tanto a terapia não transferencial quanto a remissão espontânea. Não prestaremos serviço a uma boa idéia científica se estendermos demais as suas aplicações.

Agradecimentos

O trabalho no qual esse artigo se baseia pôde ser realizado graças ao apoio financeiro da Fundação David Matthew, do Instituto de Psicanálise de Londres, e ao Fundo de Pesquisa para a Saúde Mental, ao qual penhoradamente devo aqui agradecer.

3. FATORES TERAPÊUTICOS EM PSICOTERAPIA BREVE DE INSPIRAÇÃO PSICANALÍTICA

Pesquisa preliminar
E. Gilliéron

a) Introdução

1. Relação médico-doente, transferência e técnica

Na primeira parte deste capítulo, falando sobre a teoria psicanalítica da mudança, Malan assinala, em sua introdução, a importância da experiência da relação de transferência e, nas conclusões, a importância terapêutica da *interação dinâmica* na relação médico-doente. Nessa interação, D. Malan acentua, muitos fatores estão em jogo. Alguns dependem do paciente: a motivação particular; outros, do terapeuta: o entusiasmo, a técnica interpretativa; finalmente, há um fator comum ao paciente e ao terapeuta: a focalização do tratamento. Todos esses fatores estão estreitamente ligados, como o estudo anterior pretendeu revelar, e a focalidade parece ser o fator central para o qual os outros simplesmente contribuem.

A noção de inter-relação dinâmica é evidentemente complexa; pode-se relacioná-la com a seqüência "transferência-contratransferência-interpretação". Foi o que fez Malan ao estudar o papel da natureza das interpretações transferenciais na evolução dos tratamentos. Independentemente da pesquisa de Malan, minhas experiências clínicas e minha ótica, fortemente marcada pelas teorias sistêmicas na abordagem dos problemas (ótica ligada à minha formação simultânea em psicanálise e em terapia de família), me levaram a enfatizar cada vez mais o problema da inter-relação dinâmica. Fui, portanto, levado, com naturalidade, a estudar o problema da *interpretação* da transferência, tanto na psicanálise quanto na psicoterapia de inspiração analítica. Não há novidade nisso, dado que, após 1914 ("Recordar, repetir e elaborar"), Freud já havia relacionado a cura de todo neurótico com a possibilidade de resolver a "neurose de transferência", o que, no entanto, só poderia ocorrer numa psicanálise clássica, com quatro a cinco sessões semanais, durante muitos anos.

Atualmente, devido a muitos estudos feitos na área da psicoterapia breve, admite-se cada vez mais a possibilidade de resolver problemas neuróticos sem o pleno desenvolvimento da neurose de transferência. Trata-se de dar atenção à chamada "transferência flutuante" ou aos "elementos da transferência". No entanto, os elementos da transferência são pouco discutidos e estudados na literatura, como pudemos ver no Capítulo IV. A técnica que desenvolvemos em Lausanne é inteiramente baseada no modo como se compreende e se utiliza a transferência flutuante. Sentimos a necessidade de verificar a eficácia desse elemento técnico, e este é o objetivo das pesquisas que realizamos no momento.

Sabe-se que as concepções de transferência e de contratransferência ainda permanecem nebulosas. De fato, existe ainda uma tendência, bem comum, de considerar a transferência como uma produção espontânea do paciente e a contratransferência como um simples reflexo daquela. E, embora atualmente a maioria dos psicanalistas não admita mais este ponto de vista e considere a neurose de transferência como uma doença artificial, provocada pelas próprias condições do tratamento e ligada à problemática anterior do paciente, há pouco interesse (excetuando-se os estudos de autores como Sifneos ou Malan, por exemplo) em torno do efeito causado no paciente pelas medidas ativas tomadas pelo terapeuta, quer se trate de condições externas, nas quais se desenvolve o tratamento, ou do tipo de interpretação dada. As intervenções *ativas* do terapeuta são, pois, menos conhecidas. Isso se traduz também no fato de que, quando se fala em tratamento psicanalítico, fala-se, ao mesmo tempo, de indicações ou de contra-indicações à psicanálise. Mesmo admitindo algumas variações técnicas, os autores que procuram estudar o problema das indicações à terapia *em função do problema das variações técnicas* são muito raros (Balint foi um deles!). Geralmente, em psicanálise, privilegia-se muito mais a compreensão dos fenômenos intrapsíquicos e a pesquisa metapsicológica do que a técnica. No entanto, seria muito interessante saber o que realmente acontece *entre* o paciente e o terapeuta e qual técnica de intervenção pode levar à resolução dos problemas (enquanto a própria psicanálise tende a ignorar totalmente essa questão e a considerar apenas a evolução do paciente). Por isso sabemos que, em relação a um mesmo doente, dois analistas diferentes tomarão atitudes diferentes e que a duração dos tratamentos muito provavelmente também variará.

162   INTRODUÇÃO ÀS PSICOTERAPIAS BREVES

Consideremos a figura 1, embora saibamos perfeitamente que ela está longe de refletir a complexidade da metapsicologia psicanalítica atual:

Se admitirmos esta representação, veremos imediatamente que um estudo baseado apenas nas *indicações* para a psicanálise ou para outra terapia qualquer menospreza toda a *atividade do terapeuta*, ou pelo menos faz supor que essa atividade é invariável, o que certamente não ocorre.

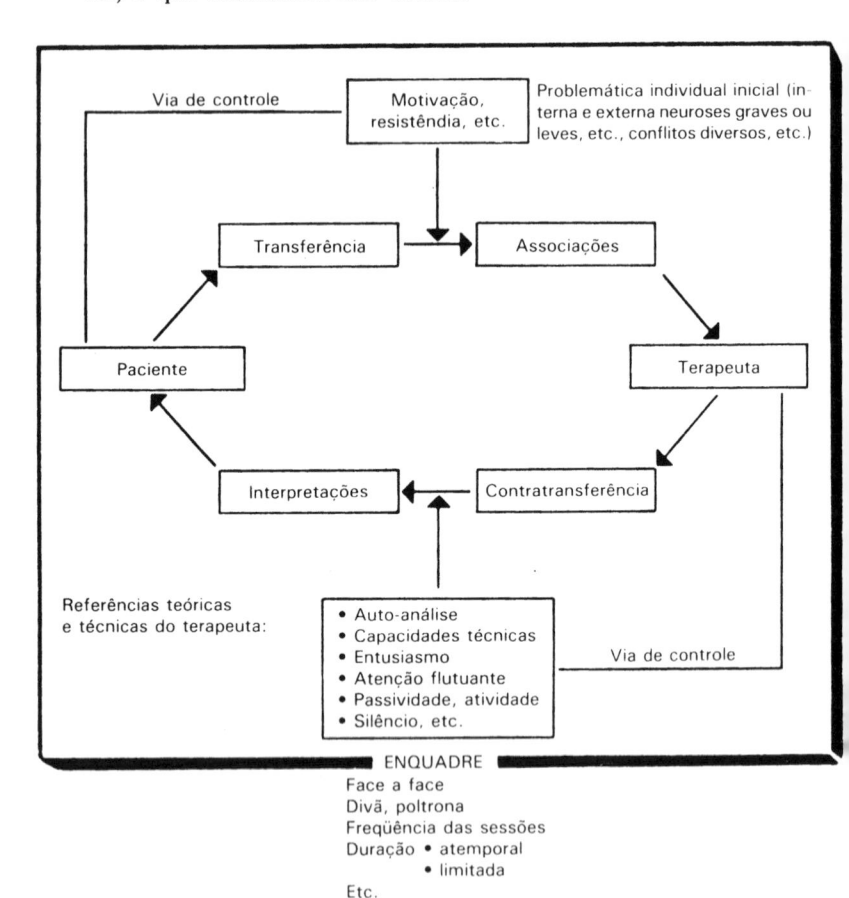

```
                    Via de controle        Motivação,         Problemática individual inicial (in-
                                           resistêndia, etc.   terna e externa neuroses graves ou
                                                               leves, etc., conflitos diversos, etc.)

                         Transferência  →   Associações

            Paciente                                Terapeuta

                         Interpretações ←  Contratransferência

Referências teóricas                • Auto-análise
e técnicas do terapeuta:            • Capacidades técnicas
                                    • Entusiasmo              Via de controle
                                    • Atenção flutuante
                                    • Passividade, atividade
                                    • Silêncio, etc.

                        ▬▬▬ ENQUADRE ▬▬▬
                        Face a face
                        Divã, poltrona
                        Freqüência das sessões
                        Duração  • atemporal
                                 • limitada
                        Etc.
```

Fig. 1 — Interação paciente-terapeuta.

Por essa razão, apenas um estudo que leve em conta a *totalidade paciente-terapeuta* pode trazer alguma luz sobre os fatores terapêuticos, enquanto o enquadre permanecer estável. Os estudos sobre as diferentes formas de psicoterapias breves *de inspiração psicanalítica* são um dos caminhos para isso.

De fato, se apenas estudarmos a questão das "indicações", nunca saberemos o que, na técnica psicanalítica, está agindo como fator de mudança no paciente. Noções tais como necessidades de perlaboração ou gravidade da sintomatologia, por exemplo, seriam então consideradas apenas hipóteses não verificáveis.

Em oposição, um estudo como o de Malan, que relaciona uma produção do paciente, a transferência, com uma resposta do terapeuta, a interpretação, pode abordar os elementos da resposta, pois se vincula aos dois canais de comunicação, embora provoque uma espécie de "curto-circuito" entre a *personalidade* do paciente e a *personalidade* do terapeuta! Nosso estudo visará também verificar a influência do elemento técnico, relacionado com a influência das indicações (boas ou más) sobre a evolução dos tratamentos.

2. Métodos de medida: juízes ou questionários?

Devido às considerações anteriores, quando me foi proposta a coordenação de um grupo de pesquisas sobre o *efeito* das psicoterapias de inspiração psicanalítica, insisti muito para que fossem levados em conta os dois elementos da interação entre paciente e terapeuta. Sendo assim, depois de muitos anos, nosso grupo de estudos procura aprimorar um método que permita avaliar o efeito das *psicoterapias analíticas* atribuindo importância aos *dois elementos* da inter-relação. Fomos ainda mais pressionados pelo fato de a Policlínica Psiquiátrica (de Lausanne) ser um centro universitário, no qual a maioria dos médicos está ainda em formação, e não poderíamos considerá-la uma constante.

Empreendemos este estudo, que se quer *prospectivo*, em

etapas experimentais. Ele nos fez enfrentar *numerosas* dificuldades, entre as quais a mais importante é a que diz respeito aos *instrumentos de medida*. De fato, levando em conta as diretivas estabelecidas, isto é, que nossa pesquisa deveria *modificar o menos possível a abordagem habitual dos pacientes da Policlínica*, tínhamos de distinguir claramente a fase de observação (medir o acontecimento) da fase de interpretação dos resultados (explicação, hipóteses). Não dispomos, no momento, de sonda fixa em psicoterapia, como a que se usa em física. A complexidade dos fenômenos envolvidos obrigou David Malan a utilizar um método de avaliação baseado em juízes experientes, apesar do aspecto evidentemente subjetivo dessas avaliações. Esse método não poderia ser aplicado em nosso caso[1]. Por esse motivo, estudamos a possibilidade de aplicar questionários, a serem preenchidos pelo paciente *e pelo médico* em condições fixas e estáveis, no início do tratamento, no seu fim e depois numa catamnese (em espaços de tempo mais ou menos longos).

Os questionários visam antes de tudo oferecer uma imagem psicopatológica dos doentes e ainda não dispomos de método rigoroso que permita saber com exatidão o que eles refletem. Por esse motivo, numa *primeira etapa experimental*, eles foram usados para uma *pesquisa retrospectiva*, destinada a examinar mais precisamente suas possibilidades e a evidenciar alguns indícios sobre os efeitos das psicoterapias de inspiração psicanalítica praticadas em Lausanne. Para fazê-lo, submetemos os questionários preenchidos pelos pacientes tratados nos últimos anos ao parecer de três juízes (dois independentes da pesquisa e o terceiro eu mesmo), trabalhando às cegas, tendo como instrução a seguinte questão: "O sr. poderia, com o auxílio desses questionários, determinar a presença ou não de melhora no estado psico-

---

[1] Uma entrevista com um juiz experiente pode ser um fator de mudança mais eficiente do que muitas sessões com um médico pouco experiente.

patológico dos pacientes? No caso afirmativo, qual e em que grau?''

Isso oferecia a dupla vantagem de uma primeira avaliação simples das qualidades e defeitos dos questionários e dos efeitos das psicoterapias.

Adiante falaremos dessa enquete; antes disso, cabe determinar os elementos de comparação, as variáveis.

3. O que medir?

Quando se fala de relação paciente-terapeuta, é muito comum atribuir importância primordial às noções de "entusiasmo" do médico ou de "motivação" do paciente. Esta última noção é facilmente considerada como "entusiasmo do paciente para mudar". Ao falar em "experiência emocional corretiva", Franz Alexander provavelmente propiciou o surgimento de certa confusão entre técnica psicoterápica e qualidade afetiva da abordagem do médico. Isso pode colocar em segundo plano o aspecto técnico da psicoterapia. No entanto, quando formamos um terapeuta para trabalhar com psicoterapia breve ou com qualquer forma de psicoterapia de inspiração psicanalítica, estamos ensinando, antes de mais nada, um *método*. Seria bom saber se *esse método influencia o resultado dos tratamentos*.

Nossa pesquisa deve, portanto, verificar este fato. Não apenas saber se, tratando as pessoas de determinada maneira, obtemos *resultados*, mas também saber se são resultados *específicos* ou não do método.

b) Primeiras constatações

De acordo com nosso modo de trabalhar, ir do simples para o complexo, encontrar primeiramente os *indícios*, depois verificá-los e transformá-los eventualmente em certezas, quisemos, em primeiro lugar, efetuar dois controles:

1. Comparar *superficialmente* a evolução das psicoterapias breves com a das psicoterapias psicanalíticas de longa duração.

2. Conhecer a opinião consciente dos médicos que utilizam há algum tempo as duas formas de atendimento, para detectar eventuais sinais de entusiasmo particularmente marcante pelas psicoterapias breves.

1. Comparação da evolução das psicoterapias breves e das P.I.P. de longa duração

Nesta primeira pesquisa, feita em colaboração com as senhoritas C. Merceron e F. Rossel, comparamos as evoluções das P.I.P. de longa duração e das psicoterapias breves. Nossa meta, através da comparação de dois métodos próximos, era colocar em evidência alguns aspectos específicos de ambos, as coordenadas iniciais conhecidas. Estudamos, então, a evolução superficial de um grupo *coerente* de psicoterapias de inspiração psicanalítica realizadas na Policlínica entre 1971 e 1974: este grupo é composto não por todos os pacientes que foram atendidos em psicoterapia na Policlínica Psiquiátrica, mas por todos aqueles cujos casos foram discutidos num grupo chamado "grupo de indicação para a psicoterapia", coordenado por um psicoterapeuta experiente de nosso serviço. Trata-se portanto de um grupo de pacientes cuja indicação para o tratamento foi mais esmiuçada e elaborada.

Assim, para nossa surpresa, tivemos de constatar, como revela o quadro abaixo, que, aproximadamente seis meses após o início do tratamento, 58% dos pacientes para os quais se havia proposto uma psicoterapia psicanalítica de longa duração já tinham interrompido seu tratamento, *contra a opinião do terapeuta*! A nosso ver, isso representa um fracasso. Por outro lado, apenas 25,5% dos pacientes para os quais foi indicada uma psicoterapia breve, segundo a técnica descrita no capítulo "Interpretação e conscientização", interromperam o tratamento. Destes 25%, mais de um quarto simplesmente recusou tratamento, enquanto esta proporção é bem inferior nas psicoterapias psicanalíticas de longa duração. Um exame mais aprofundado permitiu constatar que a totalidade das 38 psicoterapias breves chegaram a seu termo, enquanto muitas P.I.P. de longa duração foram ainda interrompidas no meses seguintes.

Tabela 1 — Psicoterapias analíticas empreendidas entre 1-1-1971 a 31-12-1974.

	Total	6 meses depois do início do tratamento		
		Continuam com o tratamento ou o terminaram(*)	Recusaram o tratamento ou interrupções	Proporções de interrupções
Longa duração ..	107	45	62	58%
Breves	51	38	13	25,5%

(*) Tratamento terminado = fim por acordo mútuo entre paciente e terapeuta.

Não é preciso dizer que não se pode tirar conclusões definitivas destas simples cifras, no entanto bem impressionantes. Porém, muitas questões se colocam, entre as quais caberia ressaltar as seguintes:

1. A psicoterapia de longa duração admite casos "mais graves" que a psicoterapia breve? Quer dizer: o número de fracassos deve-se à *técnica utilizada* ou à *natureza dos problemas tratados*?

2. As psicoterapias breves seriam mais fáceis de manejar, no plano técnico, do que as psicoterapias de longa duração?

3. Existiria, nas psicoterapias breves, algum outro fator que pudesse encorajar os pacientes a continuar seu tratamento até o fim?

Baseados em aprofundado exame dos estudos de caso desses pacientes e nas respostas dadas por eles aos questionários clínicos, pudemos observar que, nesta amostragem, a *seleção* dos doentes pouco influenciou os resultados. Além disso, alguns terapeutas eram claramente mais talentosos que outros. Estes bons terapeutas se destacam nos resultados obtidos; mas é interessante notar que poderíamos detectá-los na própria qualidade das anotações clínicas que eles faziam, na *clareza* de seu raciocínio e em sua possibilidade de se referirem a um *modelo teórico coerente*

(E. Gilliéron e col.: "Evaluation des psychothérapies brèves et de longues durées: comparaison et devenir", *Psychologie médicale* 12, pp. 623-636, 1980).

2. Enquete com os médicos

A enquete realizada com os médicos pela srta. Merceron girava principalmente ao redor das seguintes questões: "Segundo os srs., uma psicoterapia breve é mais fácil de ser conduzida do que uma psicoterapia de longa duração? Segundo os srs., ela é mais *agradável de conduzir*? Qual das duas lhes proporciona mais prazer?" Uma dezena de médicos aceitou responder as questões, em entrevistas semi-estruturadas. É impressionante notar que nenhum deles julga que a psicoterapia breve seja mais fácil de conduzir, bem ao contrário. No entanto, foi mencionado o fato de que a psicoterapia breve é bem tranqüilizadora, na medida em que a determinação de um foco requer reflexão constante sobre o processo. Entretanto, não saberíamos determinar uma *tendência clara para a preferência por uma ou outra dessas formas de tratamento*.

Assim, embora fosse uma enquete superficial, à primeira vista parece que as psicoterapias breves não são consideradas pelos terapeutas como um método de tratamento mais fácil, bem ao contrário.

Do resultado do estudo mencionado acima e da enquete entre os médicos, já se pode deduzir que existe um ou muitos elementos específicos do método breve que podem explicar o prosseguimento do tratamento até seu termo, embora este método não seja especialmente fácil de ser aplicado. Trata-se sobretudo de questionarmos os efeitos das psicoterapias breves relacionando as duas variáveis: *capacidade técnica* (em nível de formação) e *efeitos*. A variável "indicação" pode ser momentaneamente deixada de lado. Ela é o tema da enquete seguinte.

c) Enquete catamnésica sobre os pacientes acompanhados em psicoterapia breve em Lausanne em 1974, 1975 e 1976

Na Policlínica Psiquiátrica Universitária, oferecemos ensino global sobre as psicoterapias analíticas, breves ou longas, e sobre a técnica de interpretação. A psicoterapia breve é a forma de tratamento mais rigorosa, suas coordenadas são as mais precisas. A seguinte enquete tinha como objetivo verificar se nossos ensinamentos haviam frutificado, o que deveria dar uma indicação sobre a validade deste método terapêutico e permitir, eventualmente, evidenciar fatores terapêuticos.

Para fazê-lo, decidi utilizar um dos questionários que desenvolvemos em nossa pesquisa prospectiva. Ele compreende as seguintes questões:

1. Quando começou seu tratamento psicoterápico?
1*b*. Qual a queixa na ocasião?
2. Ele terminou? No caso afirmativo, quando?
2*b*. Após quanto tempo o sr. começou novo tratamento? No caso de ter havido novo tratamento, qual foi? Com quem se realizou?
3. Quais os distúrbios de que o sr. sofre ainda hoje? Nos casos terminados, quais perturbações apareceram após o início do tratamento e que ainda persistem?
4. Entre esses distúrbios, algum o perturba particularmente?
5. Como o sr. se sente em relação a esses eventuais distúrbios?
6. Que conseqüências têm eles para sua vida?
7. Que influência exercem sobre eles suas condições de vida?
8. O sr. tem problemas de saúde física?
9. Em quais áreas o sr. tem confiança em seu próprio valor?
10. O sr. compreende ou ao contrário não compreende (ou não muito bem) o que acontece com o sr., a sua maneira de reagir e de se comportar?
11. Que tipo de dificuldades o sr. tem em suas relações com as pessoas?
12. Como o sr. vê, hoje em dia, as relações que teve com sua mãe durante a infância?
13. Como o sr. vê, hoje em dia, as relações que teve com seu pai durante a infância?
14. Existiu em sua infância uma ou várias pessoas com as quais o sr. tenha tido uma relação importante e particularmente boa?

15. Existe atualmente em sua vida uma ou várias pessoas com as quais o sr. tenha uma relação importante e particularmente boa?
16. O sr. vê alguma relação entre seus distúrbios no início do tratamento e sua vida durante a infância?
17. O tratamento alterou de alguma forma seus distúrbios?
18. A seu ver, houve alguma alteração em seu estado, com respeito ao início do tratamento, que mereça ser salientado?
19. Essas eventuais mudanças corresponderam ao que o sr. esperava do tratamento?
20. O sr. constatou mudanças nas relações que já tinha antes do tratamento? No caso afirmativo, quais?
21. O sr. estabeleceu, após o início do tratamento, relacionamentos com novas pessoas? No caso afirmativo, essas relações são satisfatórias?
22. O sr. aprendeu alguma coisa durante seu tratamento? O quê?
23. O sr. passou a ter novas atitudes durante o tratamento? Quais?
24. O sr. teve recentemente de enfrentar alguma situação que, antes do tratamento, tivesse desencadeado no sr. distúrbios ou reações com as quais o sr. não estivesse satisfeito? No caso afirmativo, o sr. constatou uma diferença em seu modo de reagir? O sr. poderia descrever esta situação e a mudança eventual de sua reação?
25. A seu ver, quais foram os fatores do tratamento que mais contribuíram para as mudanças constatadas?

Para as pessoas que *terminaram* o tratamento:
26. O sr. teve problemas ou dificuldades em relação ao fim do tratamento?
27. No caso afirmativo, esses problemas ou dificuldades ainda persistem?
28. Como o sr. avaliaria, num balanço geral, seu estado atual, em comparação com a época anterior ao tratamento?
29. O sr. passou por algum outro tratamento depois deste, realizado conosco? No caso afirmativo, quando e com quem?

Este questionário inclui, portanto, questões a respeito da sintomatologia, das imagens parentais, das relações interpessoais dos pacientes, de sua compreensão da problemática interior, suas expectativas a respeito dos resultados do tratamento, suas idéias sobre os fatores que pudessem ter desempenhado algum papel para uma eventual melhora, etc. Esse método tem, evidentemente, o inconveniente de não permitir um contato direto com o paciente, privando-nos, pois, de muitas informações interessantes. Mas tem a vantagem de dar estímulo constante ao paciente e de lhe permitir, assim, uma comparação adequada. O objetivo desta enquete catamnésica não era obter resultados válidos no plano estatístico, mas simplesmente fornecer índices sobre a evolução dos pacientes, suas opiniões, seus sentimentos de ter ou não feito progressos.

Quarenta questionários foram enviados. 34 voltaram, entre os quais dois que tiveram de ser eliminados pois, ao serem analisados, constatou-se que não eram casos de psicoterapia breve mas sim de psicoterapia de longa duração. Nosso trabalho não tinha a pretensão de apontar mudança estrutural profunda, mas sim o desejo de determinar, segundo indícios fornecidos pelos pacientes, a presença de uma eventual evolução, seu sentido, a influência dos fatores iniciais. Optei, portanto, por um método de apreciação das respostas ao questionário por três juízes independentes, consciente de todas as imperfeições que este método envolve. Eu próprio funcionei como primeiro juiz, embora conhecesse alguns dos pacientes tratados; os dois outros juízes, F. Gilliéron-Milla e C. Merceron, não dispunham de qualquer informação sobre os tratamentos em curso ou terminados. Nenhum dos dois juízes sabia o nome dos médicos responsáveis pelos casos. Todos os três juízes, é claro, trabalharam às cegas, sem conhecer a opinião dos outros antes do término da enquete.

A instrução dada aos juízes era considerar o questionário como um estímulo global e encontrar os *"indícios de melhora no plano somato-psíquico, relacional, e no insight"*. A escala de avaliação proposta era a seguinte:

0 = agravamento
1 = sem mudança
2 = ligeira melhora
3 = melhora média
4 = boa melhora
5 = cura

Os juízes deveriam dar três notas: uma associada à melhora eventual dos sintomas somáticos e psíquicos, outra aos sintomas relacionais e, finalmente, uma terceira, associada à melhora eventual do insight[2].

Praticamente, fizemos dois estudos de correlação entre os diversos pareceres. O histograma do escore e a tabela do parecer médio encontram-se na tabela 2; as correlações interjuízes, segundo dois métodos diferentes, acham-se nas tabelas 3A e 3B.

Não querendo insistir no valor, que sabemos ser muito relativo, das cifras citadas acima, podemos dizer que existe coerência entre os diferentes julgamentos. Este resultado nos surpreendeu pela marcante concordância dos pareceres e ficamos impressionados com a imagem proveniente dos questionários, os quais, parece, a despeito de algumas questões serem vagamente formuladas, permitem que se tenha uma boa idéia sobre o estado atual dos pacientes e sobre as mudanças neles ocorridas. A convergência de opiniões é ainda mais impressionante dado que as instruções iniciais foram muito vagas.

Além disso, convém assinalar que os juízes só dispunham dos questionários. Não dispunham de qualquer informação sobre o "estado inicial" dos pacientes, dado que não conheciam os médicos que os atendiam e não tinham acesso a seus prontuários. Só depois examinei os prontuários e interroguei os médicos responsáveis pelos casos sobre a sintomatologia apresentada por seus pacientes, no começo do tratamento. Constatou-se, assim, que

---

2. Para simplificar, chamamos às vezes de "somato-psíquicos" o conjunto de sintomas psíquicos (fobias, obsessões, etc.) e físicos (cefaléias, astenia, précordialgias, etc.). Esse termo não tem qualquer semelhança com a psico-somática estritamente definida.

Tabela 2A — Avaliação das psicoterapias breves.

Histogramas de escores dados pelos três juízes.

Sintomatologia

	Juízes I	Juízes II	Juízes III
0	—	—	—
1	4	6	3
2	8	12	13
3	12	6	11
4	6	8	4
5	3	1	2

Relações

	Juízes I	Juízes II	Juízes III
0	—	—	—
1	5	6	5
2	9	10	4
3	10	10	16
4	4	7	7
5	5	—	1

Insight

	Juízes I	Juízes II	Juízes III
0	2	—	—
1	3	6	5
2	5	7	10
3	13	12	16
4	9	8	2
5	1	—	—

Total

	Juízes I	Juízes II	Juízes III	
0	2	—	—	2
1	12	18	13	43
2	22	29	27	78
3	35	28	43	106
4	19	23	13	55
5	9	1	3	13

(cf. também gráfico)

Nota:

Qual o significado destes histogramas?

A nosso ver, eles refletem especificamente cada juiz:

Assim, o juiz I utiliza mais amplamente o leque dos diferentes escores possíveis, e tende a dar notas um pouco melhores que os outros dois juízes: 36 notas abaixo de 3 contra 47 e 40 respectivamente; 28 notas acima de 3 contra 28 e 35. O juiz III parece o menos ambivalente: 43 notas 3 contra 28 e 35; parece haver necessidade de índices mais claros para podermos opinar a respeito dos extremos!

Tabela 2B — Avaliação das psicoterapias breves.

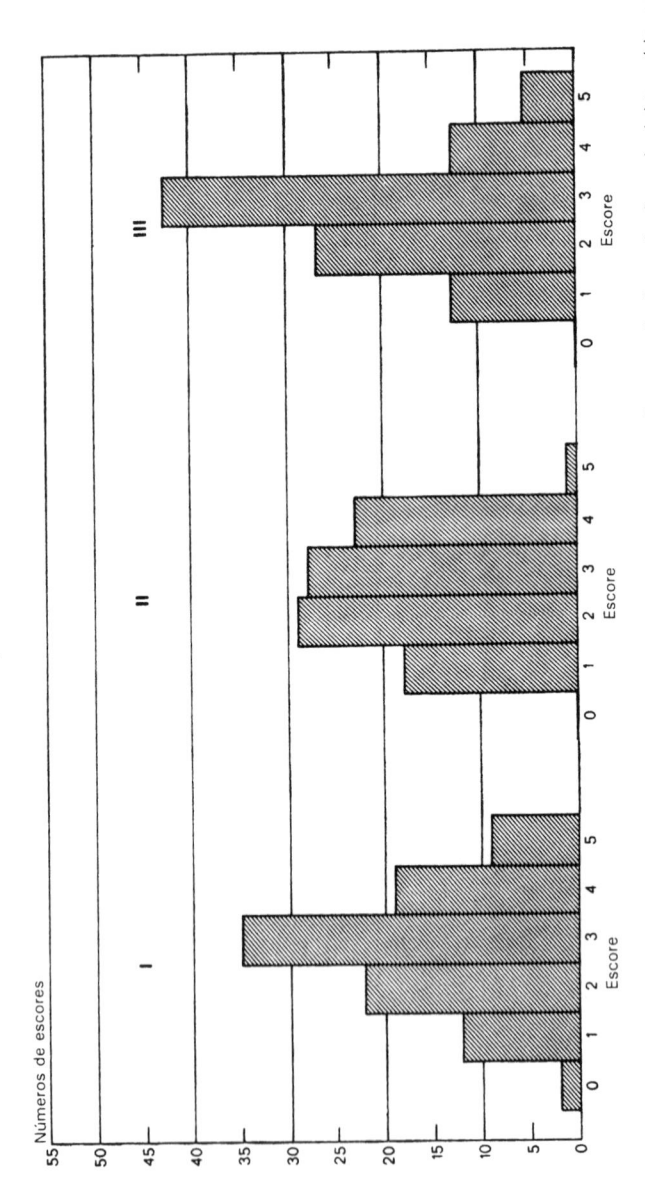

Histograma dos escores dados pelos três juízes (apenas o total dos escores — sintomatologia + relações + insight — é levado em consideração aqui).

Tabela 2C — Avaliação das psicoterapias breves.

Tabela de julgamentos médias.

Juízes	I	II	III
Média	2,87	2,57	2,66
Desvio padrão	1,13	1,13	1,00

Sintomatologia

Juízes	I	II	III
Média	2,84	2,54	2,84
Desvio padrão	1,26	1,01	1,02

Relações

Juízes	I	II	III
Média	2,81	2,66	2,45
Desvio padrão	1,20	1,03	0,82

Insight

O desvio padrão dá uma idéia da dispersão dos escores ao redor da média. Quanto maior ele for, maior será esta dispersão, quer dizer, foi utilizado um leque mais amplo de escores disponíveis.

Tabela 3A — Avaliação das psicoterapias breves.

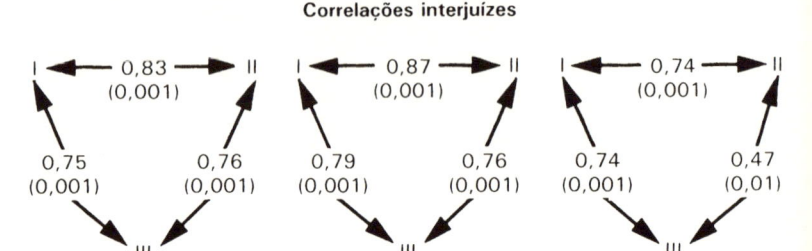

Correlações interjuízes

```
I ←── 0,83 ──→ II     I ←── 0,87 ──→ II     I ←── 0,74 ──→ II
      (0,001)              (0,001)                (0,001)

 0,75    0,76         0,79    0,76         0,74    0,47
(0,001) (0,001)      (0,001) (0,001)      (0,001) (0,01)
       ↓                    ↓                    ↓
       III                  III                  III
  Sintomatologia         Relações              Insight
```

Observação sobre a "significância":
0,001 quer dizer: este resultado pode ser meramente casual 1 vez em 1000.
0.01 quer dizer: este resultado pode ser meramente casual 1 vez em 100.
(Número de casos: 33.)

Tabela 3B — Avaliação das psicoterapias breves.

Correlações entre os julgamentos de cada juiz (I, II, III) e os julgamentos globais dos três juízes somados ( ).

I	0,94 (0,001)	0,96 (0,001)	0,94 (0,001)
II	0,94 (0,001)	0,94 (0,001)	0,87 (0,001)
III	0,90 (0,001)	0,89 (0,001)	0,78 (0,001)
	Sintomatologia	Relações	Insight

Observação sobre a "significância":
0,001 quer dizer: este resultado pode ser meramente casual 1 vez em 1000.

os pareceres emitidos com base unicamente nos questionários éram bastante severos. De fato, parece que, se os juízes estivessem a par dos sintomas apresentados pelos pacientes no início de seus tratamentos, suas opiniões teriam sido mais generosas. Podemos perceber, aqui, que a demanda dos pacientes em relação a seus médicos aumenta à medida que existe algum progresso; quando ocorre alguma alteração, aumenta a esperança do paciente no tratamento. Isto foi expresso com muita espontaneidade por vários pacientes.

Além disso, ficou claro que os juízes nunca se contentaram com melhoras sintomáticas simples. Para considerar que um paciente fez algum progresso, elas exigiram algo mais, uma espécie de bem-estar interior, expresso pelo doente, e indícios que demonstrassem maior possibilidade de enfrentar as dificuldades da vida, quer dizer, um *Ego mais forte*. Assim, por exemplo, o resultado do tratamento de uma obesa, que havia procurado o tratamento por causa de sua obesidade, foi unanimemente julgado sem mudança, embora a paciente tivesse emagrecido doze quilos durante o tratamento!

(Ver exemplos 1 e 2.)

Exemplo n.º 1

Paciente de 33 anos, tratada durante um ano, aproximadamente em 45 sessões.

a) *Respostas ao questionário*:
Estado atual: não apresenta qualquer distúrbio, nem físico nem psicológico.

Mudança eventual em comparação a seu estado inicial:
A paciente assinala que o tratamento não teve qualquer participação nas mudanças ocorridas com ela: emagreceu quinze quilos; houve melhora significativa em suas relações afetivas com os homens, melhora em seu modo de lidar com a agressividade. Atribui esses progressos não à psicoterapia, mas às duas sessões de grupo, informais, das quais participou imediatamente depois do fim de sua psicoterapia e onde encontrou "amor, compreensão e calor humano"! Esclarece que essas foram as primeiras satisfações que ela encontrou.

b) *Notas dos três juízes*: sintomas psicológicos e somáticos:
sintomas relacionais:
1-1-1
1-1-1
Total 6 = sem mudança = MR[3].

c) *Anotações extraídas do prontuário médico*:
Procura atendimento, a conselho de um amigo de família, com quem teve longas discussões "psicoterapêuticas".

Antecedentes:
Terceira de seis filhos, produto de um ambiente muito convencional do qual o pai, em geral frio e sério, está freqüentemente ausente; mãe versátil, dominadora, sem contato. Formação como professora de jardim-de-infância.

Observação clínica:
Obesa, ansiosa, teatral e sedutora.

Queixas:
Dificuldades de relacionamento com os homens de quem ela procura ser dependente; perde toda sua autonomia, depois provoca a ruptura do relacionamento e fica deprimida. Não consegue expressar agressividade.
Às vezes é provocante para evitar apego.

Tratamento:
Psicoterapia breve focalizada na seguinte hipótese:
A paciente tem a tendência de procurar, nos homens, o amor que ela sente não ter recebido de sua mãe; se encontra o amor procurado, decepciona-se, porque não consegue estabelecer uma relação homem-mulher, onde o prazer esteja presente e onde possa sentir-se bem em sua identidade feminina.

---

[3]. Nota: MR = muito ruim; R = ruim; B = bom; MB = muito bom. Ver adiante os critérios de avaliação.

d) *Comentário*:
Hipótese dinâmica muito bem formulada. No entanto, o estudo das anotações das sessões parece mostrar que o terapeuta formulou interpretações aparentemente adequadas mas um pouco "frias", e que ele não suportou muito bem as necessidades de dependência de sua paciente. De qualquer maneira, suas interpretações foram mais comentários que sinais de compreensão de uma necessidade.

A respeito do resultado:

As "atuações" da paciente, após o final do tratamento, confirmaram, de maneira muito evidente, a hipótese inicial e levaram a uma cura sintomática que persiste há quase dois anos. Parece que, embora o tratamento tenha preparado o terreno para isso, e não tenha sido portanto totalmente ineficaz, a paciente resolveu seus problemas pela ação, e não através de uma interiorização ligada ao processo do tratamento. Neste sentido podemos entender as cotações negativas dos três juízes.

Exemplo n.º 2

Mulher quarentona.

a) Observações extraídas do questionário:

1. *Estado atual*: não apresenta dificuldades, nem no plano físico nem no plano afetivo e relacional.

2. *Mudanças eventuais ocorridas após o início do tratamento*: muito mais segura de si, mais ativa, permite-se prazeres que não se permitia antes; conseguiu enfrentar sua ansiedade ante situações difíceis, especialmente com seu marido, sem apresentar os mesmos distúrbios de outrora. Perdeu o medo do futuro. Impressão de ser muito mais sólida, graças à compreensão adquirida na psicoterapia. Pôde estabelecer novas relações sociais. Distanciou-se de sua mãe e se sente mais feliz com o marido.

Sintomas:	somato-psíquicos	relacionais	
Notas dos juízes:	5-4-4	5-4-4	MB

b) *Observações extraídas do prontuário*:
Encaminhada pelo médico de família, procurado devido a sintomas de "dores no coração", estado geral de enfraquecimento e diversas manifestações de ansiedade.

Antecedentes:
Produto de um ambiente de desunião, mãe insatisfeita, invasiva, pai pouco presente, devido ao ambiente conflituoso, cálido quando presente. Divórcio dos pais.

Escolaridade brilhante até o início da universidade, depois há uma interrupção brusca.

Torna-se braço direito do primeiro marido, alcoólatra, a quem acaba abandonando. Depois, não consegue estabelecer vínculos sentimentais durante muitos anos, traumatizada por seu fracasso. Comportamento muito "típico de abandono" até seu segundo casamento, quinze anos depois, com um homem muito autoritário e exigente, ao qual ela tem a tendência de se submeter sem exigir nada para si, de modo bem dependente.

Personalidade bastante rígida, inteligente, extremamente ansiosa, à beira de um estado depressivo, apresentando diferentes manifestações de ansiedade e fóbicas; boa capacidade de introspecção.

Tratamento:
Psicoterapia breve, limitada a três meses; hipótese:
Não se pode permitir prazeres reais, em sua relação com os homens, devido à sua culpa em face da imago materna, que vê como pessoa "abandonada" por seu "homem".

c) *Comentários*:
O tratamento evoluiu num ritmo "contínuo", com importantes movimentos transferenciais, claramente evidenciados nas anotações das sessões, as interpretações ligando muito bem os movimentos afetivos uns aos outros. As respostas da paciente mostram boa compreensão do que estava ocorrendo. Abordou-se um grande número de questões durante as poucas sessões, mas todas

elas muito relacionadas entre si. As notas dos juízes parecem justificadas.

d) Resultados

O resumo dos diferentes resultados e dados está indicado numa tabela sinóptica (tabela 4). Não relatei todas as descrições de casos, pois isso alongaria os comentários em demasia. Razão adicional está em que não dispomos, no momento, da apreciação dos questionários. No entanto, anotei os diagnósticos propostos pelos diferentes médicos, conservando sua formulação original, encontrada nos prontuários dos doentes. De qualquer modo, antes de conhecerem os resultados, os médicos foram classificados em dois grupos, segundo critérios previamente estabelecidos: *médicos experientes* e *médicos inexperientes*. Na categoria de médicos experientes entravam os que possuíam formação psicanalítica profunda e pelo menos um ano e meio de formação em psicoterapia analítica na própria Policlínica Psiquiátrica. Além disso, a duração do tratamento, da catamnese após a última sessão, está indicada: ver tabela 4.

A tabela 4 mostra, portanto, o conjunto dos julgamentos feitos pelos juízes I, II e III. Ao apreciar novamente os diferentes questionários, depois dos julgamentos terem sido completados, pude constatar que a instrução de considerar o questionário como um estímulo global tinha sido respeitada e que o julgamento se referia à totalidade das questões, embora fosse tentador ater-se somente às questões 17 a 25, que se referem especificamente ao problema da mudança. Deste modo, muitos pacientes que responderam, na questão 17, que o tratamento havia feito com que eles melhorassem, foram considerados como sem mudança, levando-se em conta as outras respostas. Não há, no entanto, quem tenha respondido negativamente às questões 17, 20, 21, e que tivesse sido considerado como caso de melhora. Assim, parece que o peso das questões sobre a mudança teve um sentido negativo, quando as respostas eram negativas, mas dificilmente adquiriram um sentido positivo, quando as respostas a essas ques-

Tabela 4 — Tabela sinóptica dos diferentes dados

Paciente	Diagnóstico	Duração	Catamnese	Sintomas Psicossomáticos				Sintomas Relacionais				Compreensão				Médico
				I	II	III	T.	I	II	III	T.	I	II	III	T.	
1	Obesidade decorrente de evolução neurótica histerofóbica	12 meses	18 meses	2	2	1	5	2	2	1	5	3	3	1	7	inex.
2	Caráter obsessivo	7 meses numerosas interrupções (3 meses efetivamente)	6 meses	2	2	2	6	2	2	2	6	3	3	3	9	ex.
3	Estrutura histérico-fóbica com traços obsessivos	7 meses	16 meses	5	5	5	15	5	4	4	13	4	4	2	10	ex.
4	Conflito conjugal num caráter neurótico com tendências homossexuais	10 meses	1 mês e 1/2	3	2	2	7	3	3	3	9	4	4	3	11	ex.
6	Neurose fóbica	6 meses	1 mês	5	4	3	12	5	4	4	13	4	4	3	11	ex.
7	Distúrbios da adolescência com uma evolução em direção a uma neurose de caráter, obesidade.	4 meses	8 meses	4	4	4	12	5	4	4	13	4	4	2	10	ex
8	Neurose de caráter. Conflito conjugal.	6 meses	12 meses	4	3	3	11	4	2	3	9	4	4	2	10	ex.
9	Evolução neurótica de tipo principalmente fóbico	10 meses	18 meses	3	2	2	7	3	3	3	9	4	3	3	10	ex.

T.: total; ex.: experiente; inex.: inexperiente.

| Paciente | Diagnóstico | Duração | Catamnese | Sintomas ||||||||||| Compreensão |||| Médico |
| | | | | Psicossomáticos |||| Relacionais |||| I | II | III | T. | |
				I	II	III	T.	I	II	III	T.					
10	Conflito conjugal numa estrutura histérico-fóbico	2 meses	8 meses	5	4	4	13	5	4	4	13	3	3	2	8	ex.
11	Neurose de caráter	12 meses	12 meses	3	3	3	9	3	2	3	8	3	3	3	9	inex.
12	Estado depressivo reativo a um conflito conjugal num caráter histérico	12 meses	2 meses	4	3	3	10	4	4	3	11	4	4	3	11	ex.
13	Evolução neurótica mista	10 meses	1 mês	3	2	3	8	4	3	3	10	3	2	3	8	ex.
14	Descompensação ansiosa reativa as dificuldades sentimentais em paciente com inibições neuróticas	3 mes. 1/2	2 meses	4	4	5	13	5	4	5	14	2	3	3	8	ex.
15	Estado depressivo-ansioso reativo a um conflito profissional no âmbito de uma evolução neurótica com traços predominantemente fóbicos	12 meses	36 meses	3	2	2	7	3	2	3	8	2	2	2	6	inex.
16	Estado depressivo-ansioso num paciente histérico-fóbico	12 meses	36 meses	3	2	3	8	3	3	3	9	5	3	4	12	inex.

T.: total; ex.: experiente; inex.: inexperiente.

Paciente	Diagnóstico	Duração	Catamnese	Sintomas									Compreensão				Médico
				Psicossomáticos			Relacionais				-	--	=	T.	
				I	II	T.	I	II	III	T.					
18	Estrutura pré-genital com uma demanda oral. Problemática de abandono. Traços neuróticos de tipo histérico-obsessivos. Obesidade. Conflito sentimental, distúrbios do sono, impotência. Distúrbios digestivos, úlcera, obstipação.	8 meses	3 meses	2	1	3	6	2	2	3	7	3	3	3	9	ex.
19	Reação ansiosa numa personalidade de estrutura dependente e fóbica + histérica	7 meses	1 mês	3	1	2	6	1	1	2	4	3	2	3	8	inex.
20	Evolução neurótica, depressão mista reativa e neurótica	7 meses	36 meses	4	3	3	10	2	2	3	7	2	2	3	7	inex.
21	Organização neurótica fóbico-obsessiva	8 sessões	3 meses	2	2	2	6	2	2	3	7	1	2	2	5	inex.
22	Organização neurótica histérico-fóbica	12 meses	18 meses	1	1	2	4	1	1	2	4	3	1	2	6	inex.
23	Depressão numa organização neurótica fóbico-obsessiva. Alcoolismo secundário	11 meses	3 meses	3	4	3	10	3	3	4	10	3	3	3	9	inex.

T.: total; ex.: experiente; inex.: inexperiente.

Paciente	Diagnóstico	Duração	Catamnese	Sintomas Psicossomáticos I	II	III	T.	Sintomas Reacionais I	II	III	T.	Compreensão I	II	III	T.	Médico
24	Organização neurótica fóbica	6 meses	12 meses	2	3	3	8	2	3	3	8	3	3	3	9	inex.
25	Neurose histérica	3 meses	6 meses	1	1	1	3	1	1	1	3	2	1	2	5	inex.
26	Neurose histérica	3 meses	7 meses	1	1	2	4	2	1	3	6	2	1	1	4	inex.
27	Organização neurótica histérico-fóbica	6 meses	6 meses	3	3	4	10	3	3	4	10	3	3	3	9	inex.
28	Distúrbios narcísicos da personalidade	6 meses	12 meses	2	2	2	6	1	1	1	3	1	1	1	3	inex.
29	Descompensação ansiosa num conflito conjugal dentro de uma estrutura de angústia	4 meses	6 meses	4	4	4	12	4	4	4	12	4	4	3	11	ex.
30	Neurose histérico-fóbica	1 ano	1 mês	3	4	2	9	3	3	3	9	3	4	3	10	inex.
31	Evolução neurótica numa adolescente com traços de abandono	6 meses	6 meses	3	3	3	9	3	2	3	8	4	2	4	10	inex.
32	Evolução neurótica de tipo fóbico-obsessivo	12 meses	14 meses	3	2	2	7	3	3	2	8	3	3	2	8	inex.
33	Evolução neurótica numa personalidade de estrutura histérica	6 meses	18 meses	1	1	1	3	1	1	1	3	0	1	1	2	inex.
34	Depressão mista reativa à uma ruptura sentimental e neurótica numa dolescente com traços de neurose de fracasso	7 semanas	26 meses	2	2	2	6	2	2	1	5	1	1	1	3	inex.

T.: total; ex.: experiente; inex.: inexperiente.

tões eram positivas, embora as outras respostas deixassem sempre alguma dúvida sobre as mudanças alegadas pelos pacientes! A respeito da avaliação dos resultados: após uma reflexão, desisti de estabelecer uma média dos julgamentos feitos pelos três juízes e apresentei apenas as notas. Além disso, em vista dos resultados, seria justificado fazer a distinção entre sintomas somatopsíquicos e sintomas relacionais?

À primeira vista pareceria que não, e o cálculo das correlações, duas a duas, entre os diferentes tipos de melhora, parece confirmar esta hipótese. (Ver tabela 5.)

Tabela 5

Avaliação das psicoterapias breves.
Correlação, duas a duas, entre os diferentes tipos de melhora, julgados globalmente pelos três juízes:

SINTOMAS — RELAÇÕES: (0,001)
SINTOMAS — INSIGHT : (0,001)
RELAÇÕES — INSIGHT : (0,001)

Observação sobre a "significância":
0,001 quer dizer: este resultado pode produzir-se, por mera casualidade, 1 vez em 100.

Decidi, portanto, levar em conta o conjunto das notas dos sintomas psicossomáticos e dos sintomas relacionais, para a avaliação de uma eventual melhora. O problema da compreensão foi tratado à parte. Parece interessante ressaltar, primeiramente, que a compreensão e a melhora sintomática nem sempre aparecem lado a lado. Assim, o caso 1, por exemplo, é considerado como de baixa melhora, no plano sintomático, mas dois juízes consideram que o insight teve boa melhora. O caso 10, ao contrário, obtém excelentes resultados no plano da melhora sintomática, porém não tão bons do ponto de vista do insight. Deve-se observar que os juízes parecem ter sido bem severos quanto à avaliação da compreensão de si mesmo, e que sua formação psicanalítica os levou a dar notas baixas, quer quando não houvesse indícios claros de um bom insight, quer quando detectavam a presença de indícios de intelectualização. Essa ausência de correlação muito evidente entre melhora sintomática e compreensão de si parece indicar que, apesar da natureza psicanalítica dos tratamentos propostos, o insight não é um fator terapêutico suficiente. Retomaremos a questão dos fatores terapêuticos mais adiante.

Vejamos agora as questões às quais eu gostaria de responder. Ei-las:

a) Em geral, os pacientes mudaram, sentem-se melhor?

b) Depois de passado tempo razoável é possível constatar alguma melhora nos pacientes que terminaram seu tratamento?

A respeito dos fatores terapêuticos:

c) A experiência do terapeuta desempenha algum papel na qualidade dos resultados?

d) A duração do tratamento influencia, de algum modo, sua evolução?

e) Quais os fatores terapêuticos evocados pelos pacientes?

f) Os pacientes, como um todo, tiveram alguma mudança?

Levando em conta o número pequeno de pacientes, só poderíamos falar aqui de *indícios* de mudança. Calculando a média das notas dadas sobre a melhora *psicossomática e relacional*, obtemos a cifra de 17,1. Este número corresponde à qualificação "B" da cotação adotada em nossas avaliações gerais (ver acima).

Poderíamos, portanto, dizer que, no conjunto, o resultado das psicoterapias é bastante bom. No entanto, para uma visão um pouco menos precisa, mais simplificada, distribui os pacientes em quatro grupos, de acordo com os resultados: *muito ruim, ruim, bom, muito bom*. Ver tabela 6.

Segundo os critérios utilizados, para que um resultado fosse julgado *bom* era preciso que a nota 3 fosse dada pelo menos quatro vezes e a nota 2 no máximo duas vezes; para que fosse classificado como *muito bom*, era preciso que a nota 4 fosse dada pelo menos quatro vezes e a nota 3 no máximo duas vezes.

Tabela 6

Total dos pontos Sintomas psicossomáticos + relacionais	Avaliações gerais
0 — 8	MR = Muito ruim
9 — 15	R = Ruim
16 — 23	B = Bom
24 — 30	MB = Muito bom

Resultados globais

De acordo com estes critérios, examinando-se o conjunto dos 32 resultados, dezenove poderiam ser considerados como *bons*, quer dizer que dezenove dos 32 pacientes apresentaram melhora visível aos olhos dos juízes; entre eles, oito apresentaram resultados *muito bons*. Os outros treze são resultados *ruins*, dos quais dois são *muito ruins*. Grosso modo, pareceria que dois terços dos pacientes melhoraram.

1. *Os pacientes mudaram?*

Pode-se admitir que a hipótese de que, se a melhora "se mantém", a modificação obtida pelo tratamento foi "profunda".

2. Tabela 7 — Distribuição dos resultados segundo o momento da catamnese.

Catamnese	Resultado	
1 — 5 meses	7 B ou MB	3 R ou MR
6 — 11 meses	5 B ou MB	3 R ou MR
12 — 23 meses	2 B ou MB	5 R ou MR
24 e mais meses	2 B ou MB	2 R ou MR

Como se pode ver, a catamnese mais breve foi um mês e meio, aproximadamente, e a mais longa de quase três anos. Embora as cifras sejam modestas, notamos, assim mesmo, uma proporção melhor de bons resultados nas catamneses curtas do que nas longas. Caberia supor que as melhoras obtidas diminuem com o tempo. No entanto, estudando com cuidado os prontuários médicos, e analisando o conteúdo das respostas formuladas por alguns pacientes, percebi que, quando se obteve um bom resultado no fim do tratamento, ou um pouco depois de seu encerramento, havia a tendência de esta melhora consolidar-se com o tempo, confirmando, assim, a opinião comum que diz que só se pode julgar o resultado de uma psicanálise ortodoxa muitos meses depois de seu final, quer dizer, quando o luto pôde ser resolvido.

Perguntei-me também acerca do porquê dessa distribuição. Constatei duas coisas: a primeira é que dois questionários, que me chegaram às mãos depois do encerramento da enquete, davam respostas que seriam classificadas como "bons casos". Eram catamneses de dezoito meses, em ambos os casos. Além disso, alguns pacientes que haviam terminado recentemente o tratamento, apesar de suas promessas, não enviaram o questionário, mesmo depois de reiteração do pedido. Eram quatro casos. Do ponto de vista dos terapeutas, esses quatro tratamentos eram marcados, se não por fracasso, por progressos muito modestos. Casualmente, tive notícias de dois desses pacientes que não responderam ao questionário. Um deles, um homem, voltou a nos consultar, um ano depois, por causa de uma recaída de ansiedade muito forte, e afirmou que seu primeiro tratamento não o havia ajudado muito e que sua relação com o terapeuta era ruim. O segundo, uma mulher, terminou sua psicoterapia em clima conflitivo com sua psicoterapeuta, apesar de uma relação anterior bastante boa. Tratava-se de um fracasso no fim do tratamento. Assim, esses dois casos confirmam a impressão dos próprios terapeutas: o resultado era realmente medíocre. Pode-se portanto pensar, sem risco de muito engano, que os pacientes que obtiveram um bom resultado têm tendência de responder o questionário logo após o fim do tratamento, enquanto a reserva é muito maior naqueles pacientes cujos tratamentos terminaram em fracasso. Com o passar do tempo, os que não responderam se dividem, aparente e eqüitativamente, entre os bons e os maus resultados. O fato de haver ou não resposta ao questionário parece ligado a algum outro fator, e não ao da qualidade do resultado. Esta é, entretanto, uma hipótese que teremos de verificar em nossas pesquisas posteriores (ver Exemplo 3)[4].

A respeito dos *fatores terapêuticos*:

3. A experiência do terapeuta tem alguma influência?

Nove terapeutas atenderam 32 pacientes. O grau de formação deles era bem diversificado. Foram divididos em dois grupos distintos, antes de serem conhecidos os resultados: terapeutas experientes e terapeutas inexperientes, segundo os critérios bem específicos já mencionados. Depois, retomei todos esses dados, comparando os resultados dos terapeutas experientes com os dos inexperientes. Vinte pacientes foram atendidos por terapeutas inexperientes, doze por terapeutas experientes. Se considerarmos os resultados, aparecerá uma grande diferença entre os dois grupos:

Assim, entre os doze pacientes tratados pelos terapeutas experientes, dez obtiveram bons resultados, entre os quais oito obtiveram muito bons resultados; enquanto nos vinte pacientes dos terapeutas inexperientes, apenas nove resultados podem ser considerados bons, onze são ruins, dos quais dois são resultados muito ruins. Calculei também a média dos escores dos dois grupos. Ver tabelas 8A e 8B.

Exemplo n.º 3

Rapaz de 26 anos procurou o serviço por causa de manifestações fóbico-obsessivas (medo de espaços restritos, de multidão; compulsão a se lavar, etc.) e estado de ansiedade generalizada.

---

4. Após a redação deste capítulo, refizemos uma enquete com sete pacientes cujos resultados foram avaliados como bons ou muito bons, catorze meses depois de terem recebido o primeiro questionário: cinco questionários já nos foram devolvidos; entre estes, quatro permanecem estáveis e parecem até ter evoluído em direção a um aprofundamento do insight e uma consolidação da melhora anterior. Um demonstrava uma leve recaída, embora seja preciso assinalar que seu estado no momento não pode nem se comparar com o anterior à psicoterapia; em números, este resultado teria passado de muito bom para bom! Assim, depois de aproximadamente dois anos, os resultados parecem se "manter".

Trabalhou três anos no exterior, em uma empresa internacional. Acaba de assumir posto importante em seu país. Sente-se oprimido, questiona toda sua vida, gostaria de ir embora novamente, mas, face a esta idéia, tem sentimento de culpa para com sua família. Acha que está no trabalho errado. Além disso, logo terá de se casar com mulher escolhida por sua família, mas que, segundo ele, não o atrai. Viveu uma longa relação com mulher muito atraente, que sua família não aprovava!

Antecedentes:

Produto de um ambiente burguês superprotetor, onde as crianças, o paciente particularmente, estão em primeiro lugar. Contato afetivo muito caloroso em família, mas muito pouco estimulante no que diz respeito às iniciativas das crianças. Ligação muito forte do paciente com seu pai, um homem muito suave, dedicado a todos, mas afirmando-se bem pouco, preferindo sacrificar-se a ter de iniciar um conflito.

O paciente teve escolaridade brilhante, mas enfrentou alguns problemas na adolescência, quando se retraiu, atribuindo importância primordial aos estudos. Enquanto isso, cultivava idéia de viajar, também reprimida por intensos sentimentos de culpa. Conseguiu, assim mesmo, manter uma relação com moça de sua idade, moça "bem pra frente"! Rompeu com ela por causa da culpa que sentia em relação à família. Ao terminar os estudos, partiu para o exterior, como havia dito antes, mas o lugar que deixa em seu país já está pronto para recebê-lo de volta.

Observação:

Rapaz muito inteligente, exprime-se numa linguagem polida; manifestamente ansioso, mas de comportamento especialmente submisso. Deseja muito mudar, segundo ele mesmo, mas teme as reações de sua família. Reconhece que a idéia do casamento o amedronta, mas não sabe se opor à opinião geral.

Tratamento previsto:

Psicoterapia breve centrada na culpa ligada a todo movimento de emancipação, assimilada a uma agressão ao pai — "Se me afirmar, faço meu pai sofrer".

Evolução:
A psicoterapia evolui em condições bastante boas, o paciente vai tomando consciência de muitos movimentos agressivos, afirmando-se claramente de modo melhor, particularmente em suas atividades profissionais. Adia também seu casamento. Todavia, no momento em que aparecem seus receios em relação a seus desejos heterossexuais e algumas lembranças da infância, de seus contatos com a mãe, notamos movimentos evidentes de resistência. Tem de partir repentinamente para o exterior, interrompendo o tratamento; além disso, na volta, diz que, com a ajuda de seus pais, comprou um terreno e começou a construir uma casa.

Depois disso, as últimas sessões acontecem num clima de relativa calma, mas aparentemente o diálogo dinâmico acabou.

O questionário de fim de tratamento lhe foi enviado dois meses mais tarde, mas ele não o respondeu. Cinco meses depois, no entanto, ele telefona para marcar uma entrevista de balanço e aceita agora preencher o questionário.

Cotação dos juízes: 2 - 2 - 2 / 2 - 2 - 2.

Por outro lado, a respeito do quesito compreensão, os juízes lhe atribuíram as seguintes notas: 3 - 3 - 3! Isto implica que o paciente parece ter compreendido alguma coisa no início de sua psicoterapia, porém não pôde tirar partido disso, o que fica evidente no questionário. É impressionante ver que, depois dessa entrevista de balanço, o paciente começa a pensar sobre a possibilidade de empreender uma psicanálise!

Assim, fica evidente que a recusa de preencher o questionário estava ligada certamente a um fracasso parcial da psicoterapia; o paciente só aceitaria respondê-lo antes da entrevista que ele próprio tinha pedido para fazer uma avaliação, na qual ele pensou sobre a retomada de tratamento.

Tabela 8A — Sintomas psíquicos e relacionais.

Média de escores totais

Experientes: 20,7   Inexperientes: 12,13
  12 casos   20 casos

Média de escores casos bons

Experientes: 22,8   Inexperientes: 17,8
  10 casos   9 casos

Tabela 8B — Compreensão.

Média de escores totais

Experientes: 9,0   Inexperientes: 6,2

Média de escores casos bons

Experientes: 10,1   Inexperientes: 9,2

Calculando a média dos escores, percebemos também uma grande diferença entre os dois grupos, os terapeutas experientes conseguindo resultados evidentemente melhores. Essa diferença, como se vê, é também encontrada em escala menor, comparando apenas os "bons resultados".

Se considerarmos o insight enquanto fator terapêutico, mesmo sem podermos tirar conclusões muito precisas, veremos que aqui também a melhora da capacidade de insight é mais evidente nos pacientes dos terapeutas experientes que nos outros: veja tabela 8B. Isto permite corrigir um pouco a primeira impressão a respeito da importância da compreensão como fator terapêutico. Segundo este último resultado, parece ter um papel importante na forma das relações estabelecidas pelos terapeutas experientes com os seus pacientes, o que evidentemente não é surpreendente, considerando a natureza do trabalho realizado por eles!

4. A duração do tratamento tem alguma influência na evolução do mesmo?

Para julgar esse aspecto, dividi os tratamentos em três grupos:
1. Tratamento de oito a doze semanas no máximo.
2. Tratamento de três a seis meses.
3. Tratamento de seis meses a um ano no máximo.

Nenhum tratamento ultrapassou um ano. Ver tabelas 9A e 9B.

Segundo essas tabelas, vemos que o máximo de bons resultados se encontra nas categorias II e III, os melhores estando na categoria II. No entanto, é preciso fazer uma observação sobre esses resultados: aqui também, a experiência dos terapeutas parece desempenhar papel importante; desse modo notamos que seis tratamentos duraram no máximo doze sessões. Dois obtiveram resultados muito bons e quatro entre resultados ruins e muito ruins. É impressionante constatar que os dois resultados muito bons são obtidos pelos terapeutas experientes e os outros pelos terapeutas inexperientes! Além disso, considerando as tabelas, parece existir uma tendência, entre os terapeutas inexperientes, de realizar tratamentos mais prolongados. A maioria dos tratamentos dos terapeutas inexperientes situa-se na categoria de seis a doze meses, enquanto para os terapeutas experientes a maioria dos atendimentos situa-se na categoria de três a seis meses. Isto seria confirmado depois por estes últimos, quando a esse respeito indagados. Lembremos que, na técnica utilizada em Lausanne, o terapeuta escolhe, com seu paciente, a duração de cada tratamento. À luz dessas indicações, parece que *o tempo é um fator dinâmico importante, que os terapeutas experientes conseguem manejar com mais destreza do que os inexperientes.*

5. Quais são os fatores terapêuticos evocados pelos pacientes?

Para ter uma idéia da opinião dos pacientes a respeito dos fatores terapêuticos, fizemos um levantamento das questões 22 e 25. A questão 22 refere-se àquilo que o paciente pensa ter aprendido durante o tratamento; a questão 25 refere-se aos fatores que, segundo o paciente, contribuíram para as eventuais mudanças

Tabela 9A — Duração do tratamento e resultados.

	SINTOMAS		Total	Avaliação	Insight	Médicos
	Psicossomáticos	Relacionais				
Até 12 sessões:						
Caso 10	13	13	26	MB	8	ex.
Caso 21	6	7	13	R	5	inex.
Caso 25	3	3	6	MR	5	inex.
Caso 26	4	6	10	R	4	inex.
Caso 34	6	5	11	R	3	inex.
Caso 14	13	14	27	MB	8	ex.
13-25 sessões:						
Caso 19	6	4	10	R	8	inex.
Caso 6	12	13	25	MB	11	ex.
Caso 20	10	7	17	B	7	inex.
Caso 7	12	13	25	MB	10	ex.
Caso 8	11	9	20	B	10	ex.
Caso 3	15	13	28	MB	10	ex.
Caso 2	6	6	12	R	9	ex.
Caso 31	9	8	17	B	10	inex.
Caso 27	10	10	20	B	9	inex.
Caso 24	8	8	16	B	9	inex.
Caso 28	6	3	9	R	3	inex.
Caso 29	12	12	24	MB	11	ex.
Caso 33	3	3	6	MR	2	inex.
Caso 18	6	7	13	R	9	ex.
7 meses a 1 ano:						
Caso 22	4	4	8	MR	6	inex.
Caso 9	7	9	16	B	10	ex.
Caso 1	5	5	10	R	7	inex.
Caso 15	7	8	15	R	6	Inex.
Caso 16	8	9	17	B	12	inex.
Caso 30	9	9	18	B	10	inex.
Caso 32	7	8	15	R	8	inex.
Caso 13	8	10	18	B	8	inex.
Caso 4	7	9	16	B	11	ex.
Caso 12	10	11	21	MB	11	ex.
Caso 11	9	8	17	B	9	inex.
Caso 23	10	10	20	B	9	inex.

constatadas. Depois, tentei ver se existiam algumas constantes nestas respostas, separei as respostas dadas pelos pacientes que tinham tido resultados bons das respostas dos que tinham tido resultados ruins. Os três fatores evocados pelos pacientes que obtiveram progresso são:

Tabela 9B — Avaliação segundo a duração do tratamento.

Duração	Experientes			Inexperientes			Total
	B	R	Total	B	R	Total	
6 — 12 sessões ...	2	0	2	0	4	4	6
13 — 24 sessões ...	5	1	6	4	3	7	13
25 — 40 sessões ...	3	1	4	5	4	9	13

1. A *relação terapêutica* estabelecida com um médico no qual se tem confiança e com quem se pode falar livremente. Assim, por exemplo, o doente 10 responde à questão 25: "A franqueza com a qual foram realizadas minhas entrevistas com o doutor..." O doente 9: "O fato de poder 'expor-me' ", "a atitude de não julgamento do terapeuta (...) talvez também a personalidade do psiquiatra."

2. O segundo fator é o fato de ter descoberto a possibilidade de *contar consigo mesmo*, de ter adquirido certa *confiança em si*. Por exemplo, o doente 13 responde à pergunta 22: "Eu aprendi que minha opinião tinha tanto valor quanto a do psiquiatra!"

O doente 14: "Eu aprendi a tomar minhas decisões e assumir sozinho minhas responsabilidades."

O doente 29: "Aprendi a ser eu mesmo e a achar que isso era bom!...", etc.

3. O terceiro fator, evocado com muita freqüência nos casos de bons resultados, é a possibilidade de *se entender melhor*; assim, o doente 16 diz: "Aprendi a me conhecer melhor, a explicar melhor minhas reações, minhas atitudes!"

O doente 9: "Aprendi a compreender melhor alguns de meus comportamentos, a me questionar", etc.

Todavia, no grupo de pacientes que tiverem pouco ou nenhum progresso, esse tipo de resposta é praticamente inexistente. Não encontramos, neste grupo, alguma constante. Eis aqui alguns exemplos de respostas:

Caso 33: "Aprendi que os psiquiatras podem ter mais problema que seus clientes."

Caso 25: "Não aprendi nada; fiquei decepcionado com os recursos usados para lidar com uma doença do espírito!"

Muitas vezes as questões 22 e 25 não foram respondidas no grupo dos resultados ruins.
(Veja figura 10.)

Fig. 10 — Fatores terapêuticos, segundo a opinião dos pacientes.

	Resultado			
	MR (2)	R (11)	B (12)	MB (7)
Fatores terapêuticos Relação de confiança — de competência ...	0	1	9	6
Compreensão de si mesmo Conhecer-se	0	3	9	2
Ter confiança em si	0	1	6	7
Sem resposta — "Não sei"	2	3	0	0
Fatores combinados Relação + compreensão de si	0	0	4	0
Compreensão + confiança em si	0	0	0	1
Relação + confiança em si .	0	0	2	5
Relação + compreensão + confiança em si	0	0	3	1
Apenas um fator	0	5	3	0

Entre os bem-sucedidos, apenas três pacientes evocaram só um fator. Os três indicaram o mesmo fator, visto de ângulos diferentes, por pelo menos duas vezes, o aspecto "relação" estando presente, mas subentendido.

A constância das respostas dos pacientes é particularmente impressionante, e é ainda mais notável se observarmos que os casos considerados como de resultado ruim, mas que evocaram a presença de um entre esses três fatores terapêuticos, estavam no limite superior dos chamados casos ruins. Além disso, ao examinarmos a segunda parte da figura 10, os fatores combinados, poderemos perceber que quase todos os pacientes cujo resultado foi positivo indicaram pelo menos dois ou três destes fatores, enquanto esta combinação não é encontrada entre os casos de resultados negativos.

Muito esquematicamente, poderíamos dizer que o estudo coloca em primeiro plano a importância da inter-relação médico-paciente, mostrando que esta inter-relação deve levar o paciente a se *conhecer* melhor e a *ter mais confiança em si*. Isto quer dizer que um sucesso está ligado a um ganho narcísico, no sentido amplo do termo. Seria interessante comparar o estilo das respostas dos casos negativos com o dos casos positivos: *assim, entre os casos ruins* destacam-se respostas tais como: "Aprendi que somos responsáveis por nós mesmos... A lidar comigo e a me aceitar como sou, que meus problemas devem ser resolvidos por mim mesmo... Eu tento ser eu mesmo..." Ao invés disso, entre os casos bons encontramos as seguintes respostas: "Percebi que tinha uma vida, um bem que merecia ser protegido... Tenho a sensação de que sou eu quem decido e não os outros ou uma força inconsciente indomável... Eu aprendi a confiar em mim... Que eu poderia ser eu mesmo sem complexo e sem ter de sempre levar em conta a opinião dos outros... Que a minha opinião tem valor, etc."

Na primeira categoria, o tom é de resignação, na segunda, é de *prazer pelas novas conquistas*.

6. *Do problema da indicação para a psicoterapia ao problema da formação (a respeito dos critérios de seleção).*

Freqüentemente, durante as discussões sobre a psicoterapia breve, escutei, da boca de pessoas céticas, a seguinte observação:

"Os pacientes dos quais o sr. está falando são pacientes que, qualquer que fosse o recurso utilizado, se teriam curado. São casos leves, cuja motivação é forte e que, em terapia breve ou numa terapia de longa duração, se teriam curado no mesmo tempo."
A experiência clínica evidentemente provou o contrário, mas ainda existe o problema das indicações: em última instância, pode-se estimar que se os pacientes forem bem selecionados, o processo terapêutico evoluirá automaticamente em direção à cura...

Como sempre, realizei uma verificação muito simples. Como já disse antes, os médicos em formação têm a possibilidade tanto de programarem sozinhos as psicoterapias de seus pacientes, em função da formação que eles já adquiriram, quanto de examiná-las com um médico experiente, para discutir a questão da indicação para o tratamento. Observei então, entre todos os casos atendidos pelos médicos inexperientes, os casos cuja indicação foi discutida com um médico experiente e os que empreenderam o tratamento sem uma tal discussão prévia. Para simplificar, chamarei as primeiras indicações de *seguras* e as segundas indicações de *incertas*, admitindo que os médicos experientes não se enganam ou, pelo menos, se enganam muito pouco sobre a qualidade das indicações.

Vemos então, no esquema acima, que dos vinte casos, oito foram discutidos, doze não foram. Nota-se que os êxitos e os fracassos se distribuem igualmente nestes dois grupos, o que pode apoiar a idéia de que a *escolha* do paciente não tem um papel relevante. Parece, ainda, que fracassa o médico envolvido numa psicoterapia breve com seus pacientes, porque, num determinado momento, não consegue lidar muito bem com a relação terapêutica. Percebe-se claramente esse fato quando examinamos os prontuários, através de observações como: "Foi muito difícil seguir o foco proposto", ou "o paciente se sentia, por causa da focalização das interpretações, como se estivesse aprisionado", etc.

Fig. 11 — Problema das indicações.

	B	R
Indicações seguras	4	4
Indicações incertas	5	7

No entanto, valeria a pena aprofundar a questão, e por este motivo optei por estudar minuciosamente todos os casos acompanhados pelos médicos inexperientes, detendo-me principalmente naqueles cujos prontuários forneciam elementos bastante detalhados para que deles pudéssemos tirar conclusões válidas.

Assim, detive-me nas seguintes questões:

1. Como o paciente chegou, razões para a consulta.
2. Qualidade da observação clínica, antecedentes, etc.
3. Qualidade do planejamento da terapia, presença ou não de hipóteses psicodinâmicas.
4. Sempre que me foi possível, acompanhei a evolução das sessões pelas anotações dos médicos.
5. Depois, foi feita uma comparação entre as respostas dadas pelos pacientes, no questionário, e a opinião emitida pelos médicos, em seus resumos de caso, realizados no fim das terapias, para saber se havia ou não concordância entre elas.

Minhas constatações poderiam ser resumidas da seguinte maneira:

a) Dos vinte casos, apenas dois, a posteriori, poderiam ser considerados como "indicações erradas".

Uma paciente com distúrbios no limite da psicose (suspeita de delírio erotomaníaco) e um paciente com manifestações perversas graves. Todos os outros pacientes apresentavam perturbações neuróticas que poderiam ser facilmente explicadas por hipóteses psicodinâmicas bastante simples.

b) A natureza aparente das investigações é a mesma em todos os casos; no entanto, lendo nas entrelinhas, podemos perceber que o diálogo médico-paciente parece nitidamente mais difícil nos casos que tiveram uma evolução pior do que nos de boa evolução. Algumas observações sobre a atitude dita de oposição do paciente, sobre sua falta de motivação, sua rigidez defensiva, etc., parecem prová-lo.

Fiquei admirado ao ver que, em dois casos, onde o diálogo estava nitidamente mal estabelecido, o médico se enredava em considerações pouco claras; bastou uma intervenção de um médico experiente, esclarecendo as coisas, para que a terapia começasse a evoluir em boas condições.

c) Existe uma diferença nítida entre a qualidade de *planejamento* dos tratamentos e a presença ou não de *hipóteses psicodinâmicas*. Nos casos que obtiveram resultados ruins, com exceção de dois, as hipóteses iniciais eram ou ausentes ou extremamente obscuras e dificilmente aceitáveis por algum observador que conhecesse bem as técnicas psicodinâmicas.

d) Nos casos que evoluíram mal, encontramos muitas "atuações" tanto da parte do paciente quanto do terapeuta durante o tratamento (faltas, maratona, bioenergética, ou até mesmo consultas com o médico de família, etc.) e a contratransferência do terapeuta parece ter desempenhado, muitas vezes, um papel bastante importante. Isso se traduz, por exemplo, em interpretações corretas, do ponto de vista intelectual, mas realizadas a distância, frias, em momentos não adequados; outra manifestação deste fenômeno aparece no funcionamento da Policlínica; por exemplo, relatórios das psicoterapias não mostradas para os supervisores, como deveria ser feito. (Os relatórios de tratamento têm função didática, e são apresentados aos supervisores que depois os discutem com o terapeuta.) Outro exemplo de problema contratransferencial é o de um médico, ele também com problemas de obesidade, atendendo paciente que se queixava de ser muito gorda. Quando o tema da sessão tocava nesse ponto, as interpretações se tornavam mais obscuras e contraditórias!...

(Veja Exemplo n.º 3.)

Exemplo n.º 4

a) Resposta ao questionário:

Estado atual: sofre ainda de falta de controle sobre si; tende a comer, quando enfrenta problemas; tem dificuldades com seu namorado; gostaria de deixá-lo para estabelecer uma relação melhor com outro homem. Sente saber o que acontece consigo, mas não consegue aproveitar esse conhecimento.

Mudanças eventuais: após o tratamento, emagreceu mais de treze quilos; as relações com seus pais melhoraram, compreende melhor a origem familiar de seus problemas. Ficou um pouco decepcionada com o tratamento, pois, embora tenha feita progressos, não estava curada. Conseguiu falar melhor de si mesma e de suas necessidades, dizer "sim" ou "não". Estabeleceu novas relações de amizade. Acusou menos os pais pelos seus erros; teve mais coragem para enfrentar seus problemas. Pôde enfrentar dificuldades profissionais sem se deixar destruir por elas.

Cotações dos juízes:
2 - 2 - 1 / 2 - 2 - 1   total: 10 = R

b) *Relatório médico*:

Estado inicial: procura o serviço depois de uma tentativa de psicoterapia com outro médico, após grave crise histérica. Queixa-se de muitas dificuldades relacionais; jamais conseguiu manter estáveis relações de amizade; não ousa se opor a ninguém; submetendo-se a seus pais e a todas as pessoas com quem se encontra. Grave conflito familiar recente. Obesidade nítida.

Antecedentes: produto de um casal unido mas superprotetor. Sempre muito submissa. Pai muito distante, não caloroso; mãe descrita como "doméstica". Escolaridade normal; concluiu curso de enfermagem. Trabalha em diversos hospitais, onde às vezes apresenta crises histéricas.

Observações clínicas:

Parece mais velha do que realmente é. Obesa, incômoda em seu próprio corpo, brusca em seus movimentos, desleixada. Contato bastante bom; boa consciência de suas dificuldades psicológicas; angustiada; instabilidade psicomotora, fobia de lugares públicos, comportamento infantil e teatral.

Tratamento previsto:
Psicoterapia breve focalizada no receio de assumir uma posição feminina em função da imago materna muito desvalorizada. A obesidade equivale a uma gravidez, tornando inúteis os desejos em relação ao homem.

Evolução do tratamento:
A par da questão da obesidade, aliás não modificada, inexiste, no relatório médico, qualquer menção aos problemas da paciente, à sua eventual resolução ou não.

c) *Comentário*:
Revendo a evolução do tratamento, veremos que o plano de ação não foi inteiramente seguido. Aparentemente, má compreensão do foco. Problema contratransferencial, o terapeuta também apresenta problemas de obesidade.
Interpretações sem rigor.

e) A concordância entre o discurso dos médicos, em seus relatórios de fim de tratamento, e o dos pacientes, no questionário, é nitidamente maior nos casos que obtiveram resultados melhores.

Concluindo, parece que o papel da *qualidade das indicações para a psicoterapia breve* (a escolha de pacientes) *quase não influencia o resultado*. Pode-se dizer que, em geral, o terapeuta compreende, muito rápida e intuitivamente, que tipo de patologia pode reagir bem à psicoterapia breve, mas há necessidade de uma formação aprofundada para planejar o tratamento e fazê-lo ter êxito. No entanto, aquilo que chamamos de "experiência do terapeuta" é um complexo com várias características, que ultrapassa, de muito, a questão simplesmente técnica. A contratransferência, a insuficiência da informação técnica e psicodinâmica, a falta de compreensão do papel da interpretação neste tratamento e a ansiedade própria da inexperiência são fatores estreitamente interligados.

Além disso, apesar de opiniões contrárias, quando um terapeuta realiza muitos atendimentos, os últimos evoluem nitidamente melhor do que os primeiros. Este dado nos faz supor que a formação é importante.

Em resumo, o estudo minucioso dos relatórios evidencia, mais uma vez, a importância do papel da formação do terapeuta e prova que ela é fundamental no estabelecimento de *um bom diálogo entre o médico e seu paciente*: de fato, a qualidade do diálogo, que sobressai claramente nas observações dos relatórios, é nitidamente melhor nos tratamentos que evoluem bem do que nos outros.

e) Conclusões

Concluindo, trata-se, antes de tudo, de uma enquete clínica, primeira de uma série de pesquisas sobre os efeitos das psicoterapias. Todos os pacientes sofrem de distúrbios neuróticos de maior ou menor intensidade (com exceção de dois, os quais, na enquete, se revelaram provavelmente casos de evolução pré-psicótica e de perversão sexual). Deliberadamente, não estabelecemos, *de antemão*, categorias de gravidade. De fato, a indicação para esta forma de psicoterapia breve que preconizamos não depende tanto da gravidade da sintomatologia ou da pretensa profundidade dos distúrbios, como os estudos de Malan também demonstraram, porém mais da dinâmica própria que se instaura entre o paciente e seu médico, que implica, da parte do médico, a possibilidade de lidar com a situação psicoterapeuticamente, e, da parte do paciente, aceitar o desejo de se engajar no processo psicoterápico proposto. Tratava-se, então, para mim, levando em conta as considerações que apresentei em minha introdução, sobre a necessidade de observar os dois elementos da interação médico-paciente, de *inverter, de algum modo, o procedimento habitual*, ao me interessar principalmente pelos elementos técnicos próprios do médico, especialmente sua experiência, para provar que poderíamos muito bem relacionar a qualidade dos resultados com a qualidade do médico, e não com a escolha dos pacientes, com o tipo de problema psíquico apresentado por eles. Agindo assim, tenho a impressão de haver obtido alguns resultados interessantes, que merecem ser *verificados*, sobretudo porque esta enquete apenas tinha por objetivo encontrar indícios e não certezas.

Os resultados das psicoterapias foram avaliados segundo a opinião dos pacientes, expressa nos questionários. Esse tipo de avaliação nos priva, evidentemente, de muitas informações, que apenas uma entrevista com um psicanalista treinado poderia fornecer: informações sobre a estrutura do paciente, sobre sua problemática interna atual, etc. No entanto, a opinião do paciente também reflete o que acontece com ele. Além do mais, o paciente procura ajuda por causa de um sofrimento qualquer e sua demanda é de curar-se. Assim, é preferível perguntar-lhe o que pensa de seu tratamento do que fazê-lo a um pesquisador neutro. O que este poderia fornecer seria um prognóstico quanto aos riscos de recaída. Assim, segundo a opinião expressa pelos pacientes nos questionários, parece evidente que as psicoterapias conduzidas na Policlínica Psiquiátrica são eficazes em seu conjunto. À primeira vista estes resultados parecem ligados a modificações estruturais, a um rearranjo das defesas finalizando em melhor equilíbrio narcísico, como se observa pela natureza das respostas.

Em boa parte dos casos verifica-se melhora sintomática, às vezes cura total, sem indícios de deslocamento de sintomas; há exceções, todas classificadas na categoria dos fracassos.

Além disso, uma vez os resultados adquiridos, eles parecem duráveis (catamneses de pouco mais de três anos), se bem que tais dados carecem de verificação, como vimos acima.

A eficácia dos tratamento é bem maior entre os médicos experientes (escolhidos segundo os critérios estabelecidos anteriormente) do que entre os não experientes; o que parece mostrar que o ensino gera frutos e que a formação é importante. Também relativiza fortemente a idéia de que o entusiasmo do terapeuta é um fator terapêutico importante. Então, o mais relevante fator terapêutico encontrado é a "experiência do terapeuta", o que é bastante reassegurador para uma clínica universitária!...

Mas a noção de "experiência" é evidentemente por demais

complexa: o conhecimento pessoal do terapeuta através de sua psicanálise parece ser um fator importante em tudo que diz respeito às reações contratransferenciais. No entanto, entre os 32 casos, apenas dois fracassos me pareceram imputáveis a algum problema contratransferencial. Todos os outros fracassos, com exceção de duas indicações claramente inadequadas, parecem estar ligados, de forma inequívoca, sobretudo a uma incompreensão que recai sobre a maneira de formular a hipótese psicodinâmica básica. O terapeuta parecia "*sentir*", de algum modo, a possibilidade de um tratamento breve; percebia bastante bem a problemática psicológica, mas não conseguia *explicá-la* coerentemente.

Isso apareceu de forma especialmente clara em duas situações onde o terapeuta havia simplesmente formulado mal sua hipótese psicodinâmica inicial, no relatório escrito que costumava fazer no começo das psicoterapias. A intervenção de um médico experiente, que havia lido esse relatório, lhe permitiu corrigi-lo, e o tratamento evoluiu bem até o fim, sem nova intervenção! Em outra situação, entretanto, uma hipótese inadequadamente formulada, depois de explicações provavelmente insuficientes durante a discussão da indicação, não foi corrigida e o resultado da terapia foi um fracasso!

Outros fatores de fracasso são:

— um *planejamento* insuficiente, no sentido de má apreciação do que Malan chama de "objetivo ideal a ser atingido";

— erros importantes na técnica de interpretação.

Tudo isso se traduzia, segundo constatei, ao examinar o conteúdo das sessões, em uma agressividade recíproca entre terapeuta e paciente, mal controlada por ambas as partes, e provocando muitos "acting-out"!

Enfim, embora sejam apenas dois exemplos específicos, podemos constatar que um terapeuta de boa formação psicanalítica, mas que não havia sido beneficiado pela instrução global dada pela Policlínica Psiquiátrica e que tinha apenas uma vaga idéia teórica sobre psicoterapia breve, obteve muito menos progresso em seu trabalho do que um terapeuta que passou por um longo curso de treinamento na Policlínica, mas que não tinha ainda terminado sua análise pessoal.

Tenho a impressão de que a psicanálise pessoal é um fator importante de liberdade na compreensão dos movimentos transferenciais e contratransferenciais por exemplo, mas que uma instrução *prática* sobre a psicoterapia breve é indispensável. Quando estes dois fatores se unem, assiste-se ao desenvolvimento de processos terapêuticos rápidos, muito satisfatórios também a nível intelectual.

Outro ponto que reforça a necessidade de uma formação aprofundada sobre o método utilizado em Lausanne é que os terapeutas experientes parecem conseguir bons resultados em períodos de tempo muito curtos, enquanto os não experientes fracassam.

O paciente atribui importante *valor terapêutico* a três fatores essenciais:

1. O primeiro e mais significativo é a *qualidade da relação estabelecida com seu médico.*
2. O segundo, diretamente ligado ao primeiro, é a *possibilidade de compreender-se melhor,* graças às intervenções do médico.
3. O terceiro, a aquisição de maior *confiança em si.*

É impressionante ver que praticamente não foi evocado outro fator pelos pacientes cuja terapia teve sucesso!

Também encontramos refletido o problema da relação terapêutica em casos de fracasso, nos quais manifestamente ela é descrita como algo mau, ou inútil, e nos quais o paciente concluiu dever aceitar seus problemas e *só* poder contar consigo mesmo.

Confirma-se, pois, por outra via, a opinião de D. Malan sobre *a importância terapêutica da relação dinâmica médico-paciente.*

As *indicações* para a psicoterapia breve (ou critérios de seleção), em Lausanne, são bastante extensas: esquematicamente, se a estrutura do doente for neurótica, e se pudermos explicar a problemática através de uma hipótese psicodinâmica simples, se o

Ego não for muito contaminado por elementos psicóticos ou perversos, empreendemos de bom grado esta forma de tratamento[5]. Este estudo parece mostrar que a qualidade do resultado pouco depende da natureza do diagnóstico em questão. Assim, os diagnósticos se distribuem equitativamente entre os casos de fracasso e de sucesso. Mas é evidente que diagnósticos não refletem muita coisa, ainda mais nesse caso, quando deliberadamente decidimos não revê-los, mas apenas transcrevê-los tais como colocados pelos médicos que atendiam os casos. Também procuramos distribuir os casos em três categorias: leves, médios e graves. Os resultados se repartiram igualmente nas três categorias. No entanto, uma vez que essa divisão só foi feita depois de conhecidos os resultados dos questionários, decidi não falar sobre ela.

De fato, o principal fator de prognóstico favorável, nesse tipo de terapia, poderia ser formulado assim: sofrimento real de um paciente ao enfrentar suas inibições neuróticas e capacidade do médico de equacionar a situação, usando recursos de que disponha, recursos forjados por uma prática global em psicoterapia analítica.

Apenas uma definição vaga permite, a meu ver, abarcar as consideráveis variações nos resultados obtidos pelos diversos médicos: a seleção deve, pois, fazer-se *tanto em função do médico quanto do paciente*!

Enfim, mostramos, em nossa pré-enquete, que os pacientes em psicoterapia breve em geral terminam seu tratamento, mesmo quando a *relação médico-paciente é má*, o que não ocorre na psicoterapia de inspiração psicanalítica de longa duração, onde eles freqüentemente interrompem o tratamento antes de seu término. Isso parece mostrar que a *fixação prévia de um término para o tratamento é um fator dinâmico importante* para o pa-

---

5. Excetuando problemas de carências afetivas graves na infância, facilmente explicáveis por uma hipótese simples, mas dificilmente tratáveis segundo nosso método.

ciente e, provavelmente, também para o médico. Pode-se, de acordo com os resultados de nosso estudo, formular a hipótese de que fixar um fim para o tratamento alimenta a esperança de ambos de que alguma coisa mudará, pelo menos no final do tratamento. Por este motivo, a determinação de um término poderia ser considerada como um fator importante de *motivação* para pacientes e terapeutas!

CAPÍTULO VI
PROBLEMAS DE FORMAÇÃO

1. INTRODUÇÃO

Das duas enquetes citadas no capítulo anterior, pode-se avaliar a importância da relação terapêutica. Essa relação parece melhorar nitidamente com a experiência e a formação do terapeuta. Por isso, seria interessante determo-nos um pouco na questão da formação em psicoterapia breve. De fato, toda instituição encarregada de formar jovens terapeutas deve responder a exigências um tanto quanto contraditórias, provocando, assim, curiosos problemas deontológicos: trata-se de assegurar o tratamento dos pacientes, mas também se deve ensinar o modo de tratá-los.

Se, por um lado, é fácil ensinar, teoricamente, psicopatologia, o modo correto de administrar os medicamentos, algumas concepções médico-legais, etc., por outro, é muito difícil fazê-lo no que concerne à atividade psicoterápica. Embora existam algumas bases teóricas (teoria psicanalítica freudiana, teoria behaviorista, teoria da comunicação, etc.), elas quase não têm utilidade se não estiverem intimamente ligadas a uma prática. Em suma, elas são sobretudo validadas no "après coup". Assim, todo o ensino da psicoterapia se alicerça, fundamentalmente, na prática, o que implica a necessidade de fazer com que os jovens terapeutas, ainda não formados ou com pouca formação, enfrentem situações totalmente novas para eles. Aprenderão, desse modo, a saber se suas percepções são corretas ou não, e a compreender a natureza do processo psicoterapêutico, elaborando, junto a um terapeuta mais velho, aquilo que *já* ocorreu durante as sessões. Uma das características fundamentais da psicoterapia é que ela ocorre num espaço temporal, embora um erro *possa quase sempre ser corrigido*. Já sabemos, de antemão, que a personalidade do terapeuta pode desempenhar um papel fundamental; trata-se portanto de encontrar um tipo de formação que preserve a singularidade do futuro terapeuta, ao mesmo tempo que lhe facilite adquirir certo rigor em sua prática. Este capítulo permitirá a comparação da posição de P. Sifneos com a nossa.

2. ASPECTOS GERAIS DA SUPERVISÃO DE PSICOTERAPIAS BREVES PROVOCADORAS DE ANSIEDADE

PETER E. SIFNEOS

Proponho-me discutir o ensino da psicoterapia breve provocadora de ansiedade (short-term anxiety-provoking psychotherapy: S.T.A.P.) em duas de suas perspectivas principais: os terapeutas em formação e os aspectos mais especificamente pedagógicos da supervisão deste tipo de terapia breve.

a) Os terapeutas em formação

Visto que as condições técnicas são muito explícitas e devem ser metodicamente seguidas, a técnica chamada de S.T.A.P. pode parecer, superficialmente, fácil de ser aprendida. No entanto, convém lembrar que suas exigências são muito diferentes das requeridas nos outros tipos de psicoterapia dinâmica. O terapeuta deve assumir uma atitude ativa; ele tem de confrontar rapidamente seu paciente com questões que lhe provoquem ansiedade, o que, por sua vez, tende a aumentar as resistências, os sentimentos de raiva, ou tende a conduzir a regressões de comportamento que precisam ser evitadas ou ultrapassadas. Ao mesmo tempo, o terapeuta deve administrar os sentimentos de transferência e de contratransferência e centrar-se sempre no ponto de impacto terapêutico já determinado. Temos de assinalar, portanto, que estas condições não são do tipo de receita que se encontra nos livros de culinária. O leque de possibilidades que cada paciente emprega para resolver suas dificuldades é tão amplo que nunca duas pessoas, seguindo uma S.T.A.P., abordam de maneira similar a solução de seus problemas. É imprescindível, pois, que o terapeuta se mantenha permanentemente vigilante. Diante dessas considerações, poderia parecer, a um primeiro olhar, que a psicoterapia provocadora de ansiedade é uma forma de tratamento mais difícil do que outras formas de terapia e caberia inferir que ela só deveria ser empregada por terapeutas muito experientes. Baseado na experiência de muitos anos de supervisão de terapeutas em formação, tanto no Massachusetts General Hospital quanto no Beth Israel Hospital, cheguei à conclusão oposta. As pessoas que fizeram supervisão comigo pertenciam a quatro áreas diferentes: eram psiquiatras, psicólogos, assistentes sociais e enfermeiros. Estavam em diferentes estágios de formação, ou no primeiro ano de pós-graduação, na condição de médicos-assistentes, ou de estudantes de assistência social M. S. W., ou de candidatos ao doutorado em psicologia, ou de médicos-assistentes em psiquiatria mais avançada, de psicólogos, de assistentes sociais ou de enfermeiros que já haviam alcançado o doutorado. Incluímos neste grupo alguns estudantes de medicina de Harvard, interessados em psiquiatria, inscritos em cursos optativos dos hospitais mencionados.

É evidente que, como em qualquer situação de aprendizagem, muitos resultados dependem do talento, das capacidades e do interesse dos estudantes. Devemos assinalar, no entanto, que a maioria destes terapeutas em formação havia sido conduzida a crer que a psicoterapia dinâmica de longa duração não era apenas uma possível opção de tratamento para todos os tipos de distúrbios neuróticos; havia sido levada a crer, além disso, que era a única via para alguém se tornar psicoterapeuta. Esta crença equivocada, aceita como fato irretorquível por muitos estudantes, tinha diminuído seu interesse em aprender qualquer outra forma de terapia, particularmente a de curta duração, e havia favorecido a idéia preconcebida de que todo tratamento diferente do de longa duração seria, na realidade, inferior. Em reação a esta atitude, decidimos oferecer horas de supervisão individual e intensiva de psicoterapia breve provocadora de ansiedade apenas para os terapeutas em formação que expressassem interesse ativo por esse método e estivessem dispostos e dedicar algum tempo para analisar um candidato escolhido para esse tipo de tratamento. Assim, os estudantes voluntários tinham entre si muitas características em comum. Eram jovens, interessados, ávidos por aprender e extremamente motivados a ampliar seu arsenal psicoterapêutico. Ficaram entusiastas do método, pois tiveram tempo suficiente para observar os efeitos imediatos de suas intervenções terapêuticas no paciente, tanto ao longo do tratamento quanto no final. Além disso, devido à participação ocasional de muitos deles em nossas sessões semanais de pesquisa (avaliação dos resultados de S.T.A.P.), foram se familiarizando com os problemas encontrados na pesquisa sobre a psicoterapia.

Constatou-se que entre as pessoas em formação, provenientes de áreas profissionais diversas, até os menos experientes eram bons terapeutas; alguns tinham mesmo obtido resultados melhores, em alguns casos, que os terapeutas mais experientes. Podemos encontrar uma explicação para essa observação paradoxal na atitude mais flexível dos jovens em supervisão, na ausência de idéias preconcebidas sobre a psicoterapia. Ao contrário, os estudantes mais adiantados tinham preconceitos estereotipados sobre a terapia breve, quer dizer, admitiam tratar-se apenas de um fraco substituto para o tratamento de maior duração. Com este estado de espírito, os terapeutas mais adiantados, com muitos anos de formação, tinham, às vezes, a tendência de provocar um efeito nocivo no modo como tratavam seus pacientes em psicoterapia breve. Sua tendência de prolongar o tratamento tornou-se, sem exceção, um dos obstáculos mais freqüentes. Assim, o entusiasmo em aprender um novo tratamento, como esta forma de psicoterapia breve provocadora de ansiedade, e a falta de idéias preconcebidas provaram ser qualidades preciosas dos terapeutas mais jovens, com menos experiência.

Além de uma forte motivação e de um espírito aberto, é necessário, para tornar-se um bom terapeuta de psicoterapia breve, estar familiarizado com os conceitos gerais da psicodinâmica, ter a possibilidade de escolher um candidato adequado para a S.T.A.P., segundo critérios específicos, e, ainda, conhecer as características técnicas especializadas já citadas. Todas essas dimensões podem ser adquiridas durante uma hora de supervisão semanal, individual ou em grupo.

b) Aspectos pedagógicos específicos do ensino e da supervisão da psicoterapia breve provocadora de ansiedade

É importante conhecer os critérios de seleção de um candidato adequado à psicoterapia breve provocadora de ansiedade. Gostaria de citá-los brevemente. Eles impõem: capacidade do paciente de delimitar uma queixa principal; a presença de uma relação significativa nos primeiros anos de vida; disposição para uma interação transigente com o interlocutor; a possibilidade de expressar sentimentos durante a entrevista de investigação; certo grau de sutileza psicológica; finalmente, inteligência acima da média. Além disso, o paciente deve estar profundamente motivado para mudar.

A primeira supervisão de psicoterapia breve provocadora de ansiedade deve acontecer antes de o terapeuta supervisionado ver pela primeira vez o paciente. Assim, ele se familiarizará com os critérios de seleção e as considerações técnicas próprias deste tipo de tratamento. Depois dessa introdução e antes que a sessão seguinte aconteça, o supervisor deverá escolher um paciente adequado para essa psicoterapia e gravar a entrevista, de preferência em vídeo. Nunca é demais insistir sobre as vantagens de gravar em vídeo a entrevista de avaliação prévia. A gravação fornece uma excelente oportunidade para o estudante e seu supervisor reverem, em pormenor, os múltiplos aspectos do momento da anamnese que possam ter uma importância especial, retomarem uma informação específica dada pelo paciente e observarem atentamente sua interação com o interlocutor. Deve-se dedicar atenção especial à questão do impacto terapêutico, tal como formulado pelo supervisor. De qualquer modo, o estudante deve saber que pode optar por outro foco, se não aceitar o escolhido por seu mestre. Para assim proceder, terá de oferecer boas razões, a partir do material obtido durante a sua primeira entrevista, que justifiquem a modificação. Além disso, chamaremos sua atenção para o fato de que, ao escolher ponto de impacto diferente, não deverá informar o paciente antes de ter tido outra oportunidade de discutir sua divergência de opinião com seu instrutor. Se concordarem, o estudante deverá apresentar a seu paciente suas idéias conjuntas a este respeito, tentando obter seu consentimento, sob a forma de um contrato oral entre eles. É raro que os estudantes obtenham alguma informação anamnésica importante que requeira mudança considerável do "foco" inicial. Na maioria dos casos, eles aceitam os pontos de impacto terapêuticos enunciados por seus supervisores.

Os princípios básicos da supervisão da psicoterapia breve provocadora de ansiedade parecem-se com os que prevalecem na supervisão de outros tratamentos baseados na teoria psicodinâmica. Como frisou Zetzel, é importante que o supervisor crie "um enquadre seguro dentro do qual se possa evoluir e aprender". É claro que sempre existirão sentimentos de transferência e de contratransferência do supervisor e do estudante, e devem ser expressos abertamente se puderem causar dificuldades e interferir na evolução da aprendizagem. Esse tipo de problema provavelmente surgirá, pois, no início do tratamento, os pacientes em psicoterapia breve provocadora de ansiedade trazem abundante material que muitas vezes os angustia, bem como aos terapeutas.

3. PSICOTERAPIA BREVE E FORMAÇÃO DO PSICOTERAPEUTA

E. GILLIÉRON

Pode-se distinguir esquematicamente duas fases na psicoterapia:
1. fase de indicação para o tratamento: escolha de métodos psicoterápicos e seleção de pacientes;
2. fase do tratamento propriamente dito.

Cada uma dessas fases requer um instrumento de supervisão apropriado.

a) Indicações

1. De acordo com as teses desenvolvidas em Lausanne, toda demanda de consulta psiquiátrica é feita numa situação que se pode chamar de crítica: sofrimento insuportável do sujeito, sofrimento dos circundantes, conflitos intoleráveis, etc. Neste sentido, toda demanda de consulta é "focalizada".
2. A natureza desta demanda condicionará os elementos transferenciais precoces: por causa de seu sofrimento, o paciente espera alguma coisa do terapeuta. Essa expectativa inclui pelo menos dois aspectos:
   a) um problema consciente (desejo de curar-se ou de encontrar solução para seu problema);
   b) um aspecto inconsciente (elementos transferenciais precoces).

Nesse ponto, embora nossa concepção se aproxime bastante das idéias de Balint, a respeito do conteúdo "latente" da demanda do paciente, delas diverge no fato de privilegiar claramente a relação de objeto precoce: não nos perguntamos sobre o sentido latente de um sintoma, mas sobre a *dinâmica relacional* e seu sentido inconsciente.

Toda demanda comporta um duplo aspecto:
a) desejo de mudar;

b) tendência à repetição de comportamentos antigos, que constitui uma resistência à mudança.

O desejo de mudança é muitas vezes verbalizado pelo paciente, enquanto a resistência geralmente se manifesta na relação transferencial precoce.

3. A "resposta" dada pelo terapeuta à demanda do paciente condicionará a motivação deste último para se comprometer ou não com uma psicoterapia analítica. Nesse ponto, o comprometimento com uma psicoterapia já é mudança em comparação à primeira resistência latente.

Estes diferentes aspectos são discutidos em dois foros diferentes:

a) reunião de discussão de casos novos da Policlínica Psiquiátrica, onde são analisados os elementos contextuais e intrapsíquicos que levaram o paciente a procurar o serviço;

b) no "role playing", quando se encena a relação médico-paciente estabelecida desde a primeira consulta. No "role playing", o terapeuta fica no lugar de seu próprio paciente e um colega fica em sua posição de médico.

A combinação desses dois foros permite que se estabeleça uma hipótese de trabalho sobre as causas inconscientes da consulta e sobre a natureza da relação transferencial que poderá ocorrer. Com base nessa hipótese, coloca-se uma *primeira indicação*, como orientação para a futura conduta terapêutica:

— tratamento medicamentoso

— intervenção de finalidade psicoterápica, visando à mudança imediata, classificada como "intervenção psicoterápica breve" (quatro sessões no máximo)

— psicoterapia de inspiração psicanalítica:
a) breve
b) sem limitação de tempo

— outras formas (grupos, terapia de casal ou de família, apoio, etc.)

b) O processo

A partir do momento em que o tipo de tratamento haja sido fixado, é conveniente que se ajude o terapeuta, durante a evolução do tratamento. A psicoterapia talvez seja uma arte, como se disse algumas vezes; mas é também uma técnica e importa que o médico saiba utilizá-la. É necessário que o sistema de formação permita preservar a personalidade do terapeuta (de algum modo, sua arte) e lhe forneça os instrumentos técnicos necessários. Por esse motivo, em todos os institutos foram organizados sistemas de supervisão de psicoterapia, mais ou menos parecidos entre si, dos quais fala P. Sifneos. São supervisões praticadas por psicoterapeutas ou psicanalistas qualificados, que se realizam individualmente ou em grupo. As supervisões individuais devem permitir, tanto para o médico supervisionado quanto para o supervisor, um diálogo aberto e sincero sobre os problemas colocados pelo paciente e a reação do terapeuta. As supervisões grupais permitem que cada um compare sua experiência com a dos outros.

Cabem aqui algumas observações, sobretudo a respeito da seleção dos terapeutas e sua formação. Parece óbvio que, se é preciso saber escolher os métodos terapêuticos em função das necessidades dos pacientes, também é conveniente selecionar os psicoterapeutas aptos a praticar os tratamentos de inspiração psicanalítica. Sua instrução deve ser, de um lado, teórica; e, de outro, deve comportar elementos de sensibilização a respeito dos aspectos inconscientes da relação. Deve-se exigir conhecimentos teóricos de psicodinâmica, história da psicanálise, seus elementos principais, técnicas de entrevista. Esses conhecimentos são adquiridos através de leituras adequadas e da discussão de situações clínicas características.

Pode-se, por exemplo, discutir o impacto desta ou daquela intervenção, desta ou daquela interpretação. Pode-se também discutir as razões para a escolha deste ou daquele método psicoterápico.

No entanto, esse tipo de instrução, por mais necessário que

seja, corre o risco de levar os terapeutas a racionalizações nocivas para as trocas emocionais. De modo geral, o fato de as supervisões ocorrerem depois das entrevistas, no "après-coup", limita um pouco esses riscos. Isso também ocorre em função da utilização da regra das associações livres e da atenção flutuante.

Algumas características das psicoterapias breves tornam essa forma de tratamento um método de formação particularmente eficiente. De fato, o objetivo abertamente terapêutico da psicoterapia breve já é, em si mesmo, um aspecto frustrante do ponto de vista epistemológico. De qualquer modo, à necessidade de conhecer se opõe a necessidade de tratar. Essa frustração bem real parece ser, por outro lado, compensada pela riqueza das trocas emocionais que surgem durante o tratamento, e pela constatação de modificações psíquicas que aparecem num espaço de tempo relativamente breve. Neste sentido, as psicoterapias analíticas breves são um importante elemento de sensibilização.

Em função da necessidade de formação, os diferentes instrutores escolhem uma determinada técnica. Assim, por exemplo, não comunicar a hipótese psicodinâmica no começo (o que parece diminuir as racionalizações), dar como única regra a das associações livres e fixar uma data limite para o tratamento parecem ter o efeito de aumentar a intensidade das trocas emocionais. Estabelecer um contrato com o paciente sobre o objetivo a ser atingido, insistir no aspecto educativo das intervenções são aspectos que podem, por outro lado, ter um efeito tranqüilizador e dar mais coerência às intervenções do terapeuta.

Geralmente, a psicoterapia se desenvolve na posição "face a face", o que implica a intervenção na relação médico-paciente de um modo de comunicação suplementar, as *comunicações não verbais*. É, portanto, indispensável que a formação sensibilize o terapeuta para esta forma de comunicação, permitindo-lhe apreender seu impacto. Aqui, a simples discussão de casos apresentados verbalmente é insuficiente. Deve-se recorrer às gravações em vídeo, que permitem elaborar as angústias geralmente inconscientes, mobilizadas pelos fatos de *ver* e de *ser visto*.

De um ponto de vista prático, o processo é estudado:
a) nas supervisões individuais;
b) nas supervisões em grupo;
c) nas reuniões dedicadas às técnicas psicoterapêuticas que visam estudar as divergências e as semelhanças entre elas;
d) nas reuniões sobre as gravações em vídeo, que discutem a relação médico-paciente.

Além disso, alguns seminários específicos são dedicados a:
— situações de crise;
— psicoterapias de grupo;
— técnicas de relaxamento.

A confrontação dessas diferentes técnicas e de seus resultados permite melhor apreensão da especificidade dos processos.

PARTE IV

ASPECTOS TEÓRICOS E CONCLUSÕES

CAPÍTULO VII
O PROCESSO PSICOTERÁPICO
(Esboço de um modelo)

> "Quando me pediam a verdade, eu estava convencida de que não era a verdade que eles queriam, mas uma ilusão com a qual pudessem suportar viver."
>
> Anais Nin, *Journal*.

1. INTRODUÇÃO

Jean-Luc Donnet, num excelente artigo, observa que há "um conflito em Freud entre o modelo de uma eficiência simbólica e o de um *durchabeiten*. Esse conflito aparece em diferentes níveis, ao longo da obra de Freud, mas se revela mais claramente nos primeiros trabalhos, especialmente os que se referem ao enquadre e à técnica do tratamento psicanalítico. Percebe-se nitidamente que é ambivalente a posição de Freud ante o enquadre. Por um lado, é evidente que ele não pretendia associar o tratamento ao dispositivo; como se sabe, Freud sempre admitiu "psicanalisar" em condições atípicas de tempo e espaço; quanto às suas "variações" técnicas, é bem verdade que nenhum analista em formação se permitiria utilizá-las se pretendesse obter seu "diploma"[1]. No capítulo histórico, tentamos mostrar que este conflito traduzia sobretudo as tensões dinâmicas inerentes à própria psicanálise. Essas forças contraditórias também podem ser observadas nos conflitos institucionais, que levaram às primeiras dissidências (Adler, Steckel, Jung, depois Rank, etc.), e que prevalecem ainda hoje. A nosso ver, muitas cisões foram provocadas por uma intolerância em relação às tensões ligadas à ambigüida-

---

[1]. Jean-Luc Donnet: "Le divan bien temperé". *In*: "Pouvoirs". *Nouvelle Revue de psychanalyses*, n? 8: 23-49, 1973.

de da situação psicanalítica. Lembremos aqui que a palavra "psicanálise" é utilizada pelo menos em dois sentidos diferentes:
1. método psicoterápico (enquadre e técnica de intervenções);
2. conjunto de *teorias* versando a respeito de *conhecimentos psicológicos*.

Os dois sentidos parecem indissociáveis, e a eficácia de qualquer método psicoterapêutico depende muito da possibilidade de se aludir a um modelo claro e coerente, o que os resultados de uma de nossas pesquisas deixou bem claro[2]. Este simples fato, que serve de base para toda a elaboração de Serge Viderman, por exemplo[3], é em si mesmo fonte de conflitos: pode-se mudar de método sem mudar de *teoria*? Essa questão é fundamental para os que se interessam pelas psicoterapias inspiradas na psicanálise. O fato de o instrumento de medida, o homem, ser, ele mesmo, o objeto de estudo aumenta essa dificuldade: a psicanálise repousa, com efeito, sobre certa ambigüidade, dado que a evolução do tratamento se baseia numa relação *inter*pessoal, enquanto seu objeto de conhecimento específico é o Inconsciente, ou seja: o mundo *intra*psíquico. A teoria psicanalítica refere-se essencialmente às relações que o homem estabelece com seus objetos *internos* e não com os *externos*. O objeto é, segundo a teoria freudiana, "aquilo em que e por que a pulsão procura atingir seu alvo, isto é, algum tipo de satisfação"[4]. O objeto, portanto, só é visto em sua dimensão subjetiva: ele deve ser desejado pelo sujeito. Na relação analítica, o psicanalista deve abstrair-se de seus próprios desejos, afastar-se totalmente e "oferecer-se como objeto" para os desejos do analisando, para aprender a conhecer os objetos internos desse analisando. Compreende-se, pois, que a própria disposição do tratamento (o enquadre), em combinação com algumas regras rigorosas, seja particularmente impor-

---

2. E. Gilliéron, C. Merceron, P. Piolino e F. Rossel: *Evaluation des psychothérapies analytiques brèves et de longue durée: Comparaison et devenir*, já citado.
3. S. Viderman: *La construction de l'espace analytique*, já citado.
4. Laplanche e Pontalis: *Vocabulaire de psychanalyse*. Paris, P.U.F., 1967.

tante: trata-se de criar condições de observação estritas que permitam "afastar-se ao mesmo tempo em que se está presente". A posição divã-poltrona, o analista subtraído à visão do analisando, a regra da abstinência e o silêncio do analista são parâmetros que oferecem essa possibilidade. *O processo psicanalítico não se dissocia de seu enquadre e de suas regras*. Freud, todavia, rejeitando qualquer integração dessas regras nas elaborações teóricas, formulou condições de algum modo experimentais que permitem a observação precisa dos fenômenos *intrapsíquicos*. Por necessidade heurística e para evitar que suas descobertas desaparecessem no naufrágio de uma teoria que negasse o Inconsciente, Freud, preocupado com o rigor, isolou parcialmente o homem de seu contexto para descrever o funcionamento intrapsíquico, visto que, para aceitar *abertamente* variações técnicas na psicanálise, teria sido necessário integrá-las numa *nova* teoria. Suas elaborações fundamentam-se, conseqüentemente, em duas premissas implícitas:

1. o analista é "puro espelho";
2. o enquadre é constante.

Se a atitude de Freud é rigorosa, de um ponto de vista epistemológico, não cabe aplicá-la ao estudo das psicoterapias de inspiração psicanalítica, na medida em que estas derivam, precisamente, de modificações nos "arranjos": passagem para o "face a face", diminuição da freqüência das sessões, etc. Assim, de acordo com nosso ponto de vista, toda teoria das psicoterapias deveria começar pelo estudo do papel do enquadre e de suas regras.

A nosso ver, qualquer teoria da psicoterapia psicanalítica deveria integrar os seguintes parâmetros (ver as "Preliminares", no início deste livro):

1. o funcionamento *intra*psíquico;
2. a *relação inter*subjetiva e suas propriedades específicas;
3. o *enquadre*.

No entanto, parece-nos equivocado considerar estes diferentes parâmetros apenas pelo prisma psicanalítico, na medida em que, como acabamos de mostrar, ele só se adapta ao funcionamento intrapsíquico, onde enquadre e analista *não são levados em conta* a não ser de um ponto de vista puramente subjetivo: são vistos a partir do "*interior* do sujeito", mas não se chega a compreender sua influência *sobre* o sujeito. É indispensável, portanto, recorrer a outras referências teóricas para definir a articulação destes diferentes parâmetros.

Sem querer aprofundar demais essa questão, digamos simplesmente que nos parece indispensável definir as *relações* entre estes parâmetros, para compreender o processo psicoterápico. A fim de consegui-lo, podemos nos referir às teorias sistêmicas que têm por característica comum estudar os fenômenos em seu conjunto, o contexto geral no qual eles ocorrem, seu aspecto dinâmico, em função do tempo e do espaço. Um sistema pode ser definido como um conjunto de partes em interação umas com as outras. Desse modo, a *dupla terapeuta-paciente pode ser considerada como um sistema*. Um dos aspectos mais originais das teorias sistêmicas é a descrição de sistemas ditos "abertos", próprios dos seres vivos, cujo funcionamento é diametralmente oposto ao das matérias inorgânicas. Para estas, em função da segunda lei da termodinâmica, vale uma tendência crescente em direção à desordem, enquanto os seres vivos evoluem para um estado cada vez mais organizado[5]. A propósito, recordemos alguns princípios fundamentais:

2. MODELO SISTÊMICO E TEORIAS DA COMUNICAÇÃO

Segundo a ótica sistêmica, considera-se como *unidade* não mais o indivíduo, mas um *conjunto*, que *caracteriza o grupo*. Visa-se definir algumas *características fundamentais dos fenômenos grupais*.

---

5. Von Bertalanffy: *La théorie générale des systèmes*. Paris, Dumond, 1973.

Princípios básicos

Todo grupo natural, como a família, é considerado um *sistema cibernético aberto*, continuamente intercambiando *informações* com o exterior. Tais intercâmbios são traduzidos em termos de "mensagens" ou "informações" e não em termos de "forças" ou "quantidades" ou mesmo de "massas". Sistemas assim concebidos têm as seguintes propriedades:

a) *Princípio de totalidade* ou de "não aditividade": um sistema é uma unidade funcional, um conjunto que não pode ser considerado como a soma das partes que o compõem: a família não é constituída simplesmente pela soma das características dos indivíduos que a constituem, mas tem *características próprias*, como qualquer grupo organizado.

b) *Princípio de organização*: todo sistema onde haja relações duráveis entre os participantes tende a se organizar em função de objetivos comuns. Essa organização requer *definição de determinadas regras* que limitem a liberdade dos indivíduos e mantenham a coesão e a ordem dentro do grupo. Trata-se, portanto, de um estado de equilíbrio (homeostase) mantido por uma *auto-regulação*. Essa homeostase é mantida através das *respostas negativas* dadas aos comportamentos que transgridam as regras (feed-back negativos).

c) Princípio de *adaptação*: algumas mudanças podem mostrar-se necessárias em função das circunstâncias. O grupo deve então modificar seus mecanismos de auto-regulação e elaborar *novas regras*. Por exemplo, quando aparece um novo comportamento num dos membros do sistema, ou quando há mudanças no contexto, o grupo pode responder não através de feedback negativo, mas com um *feedback positivo*. Quer dizer: o novo comportamento é encorajado, em vez de ser desaprovado, o que leva a uma *alteração*, com a elaboração de *novas normas*. Trata-se da propriedade mais importante do sistema familiar; dela depende a saúde das crianças. De fato, por causa de sua imaturidade, a criança se desenvolve por etapas sucessivas, precisando de constantes readaptações do equilíbrio do meio familiar (os pais não têm o mesmo comportamento em relação ao bebê do que em relação à criança no começo da escolaridade ou na puberdade, etc.).

Assim, as teorias sistêmicas descrevem o equilíbrio entre dados individuais e dados ambientais.

A noção de equilíbrio — homeostase — apóia-se em concepção teórica fundamental, a de *"circularidade"*, ou de *"cibernética"*. De fato, o equilíbrio de um sistema pressupõe que existam forças contrárias dentro dele. Na família, por exemplo, tendências centrífugas e tendências centrípetas se confrontam. A ótica sistêmica descreve o procedimento da auto-regulação, responsável pela manutenção do equilíbrio entre forças opostas.

Precisemos um pouco mais esta questão. Tradicionalmente, interpreta-se a patologia em termos de causalidade linear; procura-se um agente *causal*. Segundo a primeira teoria freudiana, por exemplo, considerava-se que um trauma seria a *causa* dos distúrbios neuróticos; posteriormente, diríamos que as dificuldades no desenvolvimento psicossexual se tornaram a *causa* desses mesmos distúrbios neuróticos, etc. Poderíamos esquematizar o processo da seguinte maneira:

$$A \rightarrow B \rightarrow C \rightarrow D \rightarrow E \rightarrow etc.$$

(A acarreta B, que acarreta C, etc.)

O modelo cibernético, ao contrário, descreve um sistema com *retroação*, conforme esquema da página seguinte.

Toda mudança implica uma crise que não é, em si mesma, patológica. Ao contrário, se algumas crises podem ser motivadas por acidentes como separações, mortes, doenças graves, etc., outras se tornam necessárias pela evolução dos filhos, ou por mudanças nas condições de vida (ascensão profissional, por exemplo). O paradoxo dos sistemas abertos é justamente o de que toda manifestação pode ter aspectos ao mesmo tempo negativos e positivos.

sistema aberto

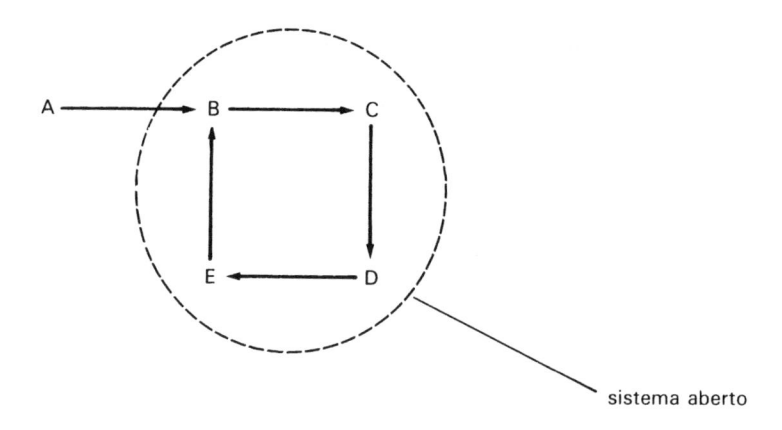

3. TEORIA DA COMUNICAÇÃO E PSICANÁLISE

Há alguns anos, muitos autores, especialmente na Argentina[6] e nos Estados Unidos[7], dedicaram-se a definir as possíveis ligações entre estes dois modelos que tudo parecem separar: tendemos a considerar que a ótica psicanalítica é puramente individualista e causalista, enquanto a ótica sistêmica é grupal e cibernética. Trata-se de visão precária que não leva em conta a segunda tópica freudiana nem a sutileza do pensamento de Freud que sempre defendeu uma posição *dualista*, colocando em jogo forças *contraditórias* cujo equilíbrio (homeostase) está constantemente ameaçado. Desviar-nos-íamos, porém, de nosso propósito, se desenvolvêssemos este tema. Mais interessante, aqui, é a crítica que o psicanalista poderia fazer aos teóricos da comunicação. Todos os princípios acima descritos parecem muito afastados das preocupações do psicanalista, dado que nem é lembrada a noção de Inconsciente e que apenas são descritas as relações "visíveis", ou *objetiváveis*, não as inter*subjetivas*. No entanto, contentar-se com

---
6. Cf. D. Liberman: *Linguistica, Interaccion communicativa y proceso psicoanalítico.* Buenos Aires, Nueva Vision, 1976.
7. Cf. L.W. Sander: "Regulation of Exchange in the Infant Caretaker system: A Viewpoint on the Ontogeny of 'Structures' ". *In*: N. Freedman, S. Grand (Hrsh): *Communicative structures and Psychic Structures.* Nova York, Plenum Press.

essas considerações seria esquecer que estão em tela princípios *abstratos* que descrevem as relações entre diferentes, *quaisquer que sejam eles*. Negligenciar o Inconsciente não é obrigatoriamente negá-lo ou descartá-lo: vimos como Freud, em suas elaborações metapsicológicas, fez abstração do enquadre e do analista; não poderíamos dizer, porém, que lhes negava importância: ele foi o primeiro a falar da contratransferência. Foi ele também quem recusou uma teorização em torno do enquadre; assim procedendo, admitia implicitamente sua importância.

Sem colocar em questão a metapsicologia freudiana, podemos perfeitamente nos referir a esses diferentes princípios para estudar a *relação* psicoterapêutica ou psicanalítica e o *enquadre* a fim de colocar em evidência os *liames* que unem esses diversificados elementos. O enquadre pode ser considerado como o *contexto* da relação psicoterápica; a relação, como o *contexto* onde podem aparecer os produtos da vida intrapsíquica individual (I.C.S.), etc. Delineia-se, desse modo, um encaixe cujas diferentes partes mantêm relação *hierárquica* entre si. Tal perspectiva permite mostrar a necessidade de estabelecer distinção entre enquadre e processo, de postular os pesos dos elementos contextuais sobre os elementos individuais.

Além disso, o princípio da *totalidade* empresta forma ao processo: o que se diz durante o tratamento resulta claramente da *combinação* dos psiquismos de *dois* interlocutores (terapeuta e paciente); trata-se, evidentemente, como revelou *S. Viderman*, de *nova* formação, criação conjunta do paciente e do terapeuta, e não de criações individuais. Compreendemos agora como o analisando "aprende" a linguagem do analista e vice-versa: o que aparece durante o processo terapêutico nem é puro reflexo do I.C.S. do paciente, nem simples sugestão do terapeuta.

O princípio da *homeostase* fornece bom modelo da dinâmica das *interações* paciente-terapeuta. Permite conhecer melhor o efeito das intervenções ou interpretações do terapeuta: de um lado, as que podem provocar uma crise (abrindo, assim, caminho para mudanças), de outro, as que, pelo contrário, mantêm a coesão da "dupla terapêutica". Assim, a maioria das intervenções sobre as resistências têm um efeito homeostático evidente: diz-se ao paciente que ele não está se comportando como deveria em seu tratamento (feedback negativo). Afirmar para o paciente em silêncio que ele está dissimulando um pensamento ansiogênico, por exemplo, é dizer-lhe, ao mesmo tempo, que *deveria* falar e que *não está obedecendo à regra fundamental*. Uma simples intervenção desse tipo reforça a aliança analista-analisando e prolonga a relação. Nota-se agora claramente por que *Freud* viu seus tratamentos se prolongarem consideravelmente quando, ao mudar de orientação técnica, deu atenção às resistências e não apenas aos conteúdos das associações (ver Capítulo I).

Enfim, o princípio de *adaptação* aplica-se a toda problemática da mudança psíquica e da interpretação mutativa (J. Strachey): algumas interpretações colocam o paciente em crise ao invalidarem suas convicções anteriores. Por exemplo, uma interpretação transferencial deixa freqüentemente o paciente numa situação de "duplo constrangimento" (D. Jackson) que o obriga a apelar para suas capacidades criativas e a *mudar*.

Não podemos chegar às minúcias desses diferentes pontos, mas assinalamos simplesmente que essas concepções servem de suporte para as elaborações seguintes.

Assim, consideramos a relação paciente-terapeuta como um todo em interação no qual o paciente exerce influência significativa sobre o terapeuta e o terapeuta exerce influência similar sobre o paciente. Além disso, ambos são influenciados pelo contexto de sua ação.

4. ENQUADRE E RELAÇÕES PSICOTERÁPICAS*

A relação psicoterápica está contida no enquadre que, portanto, ocupa uma posição hierarquicamente mais elevada; seu pe-

---

* A tradução correta para *cadre* seria "enquadramento". "Enquadre" não se encontra dicionarizado em português. No entanto, essa palavra é utilizada no meio psicanalítico com tal freqüência, que, a meu ver, justifica-se o assalto ao vernáculo aqui reforçado. (N.R.T.)

so se fará sentir, ao longo de todo o tratamento, sobre o terapeuta e sobre o paciente.

Entendemos por enquadre um conjunto de fatores que compreendem as determinantes socioculturais da psicoterapia e os parâmetros fixos do tratamento. Trata-se de uma noção complexa, que separa o espaço do tratamento do espaço social, delimitando, assim, uma zona privilegiada onde os atos e as palavras trocadas adquirem *valor* terapêutico.

Parece que a necessidade social de uma delimitação clara do campo da terapia e da posição do terapeuta surge em todas as culturas. Em cada situação terapêutica, alguns *tabus* são anulados, mas, em contrapartida, algumas *proibições* tornam-se mais evidentes. Admite-se, por exemplo, que nas *psicoterapias de inspiração psicanalítica seja viável tudo dizer e nada fazer*. Ao "dizer tudo" associa-se a promessa do *sigilo*. Algumas características, que chamaremos de "indicadores do enquadre" ou de "contexto", revelam o aspecto extraordinário de situação: nítida ritualização das trocas (horário, duração fixa das sessões, neutralidade do lugar onde ocorrem os encontros, etc.), assimetria das relações (posição de doente e posição de médico, etc.). Assim, o enquadre delimita o campo terapêutico dentro do qual algumas regras de funcionamento determinarão um processo terapêutico, parâmetros indispensáveis cuja função é dupla, tópica e dinâmica. *Tópica*: delimitar um *lugar* terapêutico; *dinâmica*: estabelecer um campo dinâmico capaz de permitir a evolução de um *processo* terapêutico. Esse processo será determinado pelas *regras* a que terapeuta e paciente obedecerão.

A partir de 1950, crescente número de trabalhos psicanalíticos têm evocado o enquadre (Winnicott, Miller, Bleger, Donnet, etc.). Winnicott, com a noção de *holding*, assinalou a importância do ambiente psicanalítico na evolução de determinados pacientes. Bleger, que distinguia entre o que faz parte do *enquadre* e o que faz parte do *processo*, assinalou que o enquadre é o fundo mudo e imutável sobre o qual o tratamento se desenrola. Pa-

ASPECTOS TEÓRICOS E CONCLUSÕES

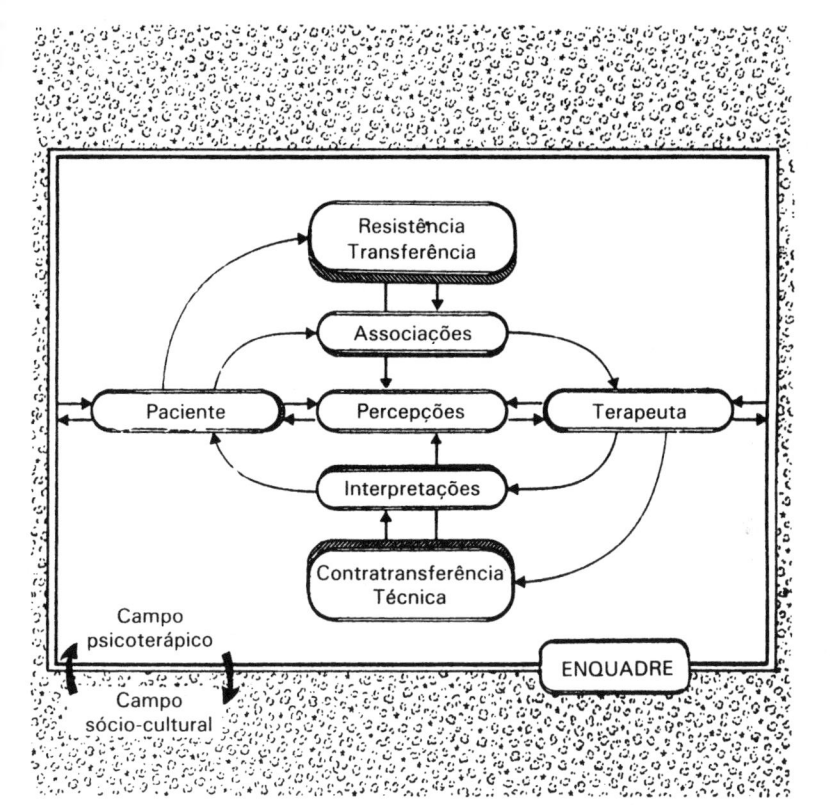

```
                    ┌─────────────┐
                    │ Resistência │
                    │Transferência│
                    └──────┬──────┘
                           ▼
                    ┌─────────────┐
                    │ Associações │
                    └──────┬──────┘
  ┌──────────┐      ┌─────────────┐      ┌──────────┐
  │ Paciente │◄────►│ Percepções  │◄────►│ Terapeuta│
  └──────────┘      └──────┬──────┘      └──────────┘
                           ▲
                    ┌──────┴──────┐
                    │Interpretações│
                    └──────┬──────┘
                           ▲
                 ┌─────────┴────────┐
                 │ Contratransferência│
                 │      Técnica      │
                 └───────────────────┘
  Campo
  psicoterápico
                                              ENQUADRE
  Campo
  sócio-cultural
```

ra S. Viderman ou J.-L. Donnet, enquadre e interpretação são indissociáveis: o enquadre é "o que fundamenta o *poder* da interpretação e a interpretação é o que fundamenta a legitimidade do enquadre" (J.-L. Donnet, 1973, o grifo é nosso). Para A. Green, é em função do enquadre que se constrói a *simbolização*: "a pulsão procura a satisfação através do objeto, mas quando ela não é possível, em vista de *inibição dos objetivos impostos pelo enquadre*, resta-lhe a via da elaboração e da verbalização" (Green, p. 244). Vemos, assim, que há interesse crescente pela influência do enquadre sobre o funcionamento psíquico.

Precisemos desde o início: aludindo aos estudos transculturais, quisemos entender o que acontecia no enquadre analítico, devolvendo este último ao *seio da cultura ambiente*, porque, segundo nosso postulado fundamental, *todo sistema terapêutico se estabelece de acordo com as leis vigentes em determinada cultura*. O enquadre delimita o campo onde se encontrarão os "espaços do jogo" (Winnicott) do paciente e do terapeuta. A nosso ver, as *regras do jogo* definem-se em relação à cultura ambiente; em tela: a satisfação do desejo. Toda cultura define claramente os modos autorizados ou proibidos de satisfação dos instintos. É universal o tabu fundamental do incesto. O psicanalista compartilha com a maioria dos curandeiros o *acesso* às zonas interditadas, mas, como eles, para ter esse direito, tem de respeitar alguns princípios básicos dos quais o principal é manter-se em lugar *à parte*, afastado da vida cotidiana. Assim como o curandeiro, o psicanalista envolve-se numa aura de mistério, condição *sine qua non* para o desenvolvimento da transferência. *Uma das funções do enquadre é manter esse mistério*, o qual contrasta com a *liberdade da palavra*, que valoriza o registro simbólico em detrimento das realizações pulsionais. A primazia do símbolo encontra-se em muitas técnicas de cura[8]. A tudo isso acrescenta-se uma característica primordial: a *ambigüidade* constante mantida entre símbolo e realidade, um paradoxo pelo qual se pretende falso o que é verdadeiro e verdadeiro o que é falso. O homem primitivo deve acreditar que o objeto apresentado pelo curandeiro seja realmente o objeto-doente extraído de seu corpo. O analisando deve acreditar na realidade de seus sentimentos para com o analista. Ausente essa crença, interrompe-se o processo de cura. A função do enquadre é a de manter confusão constante entre o simbólico e o real, o que, segundo o modelo freudiano, corresponde à "regressão formal, tópica e temporal", ou também, segundo a teoria da comunicação, à situação *paradoxal*; que J. Haley, num capítulo meio caricato, mostrou claramente[9]. No en-

---

8. Trata-se geralmente de *atos simbólicos*, mas também de palavras.
9. J. Haley, *Strategies of psychotherapy*. Nova York, Grune & Stratton, 1963.

tanto, é preciso notar que esse paradoxo é o da criação artística que visa compartilhar, com os espectadores ou com os leitores, o mundo do autor. A criação nasceria, postula Winnicott, num "espaço transicional" cujas características são de natureza paradoxal: "a psicoterapia acontece ali onde duas áreas de jogo se encontram, a do paciente e a do terapeuta. Se o terapeuta não sabe jogar, ele não está qualificado para esse trabalho. Se o paciente não consegue jogar, é preciso fazer alguma coisa para capacitá-lo a tanto, depois do que a psicoterapia poderá começar. O jogo é essencial porque é jogando que o paciente se mostra criativo"[10]. O enquadre, cujas modalidades devem ser apropriadas para favorecer a ação terapêutica, delimita, portanto, um campo fundamentalmente paradoxal, condição indispensável, parece, para despertar a criatividade do paciente.

5. VARIAÇÕES NO ENQUADRE

Resumida e esquematicamente:
O enquadre tem como função delimitar um espaço intersubjetivo no qual os parceiros possam recorrer às suas capacidades de jogar, especialmente à *criatividade*. A característica profunda do que aí se tece é de natureza paradoxal, e se aproxima (à primeira vista) de outras formas de criação artística. A utilização deste cenário determinará, como veremos adiante, a natureza *terapêutica* do processo, com o aparecimento dos elementos das *técnicas interpretativas*.

As características do contexto podem mudar, mas o alvo fundamental continua o mesmo: apelar para as capacidades *criativas* dos parceiros presentes, capacidades que se revelarão na natureza da transferência e da contratransferência. Temos aqui um ponto fundamental para quem quiser conhecer a diferença de pro-

---
10. D. W. Winnicott: *Jeu et réalité, l'espace potenciel*. Editions Gallimard, p. 76, 1971.

cessos, nas psicoterapias analíticas breves e na psicanálise. Essa diferença diz respeito mais ao enquadre do que à interpretação.

De fato, o desconhecimento dos efeitos específicos do enquadre pode ser a origem de inúmeros mal-entendidos e, a nosso ver, pode explicar bastante bem críticas imponderadas que alguns autores dirigem às psicoterapias analíticas breves: apoiando-se em confusão lógica entre efeitos e meios, eles chegam a utilizar como referência o modelo psicanalítico, esquecendo que é indispensável explicitar se usam o modelo *teórico* ou o modelo técnico (enquadre e interpretação).

É certo que a psicanálise seja indissociável de seu enquadre ou de seus parâmetros. Porém, com base numa experiência *inter*subjetiva, extrapolou-se uma teoria de funcionamento *intra*psíquico. Coloca-se a questão: o que sobra dessa teoria quando se muda o dispositivo do tratamento?

A nosso ver, a modificação dos parâmetros, em psicoterapia, determina um processo diferente que seria errôneo descrever nos mesmos termos com que se descreveria o processo psicanalítico. Pudemos fazer as mesmas constatações a respeito de outras variações técnicas.

Sabemos que o dispositivo psicanalítico foi modificado nas três dimensões seguintes:

1) número de parceiros presentes (psicoterapia de grupo);
2) espaço geográfico (divã-poltrona; face a face);
3) temporalidade (freqüência, duração).

Outras modificações, no entanto, são de ordem *técnica*: questionamento acerca do *silêncio* do psicanalista, a *não-diretividade* e a *regra da abstinência*. Fala-se, portanto, da maior *atividade* do terapeuta, da *focalização* ou, às vezes, da *diretividade* e, em algumas situações (especialmente no tratamento das psicoses), de *gratificações* simbólicas ("maçã" da srta. Séchehaye, "beijo" de Ferenczi, gratificações propostas por Balint, etc.).

Lembremos aqui que o enquadre influencia os *dois* parceiros, enquanto a técnica é assunto do terapeuta. O corolário da técnica, no paciente, seria a resistência. A natureza das "trocas" varia, portanto, segundo o modo como se arranjam os parceiros. Se admitimos como axioma fundamental que a *função* do enquadre é a de estabelecer um campo terapêutico, sabemos que essa função é dupla e complementar, ou seja:

1. dar *significação* terapêutica aos atos do terapeuta e do paciente: o que acontece dentro do consultório, durante um determinado período de tempo, etc., é de natureza terapêutica;
2. *influenciar terapeuta e paciente* de maneira a tornar possível o trabalho terapêutico.

O primeiro ponto articula-se diretamente com a interpretação; o segundo implica a compreensão da influência do dispositivo sobre o funcionamento psíquico.

Examinaremos, agora, algumas conseqüências das modificações do enquadre.

a) Variação do número: o grupo

Comecemos pelo grupo: falaremos dele para colocação melhor de nosso tema. A situação em grupo, como se sabe, provoca movimentos regressivos massivos, regressão mais ou menos proporcional ao *número* de participantes. Ela é menos pronunciada nos pequenos grupos do que nos grandes grupos ou nas multidões. De fato, o sujeito, em situação grupal, encontra-se num contexto onde é de algum modo compelido a "compartilhar" com os terapeutas, o que mobiliza automaticamente as fantasias de retaliação (ele não mais se sente completamente inteiro; ele não passa de um membro de uma totalidade que é o grupo). Isso o leva a atribuir ao grupo seu sentimento perdido de unidade narcísica. O grupo se torna portador de suas esperanças. Toda a dinâmica, em comparação com o tratamento individual, fica assim modificada: mudam as resistências e os mecanismos de defesa predominantes. Não nos deteremos sobre as especificidades do pequeno e do grande grupo.

b) Modificações do espaço

Na psicoterapia *individual*, a mudança contextual é de outra ordem: é sobretudo a passagem da situação "divã-poltrona" para a situação "face a face" que modifica totalmente as coisas. De fato, quando o paciente não vê seu terapeuta, ele é obrigado, de algum modo, a imaginá-lo, a reconstruí-lo, a partir de suas imagens internas. Além disso, ele não se pode dirigir diretamente ao terapeuta e, se fizer alusão à pessoa do terapeuta, só pode falar em função do passado (do momento no qual o viu quando se cumprimentaram na porta do consultório, por exemplo). Contudo, fica bem claro tanto para o *terapeuta* quanto para o *analisando* que se fala constantemente de *lembranças* ou de imagens. Na situação face a face, ao contrário, o tempo está concentrado no presente: o paciente vê seu terapeuta e pode sempre nutrir a ilusão de que está se referindo *realmente* a ele. Para ilustrar esse ponto, vejamos uma seqüência extraída de uma sessão de psicoterapia breve:

A paciente, num dado momento, diz ao terapeuta: "Quando o sr. afirmou, na última vez, que eu pensava que o sr. me queria bem, eu não estava nem um pouco preocupada em verificar se isto era ou não verdade. Hoje, no entanto, eu estou vendo em seu rosto algumas piscadelas de olho, imperceptíveis acenos de cabeça e me pergunto o que é que eu posso ter dito para merecer a sua aprovação!" Nesta passagem, a paciente distingue claramente dois tempos, o passado e o presente. Apela para uma lembrança na qual se referia claramente a um sentimento interno (a impressão de que o terapeuta gostava dela) que não havia *verificado*, como diz, no rosto do terapeuta. Não tinha necessidade de saber se isso era verdadeiro ou falso. No momento *presente*, em vez disso, ela observa atentamente o rosto do terapeuta, tem a impressão de que ele move a cabeça imperceptivelmente, pisca os olhos. Para ela, trata-se de alguma coisa concreta, real, verdadeira. Mas será que realmente percebeu as piscadelas? Seriam os acenos de cabeça efetivamente motivados pelo que ela acabara de dizer? Aí está uma grande diferença entre a posição "divã-poltrona" e o "face a face": no face a face é muito difícil, tanto para o terapeuta quanto para o paciente, estar seguro de que não se está aludindo a uma *realidade presente* e de que se esteja prestes a evocar um movimento transferencial. A diferença entre fantasia e realidade é muito mais difícil de ser estabelecida. Numa situação psicanalítica, ao contrário, a paciente teria dito ao analista: "Há uns quinze minutos, mais ou menos, quando entrei em seu consultório, tive a impressão de vê-lo acenar a cabeça em sinal de aprovação." Como ele estaria no momento presente, ela não pode saber. Ambos estão cientes de que falam de uma lembrança, de que se referem a uma imagem guardada na *memória* e não a uma percepção imediata ocorrida no *presente*. Na psicoterapia, contudo, houve a possibilidade de a paciente ler o rosto do terapeuta e perceber nele alguma coisa concreta. Esse segundo aspecto é característico de qualquer psicoterapia. Outra seqüência da mesma sessão ilustrará ainda melhor esse ponto. A paciente diz:

"Minha relação com minha mãe era menos clara que a relação com meu pai. É verdade, porque eu e meu pai, finalmente entendi, somos muito parecidos: meu pai é tão indisciplinado quanto eu..." Um pouco depois ela prossegue: "Quando eu era adolescente, havia cenas terríveis nas quais meu pai ameaçava deixar nossa casa porque eu era muito bagunceira e de algum modo dificultava a relação entre eles..." A paciente pára bruscamente, pensa um momento, depois diz: "Oh! um pensamento acaba de cruzar minha mente, mas eu logo lhe conto o que foi; quero terminar o que estava narrando, senão o sr. também me dirá que sou indisciplinada em meu pensamento." O terapeuta lhe pede, mesmo assim, que fale do pensamento que lhe passou pela mente e ela responde: "Oh! acabo de me perguntar por que eu fico lhe contando estas histórias; sinto-me egoísta de ficar falando tanto de mim."

Em sessão desse tipo, vê-se claramente que existe uma relação estreita entre o que a paciente *está vivendo, no presente, com seu terapeuta, e o que ela conta de sua infância*: era muito indisciplinada aos olhos do pai — que detestava seu jeito espalhafatoso. Durante a sessão, ela experimenta a mesma sensação: um pensamento lhe passa pela mente (eu sou egoísta) mas não pode

Médico e paciente face a face

O enquadre influencia os dois parceiros, apenas um observador pode perceber a natureza de sua relação E A SITUAÇÃO EM SEU CONJUNTO.

apresentá-lo pois, diz ela, *tem a sensação de que também o terapeuta lhe dirá que é indisciplinada*. No momento *presente*, ela se sente ao mesmo tempo indisciplinada e entediante para seu terapeuta. Reproduz-se, portanto, no aqui e agora, uma situação que ela diz ter vivido outras vezes com seu pai. No entanto, é impressionante ver o quanto a sensação é atual e notar que, embora ela tenha acabado de evocar uma cena do passado, não tenha consciência de estar *repetindo*, em sua relação com o terapeuta, algo já vivido. Ela não consegue estabelecer ligação entre sua lembrança e o presente, não percebe que, na verdade, projeta sobre o terapeuta, ou melhor, *no* terapeuta, a imagem de seu pai: faz confusão entre fantasma e realidade. Pensa que o terapeuta vai realmente chamá-la de "bagunceira" e tenta *persuadi-lo* de que ele é realmente este personagem, o que é característico da relação "face a face". Na situação "divã-poltrona", uma paciente como essa teria a tendência de dizer: "Tenho a *sensação* de que o sr. *vai me achar indisciplinada*"; mostrando-se menos afirmativa. O imediatismo dos movimentos transferenciais é próprio da *psicoterapia em geral*: a situação psicoterápica mobiliza intensamente os movimentos transferenciais, a ponto de tornar difícil, tanto para o paciente quanto para o terapeuta, fixar a distinção entre realidade e transferência. Este aspecto é justamente a característica da neurose de transferência, onde, num dado momento, o analisando polariza todas as expectativas e os conflitos na pessoa do terapeuta. De um ponto de vista dinâmico, existe, no entanto, uma diferença essencial entre a neurose de transferência, tal como aparece na situação psicanalítica, e a transferência na psicoterapia. Na situação analítica, o sujeito se baseia essencialmente nos objetos internos e não em *levar em consideração* uma presença visível. Na situação psicoterápica, ele também se apóia em seus objetos internos, mas deve se acomodar a uma presença visível. Procede, portanto, imaginar que os mecanismos de defesa aos quais o sujeito recorre possam ser diferentes.

Se "a relação psicanalítica (...) é especificada pela ausência do analista" (R. Henny)[11], a relação psicoterápica é especificada pela *presença visível* do psicoterapeuta: às associações verbais acrescenta-se toda uma gama de mensagens não verbais, decorrentes de certa *transparência gestual*. A importância desta última é inegável: sabe-se, por exemplo, que um terapeuta prevenido percebe freqüentemente do que seu paciente está sofrendo antes que ele se manifeste verbalmente. Basta observar: uma postura moderada e atenciosa evoca imediatamente o obsessivo; uma postura mais exagerada, a ponto de parecer um pouco estranha, pode sugerir alguns "estados-limite" (Bergeret); o olhar demonstra a angústia, etc. Tudo isso mostra a importância da visão e das mensagens não verbais cujas características são as seguintes: ausência de sintaxe ou de possibilidade de argumentação (a mímica não explica o *porquê* deste ou daquele ato); não há uma ordem

---

11. R. Henny: "La relation thérapeutique dans le champ de la psychanalyse freudienne". *Psychologie Médicale*, tomo 9, n? 10. Paris, 1977.

de seqüência lógica ou expressão de alternativa (ou isto ou aquilo); não existe indicação de temporalidade (passado ou futuro); valor simbólico de alguns gestos (punho fechado, balançar do pé, acenos de cabeça, etc.). Estamos sempre diante de dados *concretos*. Essas características integram o que Freud disse sobre o funcionamento do inconsciente e do processo primário. Não queremos dizer com isso, de modo algum, que o inconsciente e o infraverbal sejam idênticos, mas simplesmente que as *características* das mensagens não verbais *se parecem* com as do processo primário, o que lhe dá uma *força considerável*. É através delas que o paciente pode influenciar o terapeuta, sem que ele disso se dê conta. A presença visível do interlocutor dirige o processo associativo para uma determinada direção, que poderíamos ten-

Face a face

O paciente tem a possibilidade de ler o rosto do terapeuta. Pode projetar nele suas próprias emoções crendo que se tratará da realidade do outro.

tar definir assim: através de sua presença, o terapeuta oferece-se a si mesmo como objeto de desejo do paciente; ele polariza, em si, as expectativas deste último. Em conseqüência disso, o paciente, em sua necessidade de fazer com que a pessoa do terapeuta corresponda a suas imagos, exerce uma *pressão inconsciente* sobre ele: procura, de algum modo, "integrá-lo" em seu Ego. Acontece que, se o enquadre analítico favorece a seleção narcísica (Grunberger), o enquadre psicoterápico leva a uma espécie de fusão narcísica, na qual o paciente *confunde* seu terapeuta com seus objetos internos.

Esta restrição do espaço imaginário prejudica a verbalização e acentua a importância das interações, isto é, comportamentos respectivos dos interlocutores (propriedades sistêmicas da relação). O funcionamento fusional comporta evidentemente um aspecto de resistência à tomada de consciência. De fato, o "face a face" mobiliza e polariza as pulsões, criando a ilusão de uma possível realização de desejos. A ausência do interlocutor visível incita o paciente a investir numa *idéia* de analista; a presença, estimula o investimento na *pessoa*. A resistência à conscientização pela ilusão é diferente da neurose de transferência e precisa de uma rigorosa técnica de interpretação, baseada na apreciação da articulação entre interações e fantasias.

Assinalemos simplesmente este fato: quando o paciente vê seu terapeuta, é mais difícil imaginá-lo; o paciente tem a impressão de saber quem é seu terapeuta.

c) Temporalidade

Vimos, até agora, que a dimensão temporal é indissociável da espacial. A posição "divã-poltrona" introduz automaticamente a diacronia na relação; o "face a face", ao contrário, provoca um curto-circuito nessa relação e acentua o "aqui e agora".

O tempo subjetivo e o tempo do relógio (narcisismo e temporalidade)

Em psicanálise, a questão do tempo foi amiúde discutida, começando, é claro, pela descrição dada por Freud do funcionamento do Inconsciente (não considera a duração). "Os processos do sistema Ics são atemporais, quer dizer, não são ordenados no tempo, nem se modificam com o passar do tempo. A relação com o tempo também está ligada ao trabalho do sistema Cs."[12] Que influência exerce então o enquadre temporal? As coordenadas do tratamento psicanalítico visam, como já vimos, permitir uma regressão tópica e temporal, ao limitar as possibilidades de controle do sistema consciente de acordo com o modelo do Capítulo VII do livro *A interpretação dos sonhos*. Quereria isso dizer que seria impossível o acesso ao Inconsciente ao ser introduzida uma dimensão temporal no tratamento, dado que o tempo seria um fato apenas pertinente ao sistema Cs? Essa é uma questão fundamental para quem se interessa pelas psicoterapias breves. Muitos autores acham, de fato, que a limitação da duração evita a regressão (cf. Alexander, por exemplo). Mas considerar a questão apenas deste ponto de vista é esquecer a dinâmica que liga os *três* sistemas Ics-Pcs-Cs. Essa dinâmica pode ser analisada por diferentes ângulos, entre os quais o principal parece ser aquele que Freud chamou de "ligação da energia psíquica", quer dizer, os tipos de relação entre os *afetos* e as *representações*. Antes de abordar esses aspectos, devemos assinalar que muito freqüentemente os receios provocados pela proposta de limitar a duração de um tratamento são permeados pela ilusão narcísica de que existiria certa perfeição de equilíbrio mental à qual se deveria chegar. Com efeito, eis uma pergunta quase sempre levantada pelos terapeutas inexperientes: "O que fazer, na última sessão, se não tivermos terminado?" A indagação traduz o receio de não dispor de "tempo suficiente" para chegar "até o fim", atitude ambígua e ingênua que pretende fazer da duração um dado *concreto*, confundindo o tempo subjetivo com o tempo do relógio. Nessa atitude se percebe a ilusão narcísica de aspirar que o paciente atinja certa *perfeição* no final do tratamento.

---

12. S. Freud: "L'Inconscient". *In*: *Métapsychologie*. Collection Idées. Paris, Gallimard, 1967, p. 97.

Sincronia e diacronia: o momento e a duração

H. Stierlin tentou tratar do assunto no contexto da teoria geral das relações humanas. Ele privilegia um aspecto específico das relações: a dialética entre o momento e a duração, por ele chamada de "balanço momento-duração", com relevante função nas relações interpessoais. Ele insiste, por exemplo, na importância do "timing" na psicanálise: de fato, o analista que deseja interpretar, deve escolher o *momento* propício, quando o material se tornou pré-consciente. Para fazê-lo, deve referir-se ao *passado* de sua relação com o paciente e levar em conta o que ele espera no *futuro*. É um momento de equilíbrio no balanço momento-duração, equilíbrio que já contém um germe de sua própria ruína e de novo reequilíbrio. Na realidade, toda relação mútua normal implica um remanejamento constante desse equilíbrio.

Além disso, o grau de profundidade das relações interpessoais varia enormemente segundo o tempo de duração da relação na qual a pessoa está se engajando. Numa relação *breve* onde o futuro está quase ausente, pode ocorrer uma espécie de "empatia desapegada". Esse tipo de empatia permite enfrentar, sem perigo, os fantasmas mais arcaicos do interlocutor. Este, por seu lado, tende também a revelar seus aspectos mais íntimos. Cada analista, cada psicoterapeuta, sabe até que ponto, no início do tratamento, os problemas podem aparecer claramente e o quanto eles podem obscurecer-se depois... o que leva a supor que existe uma influência do enquadre temporal sobre o funcionamento psíquico. A questão do balanço momento-duração é extremente interessante, pois ele nos põe diante de um novo paradoxo: *quanto mais breve a duração da relação, mais intensas serão as emoções, e mais intensos serão, também, os fantasmas compartilhados*. Essa regra encontra seu ponto culminante nos inesperados encontros de amor, movimentos de relação narcísica nos quais terá de ser compreendida a função em relação ao enquadre temporal.

A duração e a transferência: da elação narcísica como defesa contra a problemática da separação

É errado supor que apenas a ausência de limitação da duração favoreceria o "fantasmar"*. Bem ao contrário, no que diz respeito ao enquadre, existe uma articulação lógica entre a duração e o espaço. Duração e espaço são relativos entre si: "Na situação regressiva da análise, no 'setting' de cada sessão em particular, é como se o espaço primordial pudesse ser reconstruído e, paralelamente, como se o tempo novamente parasse. Um espaço cujos limites talvez fossem negados e que passasse a ser concebido como ilimitado. Um espaço idílico, submerso na eternidade."[13] Em psicanálise, *propõe-se* ao analisando um enquadre atemporal que somente os limites da duração das sessões contrariam. Nessas condições, o analisando cede à pressão de sua vida interna e revela os aspectos mais ocultos de sua personalidade. Por outro lado, se, num dispositivo psicoterápico, limita-se a duração, o paciente, sob a pressão da angústia de separação, pode apelar para dois recursos: negar o *limite*, *substituindo* a realidade do Outro por seu imaginário pessoal (*reconstruir o Outro à sua imagem*) ou *ceder* diante do obstáculo temporal e desistir, não ocorrendo, pois, o processo terapêutico. Encontramos novamente aqui a dimensão da *transferência* e da defesa contra a transferência, mas descobrimos, outra vez, a importância do estabelecimento de uma *situação paradoxal* (estamos presentes; ao mesmo tempo, contudo, se delineia a ausência) *como condição indispensável para seu desenvolvimento.*

O tempo e a representação

As considerações anteriores concernem essencialmente à dimensão temporal que se *propõe* ao paciente, ou analisando: *fixa-se* ou não o *limite* para a relação. Problema de limite e não de *duração*.

---

* N. do R. *Fantasmatisation* no original.
13. G. Abraham: "The sense and concept of time in psychanalysis". *Int. Rev. of Psychoanalysis*, vol. 3, 4, p. 471.

Isoladamente, o *decorrer do tempo* concerne à *economia* do tratamento e não é representável. Somente a presença ou a ausência do objeto são representáveis. Dos *momentos* da existência, algumas idades podem ser simbolizadas (nascimento, adolescência, velhice, etc.), porém as representações refletem *situações críticas* onde perdas e aquisições estão em jogo: nascimento, paraíso perdido — aquisição do nome; velhice: juventude perdida, mas sabedoria e serenidade; *adolescência*: ambigüidade sexual e *passagem* da infância à idade adulta, etc. Todas são zonas fronteiriças que podem, portanto, situar-se em relação ao *complexo de castração e suas origens*. Poderíamos dizer, muito esquematicamente, que o surgimento do complexo de castração coincide com o *momento* no qual aquilo que até agora tinha sido da ordem puramente econômica (tensões e alívio) se torna *figurável*: a ausência do pênis é a explicação "après coup" que se dá para todas as faltas anteriores.

É conhecida a privilegiada ligação da castração com o processo de simbolização. A angústia de castração está relacionada com a angústia de separação (*Freud, Rank*), angústia que também possui uma dimensão *intersubjetiva*[14]: a perspectiva do reencontro, associada à uma separação próxima, só despertará as representações que tenham a ver com o complexo de castração e suas origens, favorecendo as trocas no nível *simbólico*.

Essas considerações, em conjunto, concernem ao *enquadre que se propõe* ao paciente: enquadre limitado no tempo, enquadre ilimitado. O limite confirma a problemática da castração, da Lei do Pai; a ausência de limite confirma a onipotência narcísica, a Lei da Mãe.

Duração imaginária-duração real

A *limitação da duração mobiliza os afetos*: pensemos apenas na atitude subjetiva eminentemente diferente que adotamos quando, para chegar a um determinado local, temos de tomar

---
14. J. Laplanche: *Problématique II — Castration, symbolisation*. Paris, P.U.F., p. 96-107, 1980.

um trem ou um avião e, por isso, estamos ligados a um horário fixo, ou quando, ao contrário, podemos usar nosso carro... a tensão psíquica varia consideravelmente. Essa é a dimensão econômica da temporalidade. Mas tal tensão ainda está ligada ao imaginário, na medida em que preocupa ou tranqüiliza o saber de quanto tempo dispomos. No entanto, o tempo do relógio, o que realmente passamos juntos, não é algo sem importância. Ligado à presença ou ausência do Outro, esse é o tempo das gratificações e das frustrações: gratificações ligadas à presença do terapeuta, à sua atenção; frustrações ligadas à abstinência, ao silêncio. É o tempo da duração e da freqüência das sessões. Já o tempo da regressão depende da qualidade das trocas, de sua intensidade e de sua quantidade. O prolongamento da duração e da freqüência pode aumentar as satisfações regressivas do paciente, dado que o *terapeuta intervém pouco num sentido estimulante*.

A diminuição da duração ou da freqüência limita as satisfações regressivas. Aqui também, a atitude do terapeuta tem um papel, ao contrabalançar eventualmente esse fenômeno: enquadre e relação são indissociáveis.

6. RELAÇÃO TERAPÊUTICA

A relação terapêutica inscreve-se no enquadre que determina o espírito e a lei instituinte: espírito de jogo, lei de *um* jogo, o do Desejo. Nesta parte, cada um tem seu papel: um *deseja* e o diz; o outro se *presta* aos desejos e reage pela interpretação. Mas o jogo psicoterápico não se identifica com o jogo psicanalítico: num o sujeito fala e o objeto escuta; no outro, o sujeito fala e gesticula, o objeto escuta e vê.

O cenário psicanalítico é o da *epopéia*; o gênio de Freud descobriu a Interpretação. O cenário da psicoterapia é o do teatro; é preciso, ainda, que a Interpretação aí intervenha.

As diferentes elaborações sobre o enquadre nos levam a pensar que se o espaço analítico é propício ao desenvolvimento desta neurose artificial que é a neurose de transferência, o espaço psicoterápico, acoplado a seus parâmetros específicos, é propício ao desenvolvimento de uma espécie de fusão narcísica, onde a realidade externa se confunde com a realidade interna. O aspecto terapêutico dessa relação está ligado à alternância de movimentos de fusão e de movimentos de desfusão, estes últimos dependendo estreitamente da Interpretação, como veremos mais adiante. Tudo leva a crer que amiúde a atividade do psicoterapeuta se deve a um movimento defensivo provocado por fantasias arcaicas inconscientes, mobilizadas por esta situação menos conhecida que é a situação psicoterápica. De fato, em psicoterapia, parecem essenciais a dinâmica das *interações* e suas relações com a *mentalização*. Por exemplo, seria um engano menosprezar o impacto das comunicações não verbais na *teorização* da psicoterapia. Este assunto chama a atenção também do psicanalista em situação psicanalítica[15]. A seguir, mostraremos alguns *aspectos* específicos da relação psicoterápica. Tentaremos mostrar que os *fundamentos* da interpretação são os mesmos na psicoterapia e na psicanálise, mas que as modificações do dispositivo impõem ao terapeuta um esforço muito maior para reconhecer os movimentos transferenciais *e* contratransferenciais.

O método psicanalítico está ligado fundamentalmente a duas noções: a regra da *abstinência* e a *interpretação*, que é seu alvo principal. Esses dois princípios parecem mais difíceis de respeitar na psicoterapia. Em 1918, com Ferenczi[16, 17], os problemas técnicos postos pela regra da abstinência provocaram um debate acalorado dentro do mundo psicanalítico, o que levou à criação das técnicas de psicoterapia breve, como vimos no Capítulo I. No entanto, se considerarmos o face a face e a limitação temporal como elementos diferentes, modificadores da *natureza da re-*

---

15. T. J. Jacobs: "Posture, Gesture and Movement in the Analyst: Cues to interpretation and counter transference", 21: 77-92, 1973. *In: Digest of Neurology and Psychiatry*. L. Am. Psychoanal. Assoc., 1973.
16. S. Ferenczi 1919: "La technique psychanalytque". *In: Psychanalyse II*. Paris, Payot, 1970, pp. 227-237.
17. S, Freud: "Les voies nouvelles de la thérapie psychanalytique". *In: La technique psychanalytique*. Paris, P.U.F., 1967.

lação terapêutica, pode-se crer possível respeitar plenamente a regra da abstinência se houver compreensão melhor dos aspectos específicos da transferência na psicoterapia. Para consegui-lo, é importante entender a *influência recíproca* paciente-terapeuta no enquadre psicoterápico e as resistências que aí surgem mais especificamente.

Esquematicamente, podemos basear-nos na distinção clássica entre resistências contra a transferência e resistências pela transferência; em seguida, devemos estudar o nexo entre o comportamento e linguagem verbal; enfim, caberia determinar o impacto das interpretações. Juntos, todos esses pontos dizem respeito à função dos fantasmas e dos símbolos, nas transações paciente-terapeuta[18].

a) Resistência à transferência

A resistência à transferência traduz-se por uma espécie de luta pelo poder entre terapeuta e paciente, fortemente associada à situação face a face. Pode ser ilustrada por meio de exemplo tirado de uma psicoterapia de inspiração analítica de uma senhora. Trata-se de seqüência de três sessões:

Primeira sessão:
A mulher fala copiosamente de sua vida cotidiana, sem revelar envolvimento emocional. O terapeuta, em linhas gerais, lhe diz que, ao controlar suas emoções, ela está resistindo ao processo terapêutico e acaba afirmando que, se isso continuar, o tratamento provavelmente será inútil.

Após a sessão, discutida em grupo, o terapeuta mostra-se pessimista.

Segunda sessão:
Sessão muito rica, na qual a paciente, entre soluços, evoca lembranças da infância e as relaciona espontaneamente com sua vida atual.

Depois desta sessão, o terapeuta se entusiasma; afirma que o prognóstico é excelente.

---

18. Este trecho é fortemente inspirado no artigo de E. Gilliéron: "Travail psychothérapie et travail psychanalytique". *In*: *Psychothérapies*, nº 2, 1981, pp. 93-102.

Terceira sessão:
   Paciente deprimida; pergunta-se se continuará o tratamento ou não. O terapeuta lhe apresenta a seguinte interpretação: "A sra. pensa em parar porque tem medo de perder o controle sobre suas emoções, se continuar no tratamento!" A paciente decide então continuar!...

Nesta última interpretação, a qual, como podemos notar, não faz mais do que repetir o que o analista já havia dito nas primeiras três sessões, podemos destacar três níveis diferentes: primeiramente uma tentativa de explicação do comportamento da paciente (ela se queixa de perder o controle de seus afetos); segunda explicação: é o tratamento (poderíamos dizer, de outro modo, o terapeuta) que conduz a paciente a perder esse controle. Em terceiro lugar, uma ordem implícita: "Fique, não abandone o tratamento!"

Se voltarmos a esta seqüência, observaremos uma luta entre a paciente e o terapeuta. Na primeira sessão, o terapeuta ameaça, indiretamente, abandoná-la, caso continue com aquele comportamento. Na segunda sessão, a paciente obedece o terapeuta, demonstrando emoções, e o terapeuta fica contente. Na terceira sessão, ao contrário, a paciente está deprimida e pergunta implicitamente: "Eu fiz o que o sr. me mandou, mas há uma perda para mim; como vai o sr. compensá-la?"

As interpretações do terapeuta podem ser consideradas, pela paciente ao menos, como a expressão implícita, não verbal, de um desejo de perpetuar a relação. A dinâmica transferência-contratransferência parece clara, mas ninguém fala dela; poderíamos atribuir tal silêncio a uma resistência *comum ao paciente e ao terapeuta*. A dificuldade de abordar essas implicações afetivas provém de uma confusão entre fantasma e realidade. O terapeuta tende a acreditar que deseja realmente conservar a paciente enquanto pessoa. Uma situação desse gênero coloca uma questão importante:

O que teria acontecido se o terapeuta simplesmente dissesse à paciente: "Fique"? É muito provável que a eficácia teria sido menor e que a paciente se tivesse revoltado abertamente. Isso poderia mostrar o impacto do "não-dito" no tratamento: para os dois interlocutores, não há possibilidades de argumentar, a comunicação é direta, sem equívocos, amiúde inconsciente e, em conseqüência, mais potente. A linguagem, que ocupa uma posição ambígua, *intermediária* na relação, permite por outro lado discussão e alternativas.

No exemplo citado, a única solução para o problema é uma tomada de consciência da situação em seu *conjunto* (metacomunicação, segundo a teoria das comunicações (Watzlawick, 1967)).

De fato, devemos discutir o lugar que ocupam os fantasmas numa interação deste tipo. Podemos ver que tanto o terapeuta quanto o paciente se comportam como se houvesse um conflito entre eles. É impossível qualquer discussão sobre as origens de seu comportamento, na relação transferencial, ou sobre os vínculos possíveis com as imagos do paciente, etc. Fala-se de algo que não concerne à relação — os afetos da paciente — mas ambos se *comportam* de modo conflitivo. Paradoxalmente, a interpretação do terapeuta parece ser um "acting out".

Se, na terceira sessão, o terapeuta conhecesse a natureza *transferencial* do conflito, ele teria compreendido que a reação de sua paciente era um movimento defensivo contra a aparição de sentimentos hostis a seu respeito, o que lhe teria permitido formular uma interpretação que pudesse favorecer o processo associativo e evidenciar os fantasmas subjacentes. Voltaremos a este assunto depois, quando falarmos das relações entre comportamento e linguagem.

b) Transferência e repetição

O dispositivo psicoterápico privilegia nitidamente as tendências à repetição à custa da verbalização; em reação a isso, nota-se no terapeuta uma tendência muito forte a *agir* contratransferencialmente. Eis aqui um exemplo:

Um homem de 35 anos, universitário conhecido, viaja para o exterior, por ocasião de seu ano sabático, a fim de tentar separar-se de sua mulher e viver com sua amante. Ele não havia encontrado, em seu casamento, dizia, a ternura e a paixão sexual que sempre desejara; agora encontrava, na situação extraconjugal, todas as satisfações que poderia desejar. Ele havia procurado, no entanto, um psicoterapeuta, por causa de fortes sentimentos de culpa que o impediam de tomar uma decisão definitiva de divórcio.

Iniciou-se então uma psicoterapia em boas condições e a evolução parecia favorável. Na fase final do tratamento, o paciente abordou novamente a questão de seu desejo de se divorciar, seus temores de magoar sua esposa e sua amiga. Algumas sessões antes disso, ele havia evocado lembranças de infância sobre sua relação de dependência em relação à mãe, ela própria, parece, pouco satisfeita com seu marido. As coisas pareciam estar sendo bem elaboradas quando, bruscamente, no fim da sessão, o paciente avisa que terá de se ausentar para um congresso, diz que está sobrecarregado de trabalho e propõe interromper a psicoterapia. Ele se sente bem melhor, diz, e acharia uma pena que a psicoterapia se tornasse uma obrigação em vez de ajuda. O terapeuta, muito surpreso, tem a sensação de que não aceitar o pedido do paciente seria reforçar sua dependência e, sem se dar tempo para refletir, propõe uma redução da freqüência das sessões, mantendo o prazo fixado anteriormente. O paciente aceita a solução proposta.

Situação desse tipo é muito mais freqüente em psicoterapia do que em psicanálise. Nesse caso particular, fica bem claro que o paciente evitou perceber e verbalizar o fato de que sentia, com relação ao terapeuta, as mesmas emoções que sentia a respeito de sua esposa e de sua mãe. Ele agiu como se o terapeuta fosse realmente sua mãe; em contrapartida, o terapeuta também reagiu como se ele próprio *fosse* a esposa (ou a mãe), o que o levou a querer adotar uma atitude "corretiva".

O exemplo seguinte mostrará mais claramente ainda o quanto a posição "face a face" leva o terapeuta a agir, sobretudo se o movimento transferencial é claramente expresso pelo paciente.

Face a face

O terapeuta vê o paciente que pode *influenciá*-lo através de mensagens não verbais. Não existe a possibilidade de ver a si mesmo.

c) Resistência pela transferência

Sabe-se que toda relação duradoura envolve certas regras de comportamento assimiláveis às tradições culturais que mantêm a coesão dos grupos. Acontece o mesmo nas psicoterapias, onde se pode considerar as regras funcionais como se tivessem um objetivo terapêutico. A resistência pela transferência poderia ser considerada como uma transgressão das regras terapêuticas. Vejamos o exemplo seguinte:

> Numa sessão de psicoterapia, o terapeuta percebe claramente, nas associações da paciente, um conflito edipiano. Ele pode formular uma interpretação parcial mas clara, bem aceita, e que provoca associações concernentes à infância. O terapeuta fica satisfei-

to com esse andamento. De repente, a paciente se refreia e diz: "Tudo isso de que estamos falando é inútil; acho que o sr. é capaz de me ajudar, mas só está interessado em meu passado e não em minha vida atual. Preciso de um interesse direto, de uma ajuda ativa e não de simples discussões, etc." O terapeuta fica embaraçado e responde que as observações de sua paciente são muito importantes, mas, sem perceber, encurta a sessão e propõe falarem a respeito do assunto na sessão seguinte.

O terapeuta reagiu, pois, com um "acting out", mas teria certamente ficado menos embaraçado se tivesse considerado que a paciente, ao se comportar daquela maneira, estava atacando sua função terapêutica e a regra da abstinência, cujo objetivo é, justamente, o de dar lugar a fantasmas inconscientes e às lembranças. Naquele momento, ele compartilhou os pensamentos da paciente e sentiu medo. Essa reação é muito mais freqüente na psicoterapia do que na psicanálise, em virtude do *face a face*. Na situação, existia, de fato, pouco espaço para o que poderíamos chamar de "como se". A paciente pensava realmente atacar o terapeuta e censurá-lo, no aqui e agora, por sua passividade e sua falta de interesse. Ela atacava justamente a regra da abstinência, mas isto em função do medo de continuar com o processo associativo que a levaria a outras conscientizações, talvez ainda mais ansiógenas. O terapeuta, além de enfrentar prováveis problemas contratransferenciais, não tinha noção suficientemente clara da função dinâmica ligada às regras que organizavam aquela relação, o que o levaria a encurtar a sessão sem perceber. De fato, no "face a face", é difícil, muitas vezes, favorecer a verbalização dos movimentos transferenciais. O exemplo seguinte ilustrará o ponto e permitirá explicar a tendência à "atividade" dos psicoterapeutas, em comparação com os psicanalistas; essa atividade tem, freqüentemente, uma função defensiva inconsciente.

d) Comportamento e linguagem verbal: como introduzir o "sentido" na relação

Eis uma situação extrema, onde o ato e a interpretação são de algum modo confundidos. O exemplo é tomado de uma relação médico-paciente não psicoterápica, escolhida por ilustrar os problemas colocados pelas resistências de comportamento, que parecem bem mais características do "face a face" do que da psicanálise. Tentaremos mostrar, também, como introduzir possibilidades de verbalização, respeitando a regra da abstinência.

> Trata-se de mulher encaminhada ao psiquiatra por seu cirurgião, em virtude de seu estado depressivo, após uma operação de câncer. O psiquiatra, que esperava encontrar uma paciente deprimida, fica muito surpreso ao deparar com senhora muito forte, manipuladora, que formulava muitas questões, quase não escutando o que ele lhe dizia, etc. Ele tem a sensação de que ela queria, a todo custo, controlar a relação e que era impossível falar sobre suas angústias e problemas. Olhando a anamnese, ele se admirou por essa paciente sempre se ter mostrado uma pessoa particularmente forte, que, desde a infância, enfrentara muitas dificuldades, cuidara de mãe paralítica e, depois, de marido doente que quase não trabalhava. O câncer, na realidade, era sua primeira doença. Pareceria que, depois de breve momento de depressão, ela queria negar a existência de qualquer dificuldade.

Em nova situação, pode-se imaginar que esta paciente, compelida a suportar muitos problemas vitais, tenha vivido, até o momento, com certa sensação de onipotência: nada havia esperado dos outros, tinha de apoiar esses outros, de ninguém recebera apoio. Com os médicos, ela parecia repetir seu comportamento, provavelmente com o objetivo de restaurar seus mecanismos defensivos maniformes, baseados em controle onipotente de suas necessidades e afetos. Ela negava o câncer e a depressão.

Em tal relação, teríamos, teoricamente, duas possibilidades para tentar discutir os problemas da paciente:

1. a que poderíamos chamar de orientação "ativa";
2. a orientação "passiva".

Devemos explicitar que se trata, aqui, de ilustrar um problema teórico e não de descrever o que deveria ser feito nesse caso particular.

1. Segundo a orientação "ativa", o terapeuta poderia mostrar à paciente seus mecanismos de negação; mas, ao fazê-lo, ele entraria numa batalha contra as resistências da paciente. Ele seria então obrigado a insistir, a repetir suas intervenções, até que a paciente as aceitasse. Tal atividade parecer-se-ia com certas atitudes que encontramos entre alguns psicoterapeutas interessados nas técnicas breves.

2. Segundo a orientação "passiva", o médico, tendo entendido o que acontece, poderia aceitar abertamente o comportamento da paciente, e diria alguma coisa parecida com: "Muitos médicos têm tentado ajudá-la sem sucesso até agora. Percebo que somos incapazes de ajudá-la adequadamente. Os cuidados que lhe foram dispensados não lhe trouxeram o alívio que a sra. tinha o direito de esperar. A sra. sempre foi mulher forte, capaz de cuidar de si e dos outros. De minha parte, estou desolado por não poder fazer mais pela sra.!"

Agindo assim, o médico teria aceito abertamente o movimento de identificação projetiva da paciente que o julgava, implicitamente, ruim e o reduzia à impotência. Mas deixava-lhe a possibilidade de responder: "É verdade, o sr. é como os outros, ninguém me ajudou até agora em minha vida, e o sr. também não ajudará!" Assim, a possibilidade de discutir os problemas psicológicos ligados às necessidades e desejos da paciente seria introduzida na relação, sem qualquer forma de atividade, mas através de recurso técnico baseado numa interpretação.

Este segundo tipo de intervenção é evidentemente muito marcado pelos estudos teóricos da comunicação, mas teria como objetivo abrir, na relação, a possibilidade de uma *discussão*.

Acreditamos que este segundo tipo de intervenção esteja estreitamente relacionado com a descrição que Freud dá dos primeiros estágios da relação mãe-filho, no livro *A interpretação dos sonhos*. Ele assevera que a criança, quando frustrada, substitui o seio ausente por uma alucinação (1900 a). O que simplifica que, na concepção freudiana, o processo alucinatório possa substituir, por um momento, a satisfação libidinal. A construção do mundo imaginário é portanto baseada em duas experiências: a experiência da satisfação e a experiência da frustração.

Essa reconstrução freudiana implica portanto uma relação entre a vida psíquica e o encontro de dois comportamentos (o da mãe e o da criança). É evidentemente difícil saber se o que Freud descreve corresponde realmente àquilo que acontece no psiquismo da criança, mas temos certeza de que Freud descobriu um ponto importante do funcionamento mental, ou seja, que o ser humano pode pensar e imaginar, em vez de agir, e satisfazer, assim, suas necessidades ou seus desejos.

Na segunda maneira de tratar o problema da paciente, fica evidente que o terapeuta assumia abertamente a função que ela lhe atribuía, em função de seus movimentos inconscientes, ou seja, o papel de um médico incapaz de ajudá-la e a quem ela deveria dirigir e orientar. Ele se confundia com os fantasmas da paciente e desaparecia como pessoa real. Ele respeitaria, assim, totalmente, a regra da abstinência e frustraria a doente em suas satisfações libidinais. Esta não poderia, portanto, utilizar suas resistências caracteriais e teria de recorrer a suas imagens *internas*, e suas *lembranças*. Ela lhe teria dito: "O sr. é como os outros (de meu passado), o sr. não me ajuda!" Assim, os "outros" aos quais ela faria alusão seriam pessoas do passado, das recordações. O trabalho de elaboração tornar-se-ia, portanto, viável: raiva em relação aos objetos maus, etc.

Outro exemplo, tirado de uma seqüência de psicoterapia analítica servirá também para ilustrar o ponto.

> Um rapaz procurou o serviço por causa de diversas inibições sexuais, angústias e sentimentos de incapacidade. Ao longo da psicoterapia, ele evocara diferentes lembranças de infância, sobretudo a respeito das angústias provocadas pelas brigas entre seu pai e a segunda esposa (madrasta do paciente). Ele percebera, depois, que esses conflitos eram provocados por uma recusa em manter relações sexuais. Em suas associações, o paciente evocou outras preocupações sobre a eventual gravidez de sua madrasta, cujo ventre observava ansiosamente para descobrir sinais de um fato que te-

ASPECTOS TEÓRICOS E CONCLUSÕES 261

mia. Durante essa fase da psicoterapia, ele havia notado nítida melhora em seu estado; havia estabelecido relação sentimental com uma jovem, ligação que lhe trazia, segundo ele, muitas satisfações. No entanto, algumas sessões mais tarde, ele fica mais e mais silencioso, lança lânguidos olhares para sua terapeuta (mulher jovem e bonita), e depois diz, em voz baixa, que nada de interessante está acontecendo em sua psicoterapia, que ele preferiria interromper. Ele se queixa também que as sessões sejam gravadas em vídeo (este olhar externo o perturba). Queixa-se de uma sensação de peso no estômago. Na sessão seguinte, volta à questão de encerrar o tratamento; ele gostaria de encontrar sua terapeuta "uma vez, por acaso" na rua; depois se queixa da passividade de sua interlocutora; gostaria de ser encorajado, apreciaria que ela "o apoiasse", diz ele com olhar provocante. Na sessão seguinte, ele se mostra ainda mais insistente, evoca seus progressos no campo sexual e depois, bruscamente, se dirige à jovem: "Eu notei que a sra. não fuma há algum tempo; é por acaso ou por necessidade?", fazendo alusão a uma eventual gravidez. Ele discorre acerca de sua dificuldade em assumir o papel do homem, sempre olhando amorosamente para a terapeuta. Ela consegue controlar-se, apesar do mal-estar provocado pelos olhares insistentes do paciente. Observa então: "O sr. falou, em muitas ocasiões, sobre seu desejo de provar suas capacidades viris com outras mulheres; estaria talvez o sr. sentindo os mesmos desejos nesta sessão?" Para dizer isso, a terapeuta conteve, com muito custo, suas próprias emoções. O paciente enrubesce, balbucia, evoca sua timidez, e volta para seus problemas de infância. Alguns minutos depois, ele percebe que havia provocado sua terapeuta ao questionar a situação terapêutica, dizendo que assim o fez para evitar compreender suas angústias e sua relação com sua vida passada. Nas sessões seguintes, o clima foi totalmente mudado.

Essa seqüência é bem exemplar, ao mostrar a necessidade de *endossar* plenamente os movimentos transferenciais do paciente na posição face a face, para lhe permitir que tenha uma verdadeira conscientização. Se a terapeuta houvesse interpretado as recriminações do paciente como resistências à verbalização, dizendo, por exemplo, "O sr. se queixa de minha passividade para evitar enfrentar seus próprios medos!", o paciente se sentiria simplesmente acusado e não poderia reagir de outro modo que não pela denegação ou pela ação. Assumindo seu próprio mal-estar, o terapeuta pode "acompanhar" o paciente em seu movimento transferencial, aceitando o risco de uma *crise* que permitiu, depois, ao paciente, uma verdadeira mudança.

J. Laplanche analisa com muita sutileza um outro exemplo de articulação entre fantasma e "realidade". É um diálogo retirado do "Pequeno Hans", entre ele e seu pai. Neste diálogo, Hans "acusa" o pai de ser malvado e de ter batido nele. O pai se defende vivamente, em nome da "realidade", o que leva o menino a dizer: "É verdade! Você me bateu realmente! etc." O interessante nesta história é que o pai, auxiliado por Freud, estava tentando "tratar" o filho. Defendendo-se dessa maneira, negando maldade, o pai, de fato, impedia seu filho de "fantasiá-lo" como malvado.

Pode-se dizer, ainda, como Laplanche, que "se o pai, no seu lugar de pai, não desempenha a função que lhe atribui a estrutura do Complexo de Édipo, o sintoma o substitui" (1980, p. 89). Problemas como esse encontram-se praticamente nos mesmos termos nas situações psicoterapêuticas. Eles me parecem particularmente importantes, na medida em que possam esclarecer, de modo adequado, a questão da interpretação. De fato, não importa, para o terapeuta, se o pai é realmente tão malvado quanto seu paciente supõe; o importante é que este último tem necessidade de considerá-lo assim. Só depois de ter admitido isso, o terapeuta autorizará seu paciente a falar. Para o pequeno Hans, era importante poder considerar seu pai como um malvado, em função de seu próprio imaginário. Para o pai, ao contrário, era importante que Hans o achasse bom. Daí a incompreensão mútua. Esse tipo de situação também é extremamente freqüente em psicanálise, mas sobretudo nos movimentos transferenciais mais regredidos.

7. CONCLUSÕES

Sem pretender apresentar elaboração aprofundada, percorremos alguns aspectos que nos parecem importantes do processo psicoterápico, tentando mostrar principalmente as linhas condutoras desse tipo de estudo. No espaço psicoterápico circulam, constantemente, os símbolos, os fantasmas e os afetos relativos ao entrecruzamento da transferência e da contratransferência. Quisemos mostrar isto: o que aí se cria e se joga depende dos *dois interlocutores*. O enquadre psicoterápico cria um estado de *instabilidade* no qual afetos e representações são de algum modo *"desligados"*, o que é fonte de tensão e conduz a um conflito intersubjetivo onde cada um dos parceiros tenta impor sua própria imagem do mundo, para sair da contradição própria do aspecto paradoxal da relação terapêutica. O ser humano suporta com dificuldade a confusão e procura atribuir sentido ao mundo externo, o que é seu modo de se tranqüilizar. Ligando suas percepções externas a suas emoções, constrói seu mundo interno e encontra o equilíbrio psicológico. Se suas convicções são questionadas pela presença do Outro, a angústia reaparece. Por esse motivo, a situação psicoterápica, pelo estado de instabilidade e de ambigüidade que gera, comporta um aspecto insustentável que leva os interlocutores a buscar *inconscientemente* um acordo capaz de restabelecer a estabilidade por meio de uma volta às referências internas *anteriores* (cada um deles quer "voltar a ser" o que *era*). Isso se traduz pelas resistências que aparecem tanto no paciente quanto no terapeuta.

A relação psicoterápica é, por definição, uma relação assimétrica, onde apenas o paciente pede para mudar. No entanto, esta assimetria não outorga todos os poderes ao terapeuta. Muito ao contrário. Por exemplo, as regras da abstinência e do silêncio impõem ao terapeuta uma atitude receptiva que o torna extremamente vulnerável (principalmente na psicoterapia) e podem levá-lo a se deixar envolver na rede imaginária do paciente, que busca, inconscientemente, impor sua própria visão das coisas. O terapeuta corre, então, o risco de reagir através de um "acting-out" mais do que de formular uma interpretação propícia ao bom desenrolar do tratamento. Essa espécie de reação parece estar favorecida pelo face a face, que, como já mostramos, aumenta consideravelmente a importância do *aqui e agora* da relação, embora para um terapeuta, mesmo experiente, possa custar bastante diferençar entre Imaginário e Real. Tudo isso concorre, portanto, para mostrar a necessidade de explorar mais profundamente a especificidade do processo psicoterápico, em comparação com o processo psicanalítico.

CAPÍTULO VIII
CONCLUSÕES

O aparecimento dos métodos breves de psicoterapia é geralmente considerado, na história do movimento psicanalítico, uma tentativa de luta *"ativa"*, através de modificações técnicas, contra o prolongamento excessivo dos tratamentos psicanalíticos. É verdade que os métodos propostos, fortemente inspirados na técnica ativa de *Ferenczi*, só poderiam despertar desconfiança nos psicanalistas ligados à ortodoxia estrita. Se as primeiras críticas negativas dirigidas contra as técnicas (frisando a superficialidade ou a não durabilidade dos resultados terapêuticos) foram progressivamente rebatidas (pois o grande número e a seriedade de pesquisas catamnésicas mostraram ausência de fundamento das objeções), outros ataques surgiram em nível teórico. Nega-se caráter psicanalítico a esses métodos, que, segundo Freud, se classificariam como dissidentes. Chega-se até a afirmar que se trata de terapias comportamentais visando à volta ao equilíbrio defensivo anterior, etc. Essas críticas, que provêm de pessoas a quem falta a prática de psicoterapias breves, bem como uma verdadeira compreensão dos fenômenos psíquicos concernentes ao método, parecem, essencialmente, mais ideológicas que científicas. Com efeito, se podemos, a rigor, admitir, concordando com Freud, que as dissidências de *Adler, de Steckel* ou de *Jung* sejam reflexo de uma resistência à psicanálise clássica, é muito mais difícil aceitar este mesmo ponto de vista a respeito das tentativas de *Ferenczi*, autor ao qual se referirão especificamente *Alexander e Balint*.

No primeiro capítulo, tentei reavaliar a questão das resistências à psicanálise, situando o surgimento das psicoterapias breves na história do movimento psicanalítico. Mas, como a psicoterapia breve consiste numa dupla modificação, em relação ao tratamento psicanalítico (alteração do enquadre e modificação do comportamento do terapeuta), privilegiei os momentos-chaves que levaram ao estabelecimento do enquadre e de algumas regras técnicas psicanalíticas. Para fazê-lo, questionei-me sobre os acontecimentos (externos ao tratamento ou ligados a ele) que poderiam ter motivado as mudanças de orientação de Freud. Estes momentos me pareceram ilustrar bastante bem a dinâmica interativa que une os acontecimentos e a orientação do pensamento. Esta me pareceu a ocasião de evocar a questão das relações entre os acontecimentos "externos" e a mentalização. Estes momentos são os seguintes:

1. A renúncia de Freud a uma concepção neurobiológica do funcionamento psíquico, renúncia que coincide com a ênfase colocada no impacto psíquico de certos acontecimentos relacionais (teoria do trauma psíquico).

2. A renúncia parcial a uma teoria do trauma sexual, beneficiando uma teoria do fantasma.

Estes dois movimentos levaram Freud a:

1. Inventar uma espécie de anatomia psíquica, a primeira tópica.

2. Insistir na problemática do funcionamento intrapsíquico. Concomitantemente, ele:

1. Definiu uma espécie de enquadre experimental, o enquadre do tratamento.

2. Definiu algumas regras de interpretação (mais especificamente a da interpretação das resistências).

Graças a essas modificações, Freud pôde então deixar de se interessar pelas eventuais modificações neuroniais e pelas lembranças recalcadas dos acontecimentos reais. Entretanto, parece-me importante relembrar que essa evolução foi marcada por dois lutos: a renúncia, sob a influência de Brucke, à carreira acadêmica, em neurociência, e a morte do pai. O primeiro luto "obrigou" Freud a se interessar pela histérica e pelos pretensos traumas por ela sofridos. O segundo o "obrigou" a se interessar pela vida fantasmática, em detrimento da realidade relacional. Não é impressionante constatar que este duplo luto, de uma carreira em neuroanatomia e da relação "real" com o pai, tenha levado Freud a inventar uma anatomia imaginária e um mundo relacional imaginário? Não poderíamos permanecer cegos diante das *relações* que unem esses dois acontecimentos.

Depois disso, assiste-se a um prolongamento cada vez mais marcante das psicanálises, onde se pode certamente ver um sinal de aprofundamento progressivo de nosso conhecimento do inconsciente, mas *Freud*, por sua própria conta, atribuiu esse prolongamento a uma alteração "técnica", qual seja privilegiar a interpretação das resistências, mais do que a dos "conteúdos". Assim, diz ele, antes era muito difícil manter os pacientes em psicanálise (aqui ainda, a questão dos resultados); depois de um tempo, entretanto, ficou difícil fazê-los *abandoná-la*... O fenômeno do prolongamento preocupará consideravelmente o mundo psicanalítico e esta questão será discutida, em muitas ocasiões, até a morte de Freud (cf. "Análise terminável, análise interminável"). Ele parece ter contribuído para a profunda revisão metapsicológica, na famosa guinada de 1920, quando Freud introduz as noções de compulsão à repetição, pulsão de vida e pulsão de morte.

Na mesma época, a contribuição original de Ferenczi coloca uma interrogação sobre a relação intersubjetiva do analista e do analisando. Sua pesquisa versava sobre o aprofundamento técnico e sobre as manifestações da regressão. Por esse motivo, no fim dos anos 1910, ele estudava, primeiramente, os efeitos, no paciente, das frustrações impostas pelo terapeuta. Por isso, também, um pouco mais tarde, ele perguntará sobre os efeitos das gratificações. Se as tentativas de *Ferenczi* provocaram certa hesitação em *Freud*, elas não merecem, no entanto, menos louvor, pois abrem o debate sobre a técnica, debate esse retomado por *Alexander, Balint* e pela maioria dos psicanalistas interessados em psicoterapia breve.

Com *André Green*, podemos entender as inovações metapsicológicas de 1920, vendo-as como fruto da aguda tomada de consciência de uma resistência extrema, a "reação terapêutica negativa", que leva o analista a uma espécie de impasse.

Para sair desse impasse, *Freud* mudou sua teoria do funcionamento psíquico, conseguindo, assim, manter rigorosamente o enquadre psicanalítico. *Ferenczi* escolheu o caminho da *técnica* para tentar vencer essas resistências. Mas não seriam as posições de *Freud* e de *Ferenczi* um reflexo das tensões entre teoria e prática inerentes ao próprio processo psicanalítico? Qual a causa do prolongamento dos tratamentos? Caberia responder: a técnica, para *Ferenczi* (isto é, o manejo das resistências); a teoria, para *Freud* (isto é, o funcionamento intrapsíquico). A verdade, porém, parece-me estar entre esses dois extremos; mais exatamente, existe a *influência* recíproca da teoria sobre a prática e vice-versa. É inegável, pois, que Freud, ao enfatizar as resistências, mudou também de *comportamento* dentro da situação psicanalítica. Não seria inútil relembrar aqui que se deve considerar o processo psicanalítico como a resultante de uma interação *dinâmica entre enquadre, técnica e teoria*. Entretanto, para descrever essa interação, não podemos simplesmente nos referir à teoria psicanalítica, que é uma teoria do funcionamento *intra*psíquico e não *inter*psíquico ou interpessoal. Ela não é mais, também, uma teoria dos "efeitos do enquadre", ou seja, dos efeitos provocados pelo acionamento de um dispositivo experimental qualquer sobre o funcionamento psíquico. Por esse motivo, pareceu-me imprescindível recorrer a um modelo mais "sistêmico" para conhecer as relações entre a metapsicologia freudiana e a prática psicanalítica, o que proporciona também uma abertura para a compreensão das relações entre psicoterapia e psicanálise.

No entanto, é um pouco perigoso enfatizar o aspecto técnico, pois se pode querer agir a qualquer custo, correndo-se o risco de optar pela "força em detrimento do sentido" (*Serge Viderman*). O estudo da evolução das psicoterapias breves mostra, na verdade, uma tendência cada vez mais marcante de justificar esses métodos por meio de argumentos explicitamente provenientes de fora do campo psicanalítico: problemas concretos como "falta de psicanalistas", "custo de tratamentos longos", "falta de tempo", etc. Com isso, esquecem-se as preocupações de *Freud* e de *Ferenczi*, e há uma orientação no sentido de uma concepção essencialmente pragmática: "Não importa o que se faz, contanto que funcione", disse-me um terapeuta. O perigo está justamente aí: de um lado, os "pensadores", os psicanalistas; de outro, os "esportistas", os psicoterapeutas.

A realidade parece, no entanto, bem diferente, pois encontramos, na corrente de psicoterapia breve, as mesmas tensões que, em 1920, havia na psicanálise: alguns autores (principalmente americanos) privilegiam a atividade; outros (europeus), a interpretação. Na psicoterapia breve, algumas noções parecem ser universalmente admitidas (focalização, limitação temporal, atividade do terapeuta, etc.), mas os diversos autores que se manifestaram sobre esses assuntos, nos Capítulos II, III e IV, revelam que as concepções podem divergir bastante.

Podemos perguntar: a diferença entre psicanálise e psicoterapia breve estaria realmente em que uma é mais "completa" ou mais "profunda" que a outra? Em que uma favoreceria as resistências, enquanto a outra tentaria ultrapassá-las? Não seria mais adequado pensar em dois processos que têm alguns elementos comuns e outros específicos?

Pode-se considerar a metapsicologia freudiana como uma tentativa de explicação teórica dos fenômenos psíquicos que surgem *em um determinado enquadre*. Pode-se considerar o desenvolvimento das psicoterapias breves como uma tentativa de resolução de alguns problemas inerentes ao tratamento psicanalítico através de *modificação do enquadre.*

Essas observações visam ressaltar o interesse do estudo da

influência recíproca da técnica psicoterapêutica utilizada e da teoria explicativa. O enquadre externo pode condicionar o pensamento e vice-versa.

É aí que o estudo das psicoterapias breves de inspiração psicanalítica pode ser interessante: através de modificações do enquadre e da técnica, elas podem esclarecer a influência desses parâmetros no encaminhamento do tratamento-padrão psicanalítico.

As tabelas 1 e 2 resumem as principais técnicas citadas neste livro (Capítulos I a IV), em comparação com o tratamento-padrão psicanalítico.

A comparação esquemática das diferentes técnicas mostra que todas elas se distinguem da psicanálise por causa das modificações do *enquadre* e das *regras*. Além disso, parece existir uma articulação *dinâmica* entre os dois parâmetros: sendo assim, quando o enquadre é mal determinado, seus limites são flexíveis, aumenta a atividade do terapeuta: ele interfere no processo associativo, impõe limites, não hesita em sugerir soluções ou em intervir no ambiente. Se, ao contrário, as coordenadas do enquadre são fixadas com rigor, o terapeuta se torna muito mais atento à escuta de seu paciente. A técnica utilizada é, então, mais próxima da técnica analítica clássica (interpretações de resistências e de conteúdos, poucas intervenções ativas). A noção de "atividade" é freqüentemente assimilada à noção de "flexibilidade", discutida por Alexander, mas este não é o caso de todos os autores. Assim, a atividade, para Sifneos, consiste numa focalização clara sobre uma problemática "edipiana", a qual implica uma *seleção rigorosa* dos pacientes, na qual são excluídos todos os que apresentam fixações pré-genitais, mesmo que tenham atingido uma genitalização relativa. Além disso, apela-se para a *colaboração consciente do paciente* ao estabelecer um contrato terapêutico a respeito da *problemática a ser tratada*. Enfim, a técnica de intervenção afasta-se bastante da atenção flutuante, na medida em que o terapeuta adota uma atitude didática. Segundo essa ótica, o paciente "aprende" a enfrentar suas dificuldades e ansiedades ao compreender sua origem. Para D. Malan, a ativida-

TABELA 1

	PSICANÁLISE	ALEXANDER Psychonalytic therapy (Terapia psicanalítica)	BELLACK & SMALL Emergency psychotherapy and brief psychotherapy (Psicoterapia de emergência e psicoterapia breve)	LEWIN Brief encounters (Encontros breves)	DAVANLOO Broad focused short-term dynamic psychotherapy (Psicoterapia dinâmica de curta duração com foco abrangente)
SETTING: Espaço	Divã-poltrona	Divã ou face a face	Face a face	Face a face	Face a face
Tempo Frequência	Não limitado Regular (3-5)	Não definido Variável	6 sessões Variável	Não definido Regular	Limitação não definida Regular
TÉCNICA: Atitude	Neutralidade	"Flexível"	Apoio eclético	Pedagógico-sugestiva	Confrontação "Desafio"
Atividade-Passividade	"passiva"	Ativo	Ativo	Ativo	Extremamente ativo
"Escuta"	Todas as associações	Variável	Focos edipianos	Foco pré-estabelecido (masoquismo de base)	Foco (traços de caráter) Relação com o terapeuta
CRITÉRIOS DE SELEÇÃO:	Flexíveis	Flexíveis	Flexíveis	Flexíveis	Ampliados (traços graves de caráter)

TABELA 2

	PSICANÁLISE	SIFNEOS *Short-term anxiety-provoking psychotherapy* (Psicoterapia de curta duração provocadora de ansiedade)	MALAN *Focal psychotherapy* (Psicoterapia focal)	MANN *Time-limited psychotherapy* (Psicoterapia de tempo limitado)	GILLIERON Psicoterapia de inspiração psicanalítica breve
SETTING: Espaço Tempo	Divã-poltrona Não limitado	Face a face Limitação não definida	Face a face Definido	Face a face Estritamente limitado (12 horas)	Face a face Estritamente limitado
Frequência	Regular (3-5)	Regular (1)	Regular (1-2)	Regular (1-2)	Regular (1-2)
TÉCNICA: Atitude Atividade-Passividade "Escuta"	Neutralidade "passiva" Todas as associações	"Pedagógica" Muito ativa Focos edipianos	Neutralidade Ativa Foco Hipótese psicodinâmica (edipiana-pré-edipiana)	"Empatia" Bastante ativa Foco Separação	Neutralidade "Passiva" Todas as associações
CRITÉRIOS DE SELEÇÃO:	Flexíveis	Muito estritos	Um pouco menos estritos que os de Sifneos	Flexíveis	Flexíveis

de consiste no estabelecimento de *uma hipótese psicodinâmica basal*, não necessariamente edipiana, e na adoção de uma técnica ativa de "focalização", através de *atenção e negligência seletivas*. A natureza das interpretações difere pouco das interpretações psicanalíticas ortodoxas. Por outro lado, a data do término é claramente fixada, diferentemente de como procede Sifneos. No método utilizado em Lausanne, não poderíamos falar de uma verdadeira "atividade" do terapeuta, pois o método se centra essencialmente numa tentativa de compreensão dos aspectos *transferenciais* da "demanda" do paciente, no momento das primeiras consultas, isto é, do tipo de relação que o paciente procura estabelecer com o terapeuta. A técnica de interpretação leva em conta as relações entre interações e fantasmas subjacentes. Nesse caso, coloca-se o narcisismo no centro do tratamento ao se formular a hipótese de que o sofrimento do paciente (origem da demanda de tratamento) está ligado às zonas mais disfuncionais de seu aparelho psíquico: o paciente procura o tratamento para preencher a lacuna narcísica aberta em virtude de um fracasso dos habituais mecanismos de defesa. O sentido latente da demanda comporta sempre um aspecto reparador. Admitindo-se esse ponto de partida, procura-se respeitar o processo associativo natural que se desenrola num enquadre no qual, em comparação com a psicanálise clássica, duas coordenadas principais são alteradas: a fixação, desde o início do tratamento, de um final para o mesmo, e a passagem para a posição face a face. Isso não seria possível se a técnica de interpretação não levasse em conta as relações entre as *interações* (comportamentos respectivos dos interlocutores) e os movimentos transferenciais. A atenção do terapeuta concentra-se, portanto, na relação de objeto específica desta ou daquela problemática. Admite-se, conseqüentemente, a hipótese de uma "focalização espontânea possível da dinâmica transferencial", dentro do enquadre espaço-temporal da psicoterapia breve. Esta focalização deverá defluir das interações.

Os três métodos descritos acima mostram claramente, portanto, divergências quanto aos meios utilizados. Os pontos de vista de B. *Cramer*, P. *Dreyfus*, D. *Beck* são também diferentes, embora todos eles se refiram explicitamente à teoria psicanalítica. As divergências envolvem ao mesmo tempo a *escolha* de pacientes (indicações) e a *técnica*. No que concerne à escolha, vê-se que P. Sifneos estabeleceu uma seleção rigorosa dos candidatos à "psicoterapia breve ansiógena"; D. Malan é menos exigente, mas adapta suas condições à natureza dos distúrbios apresentados; D. Beck não hesita em aceitar, para tratamento, doentes psicossomáticos, mas se concentra naqueles aspectos neuróticos de sua problemática, os quais estão quase sempre presentes; B. Cramer trata crises do *grupo familiar*; P. Dreyfus concentra-se em determinadas feridas do narcisismo secundário. Em conseqüência disso, seria desejável estudar a especificidade dessas técnicas, através de uma comparação aprofundada dos resultados obtidos em populações que possam ser comparadas entre si. É inegável, por exemplo, que a técnica rigorosamente planejada de *P. Sifneos* alcançou resultados notáveis nos pacientes selecionados, mas é provável que não se teria o mesmo resultado com uma população diferente. No entanto, como a comparação é ainda impraticável, pode-se tentar comparar simplesmente as técnicas, fazendo referência ao processo psicanalítico. É a partir da noção-chave de *regressão* que nos parece viável fazê-lo.

Pode-se admitir que todo processo de inspiração psicanalítica se articula sobre um eixo que liga duas vertentes: o *sentido* e o *afeto*. Esse eixo é mantido pela *interpretação*.

Em psicanálise, o trabalho de interpretação implica uma longa e paciente aproximação: decifrar a problemática inconsciente dos clientes, o que deve levar a uma reestruturação do aparelho psíquico. O terapeuta se afasta, em princípio, de seu paciente, e geralmente espera que o afeto apareça para ligá-lo a uma representação adequada: ele interpreta o que o paciente lhe diz ou aquilo que lhe mostra. Ele próprio permanece neutro, num enquadre fixo e bem estruturado, que tem como objetivo favorecer certa regressão, especialmente tópica, sem a qual o processo não poderia evoluir.

ASPECTOS TEÓRICOS E CONCLUSÕES 275

Na psicoterapia breve, com o desejo de encurtar o tratamento, os terapeutas adotam atitudes muito variadas. Alguns, especialmente nos Estados Unidos, parecem sobretudo querer lutar *contra* a regressão, *manejando a relação terapêutica*, seja apelando para a colaboração *consciente* dos pacientes, para suas possibilidades *construtivas*, para sua própria atividade, seja adotando uma atitude *mais ativa*, ou mais *educativa*. Outros, principalmente na Europa, insistem mais num *manejo comedido da regressão*, contando sobretudo com a modificação do *enquadre* para acelerar este processo. Muito esquematicamente, poder-se-ia dizer que uns privilegiam a *relação* terapêutica e outros o *enquadre*.

É de fato impressionante constatar que, quando não se fixa um prazo para a terapia, se compensa esta ausência de limitação por uma atitude terapêutica particularmente *ativa* e didática. Além disso, apela-se para a colaboração consciente do paciente (contrato terapêutico sob forma de acordo quanto ao objetivo concreto a ser atingido ou quanto ao tema das sessões, por exemplo). Em vez disso, quando se *fixa* um *prazo*, adota-se atitude muito menos intervencionista. A limitação da duração parece acelerar o processo terapêutico e modificar os movimentos regressivos.

Retornando às duas vertentes do processo de inspiração psicanalítica, mencionadas acima, podemos admitir que a *mobilização dos afetos e das representações varia de acordo com as diferentes coordenadas* (prazo fixo ou não).

A maioria das pesquisas sobre os efeitos das psicoterapias, como os estudos apresentados no Capítulo V, evidencia a importância da *relação médico-paciente* e da *técnica de interpretação*; sabe-se, no que diz respeito a esta última, que a maioria dos autores insistem na importância da *atividade do terapeuta* em comparação com a assim chamada "passividade" do psicanalista. Parece-me errado, no entanto, considerar simplesmente que uma atitude psicoterápica mais ativa encurte o tratamento e melhore os resultados. (Malan já pôde estabelecer, cf. Capítulo V, que era um equívoco atribuir alguns resultados terapêuticos ao entusiasmo do terapeuta.) Admiti-lo seria esquecer a influência que o *enquadre terapêutico* pode exercer sobre a evolução do tratamento. A meu ver, o aumento da atividade do terapeuta é a *conseqüência* inevitável do novo enquadre instituído nas psicoterapias breves.

No Capítulo VII, quis compreender o processo psicoterápico em função dos três parâmetros seguintes, considerados como um todo:

1. o funcionamento *intrapsíquico* (idealmente o funcionamento psíquico do ser humano, independentemente de qualquer influência externa);
2. a *relação* intersubjetiva;
3. o *enquadre*.

Formulei então a hipótese de que o *enquadre distingue a psicoterapia analítica e a psicanálise* muito mais do que qualquer referencial teórico. É preciso, portanto, colocar a questão de outro modo: não recusar eventualmente a psicanálise e elaborar uma nova teoria, chamada "relacional", em detrimento da teoria freudiana, mas sim perguntar o que, no mundo intrapsíquico, se manifesta no enquadre psicoterápico e o que se manifesta em um enquadre psicanalítico. Assim, parece indispensável estudar a influência que exerce, na relação, o *dispositivo espaço-temporal*, na medida em que se admita que as relações intersubjetivas que se desenvolvem em contextos diferentes possam se referir a um mesmo modelo teórico (psicanalítico neste caso). Mas a mudança do contexto implicará, automaticamente, modificação da *técnica*. Exemplificando, o "face a face" levou a uma restrição do espaço de mentalização e enfatizou as *interações* à custa da expressão verbal dos movimentos transferenciais; ele tende, também, a provocar um movimento de resistência através da *ilusão*, ilusão que corre o risco de ser compartilhada pelo terapeuta. A *limitação temporal* mobiliza uma quantidade maior de afetos. A meu ver, a restrição do espaço imaginário (fantasmatique), associada a uma mobilização dos afetos, leva o terapeuta à atividade. Em suma, ele deve procurar reintroduzir, "à força", o sentido (fantasmas, símbolos) no espaço psicoterápico. Parece-me, no entanto, que, se aprendermos a levar em consideração as relações existentes entre os fantasmas e as interações, poderemos utilizar uma técnica de interpretação apropriada, engajando o paciente num processo associativo muito próximo ao processo psicanalítico, sem que seja necessário agir de modo particularmente ativo. Esse é o ponto que estudamos atualmente em Lausanne.

A respeito da eventual utilidade de recorrer às teorias sistêmicas e da comunicação, pode-se notar que, até o presente momento, uma cisão separa os defensores de uma teoria intrapsíquica dos defensores de uma teoria relacional das dificuldades psicológicas. Muitos terapeutas que examinam problemas de família, por exemplo, preocupam-se apenas com as *interações* e consideram o mundo intrapsíquico em termos de uma "caixa preta". Deve-se, portanto, ultrapassar esse conflito e encontrar os pontos comuns das duas partes. As teorias sistêmicas não poderiam, evidentemente, dar conta do funcionamento intrapsíquico, porque não foram concebidas para isso. Por outro lado, podem fornecer indicações úteis sobre a *imbricação dos parâmetros mencionados. A influência do enquadre*, por exemplo, pode ser melhor compreendida se nos referirmos às noções sistêmicas de *hierarquia e de encaixe*: a relação terapêutica inscreve-se *dentro* do enquadre. Além disso, ela permite distinguir melhor dois aspectos fundamentais do enquadre: o *dispositivo* espaço-temporal e o conjunto das *regras* que dirigem a relação. As regras fixas (abstinência, associações livres, etc.) são comparáveis às ferramentas do artesão: instrumentos indispensáveis, só se revelam úteis nas mãos deste último. Se continuássemos com a comparação, poderíamos dizer que o processo psicoterapêutico, assim como o objeto do artesão, resulta de interação entre a arte ou a técnica do ser humano e suas ferramentas... Além disso, as teorias da comunicação permitem identificar melhor a natureza das *trocas*: compreende-se que as comunicações não verbais, visuais ("analógicas"), tenham características que as aproximam do funcionamento inconsciente (identidade de percepção); por outro lado, as comunicações verbais estão mais próximas do registro préconsciente e consciente (identidade de pensamento). Isto é de extrema importância, portanto, quando se adota a posição face a face em psicoterapia.

Primeiramente, o modelo cibernético de *"causalidade circular"* permite conhecer melhor o alcance *dinâmico* de algumas interpretações. Um exemplo bastante fácil de ser interpretado pelo analista é o da identificação projetiva: quando um sujeito projeta, em seu analista, um objeto ruim, ele o faz, segundo a teoria psicanalítica, por motivos *defensivos*. Ao fazê-lo, *está protegendo uma imagem ideal de si mesmo* (o analista é mau, não o analisando). Coloca-se, pois, a questão do alcance das interpretações do analista: se ele aponta a *defesa* diante da pulsão, isto é, se ele faz com que o paciente note que está se defendendo contra sentimentos agressivos, o analisando, nem é necessário dizer, se sentirá *ameaçado* em sua imagem ideal de si mesmo sentir-se-á "acusado" de ser mau. Assim agindo, o *analista* incitará o paciente a se defender e ele próprio provocará a resistência do analisando. Se, pelo contrário, em sua interpretação, o analista mostrar as *razões profundas* do movimento defensivo do paciente, isto é, a necessidade de proteger uma imagem ideal, o analisando não se sentirá atacado e poderá continuar com suas elaborações em mais sereno clima... Para bem manejar essa questão, é preciso estar sempre atento ao aspecto *interativo* da relação analistaanalisando, qualquer que seja o enquadre de sua relação.

Atualmente, sabe-se que o tratamento psicanalítico e o tratamento psicoterapêutico inspirado na psicanálise são fortemente condicionados tanto pelas *coordenadas* do tratamento quanto pela *ação interpretativa* do terapeuta. Por isso, é extremamente importante estudar a *dinâmica* intersubjetiva. A contratransferência não é, certamente, um simples espelho da transferência; a transferência é apenas a manifestação perceptível da problemática interna do paciente. O enquadre terapêutico e a natureza das interpretações desempenham um papel de relevo entre os elementos transferenciais que aparecem claramente.

Nessas condições, acho que as terapias analíticas breves, por modificarem algumas coordenadas do tratamento, são um dos elementos apropriados para permitir um melhor conhecimento da dinâmica intersubjetiva. A par disso, podem jogar alguma luz sobre o próprio processo psicanalítico.

As psicoterapias breves têm a vantagem de durar pouco tempo em comparação com a psicanálise, o que permite que se possa medir rapidamente seus efeitos. Elas oferecem um campo de experiência particularmente frutífero, capaz de evidenciar tanto a influência do *enquadre* quanto a da *técnica* sobre a evolução de um tratamento (cf. esquema da p. 162). "Os projetos que precisam de muito tempo para serem executados quase nunca obtêm sucesso. A inconstância da sorte, a mobilidade dos espíritos, a variedade das paixões, a mudança contínua das circunstâncias, a diferença das causas fazem nascer milhares de obstáculos", já dizia Montesquieu em 1748.

APÊNDICE

Curar em quatro sessões psicoterápicas?
Mudança inicial e psicoterapia analítica*
Edmond GILLIÉRON

RESUMO

Descrição da evolução das psicoterapias breves levadas a efeito em Lausanne, até o desenvolvimento de uma técnica psicoterápica em quatro sessões. Essa evolução fundamenta-se em dois eixos de reflexão: a importância da influência do *enquadre* no desenvolvimento do processo psicoterápico e na lógica da *interpretação* que possa provocar mudança psíquica.

PALAVRAS-CHAVES

Psicoterapia breve — Mudança psíquica — Cura — Relação de objeto — Crise — Indicação — Motivações.

---

* *In*: *Psychothérapies*, n.º 3, pp. 135-42.

Introdução

Proponho-me a recordar, aqui, a evolução de minhas concepções, desde as primeiras experiências com psicoterapias breves, até o momento atual, de tratamentos em quatro sessões, baseados no que chamei de "mudança inicial" em psicoterapia.

Alicerçadas nos trabalhos de Ferenczi (1921), de Alexander (1946), e, depois, nos de Balint (1972), Malan (1975), Sifneos (1977), etc., as técnicas de psicoterapia breve, a princípio desprezadas, finalmente conseguem impor-se e desenvolver-se razoavelmente, a partir dos anos 50, paralelamente à abertura de muitos centros ambulatoriais de tratamentos psiquiátricos, tanto nos Estados Unidos quanto na Europa.

Assinalarei, a seguir, as circunstâncias nas quais começamos a praticar as Psicoterapias breves e a evolução de meu pensamento.

Esta evolução abrange:

1. o estudo da influência do enquadre sobre o processo psicoterápico;

2. o estudo das motivações que levam o paciente a procurar um psicoterapeuta;

3. o estabelecimento de um plano de atendimento psicoterápico inicial em quatro sessões.

O início das psicoterapias breves em Lausanne

Da focalização pelo terapeuta à focalização pelo paciente

Meu interesse pela psicoterapia breve nasceu de modo quase casual. De fato, circunstancialmente, num mesmo período, três de meus pacientes descobriram que provavelmente teriam de deixar Lausanne em curto espaço de tempo. Em cada um dos casos, após uma troca de idéias, decidimos fixar um prazo definido para o término de cada psicoterapia, acontecesse o que quer que fosse, de modo a percorrer o máximo possível do caminho até

aquele ponto já estabelecido, retomando o resto em outra terapia, em outro lugar. Surpreendi-me, então, com as modificações dinâmicas ocorridas nesses atendimentos. Houve intensificação dos afetos, manifestou-se vivacidade em algumas conscientizações e, sobretudo, surgiu a sensação, no final, de que um trabalho intenso e útil havia sido realizado. Tive a oportunidade de saber, depois, que nenhum dos três pacientes havia sentido necessidade de procurar outro atendimento psicoterápico. Lembrei-me, então, de que, durante uma estadia em Londres, na Clínica Tavistock, encontrara alguns alunos de *D. Malan*, os quais me mostraram, naquela ocasião, seus trabalhos sobre psicoterapias breves. Comentei o ocorrido na Policlínica Psiquiátrica, e alguns colegas propuseram organizar um seminário sobre esse assunto. Os mais ativos desses pioneiros de Lausanne foram J. Ambrus, P. Martini e P. Portal, que conservam até hoje o entusiasmo pelas psicoterapias breves, e o saudoso S. Mascarell. Estudamos a maioria dos trabalhos que abordavam o tema (de D. Malan, P. Sifneos, L. Small (1971), L. Wolberg (1965), etc.). As técnicas utilizadas pelos diferentes autores são várias, mas podem ser subsumidas em dois princípios fundamentais:
1. princípio da atividade;
2. princípio da focalização.

O princípio da *atividade* inspira-se na técnica ativa de Ferenczi. Implica que o terapeuta não se contente em seguir "passivamente" as associações, limitando expressamente a duração do tratamento, e que, através de confrontações ou de outros recursos técnicos, incite ativamente o paciente a enfrentar suas angústias.

O princípio da *focalização* consiste em polarizar a atenção do paciente sobre um conflito central de que decorreriam os principais problemas, através de uma técnica denominada, por Malan, de *"atenção seletiva e negligência seletiva"*. Discutíamos a maioria dos casos aceitos em psicoterapia breve, tentando respeitar essa técnica de focalização. No entanto, deve-se reconhecer que nunca enfatizamos o fator *"entusiasmo"* do terapeuta, ao contrário de D. Malan, ainda mais quando percebemos que alguns terapeutas pareciam substituir o entusiasmo pelo rigor teórico e técnico. Por outro lado, percebemos, progressivamente, que apesar de todos nossos esforços, dificilmente chegaríamos a respeitar completamente a técnica da negligência e da atenção seletivas. Nossa tendência espontânea, provavelmente ligada ao atavismo psicanalítico, era *deixar que os pacientes seguissem livremente suas associações*. De fato, todas as associações pareciam poder ser relacionadas com o foco central, de modo que pudemos compreender, também, a função de *resistência* de algumas dessas associações. Percebemos, então, que, de um ponto de vista *terapêutico*, o resultado parecia ser igualmente bom; mas, principalmente, constatamos que o paciente parecia seguir um fio condutor inconsciente, muito coerente, ao qual denominamos de *"focalização pelo paciente"* (Michel, Peter e Gilliéron, 1983). Parecia-nos que essa tendência no sentido da focalização se baseava em princípios dinâmicos extremamente poderosos, relacionados com as motivações do paciente. Note-se que todos os estudos sobre os resultados terapêuticos das psicoterapias breves assinalam, como um *elemento prognóstico* dos mais seguros, justamente a natureza das motivações.

Comecei, portanto, a questionar-me a respeito:

1. das características dinâmicas do processo psicoterápico, em comparação com o processo psicanalítico;

(Estas características dizem respeito aos aspectos específicos da transferência e das resistências na psicoterapia, sobre os quais se fundamenta a focalização.)

2. da questão das motivações, mais particularmente sobre aquelas que levaram o paciente à consulta.

Fui progressivamente chegando à conclusão de que a razão que pressiona o paciente a mudar está muito mais ligada ao motivo que o levou a pedir ajuda do que à estrutura de sua personalidade.

Falarei, portanto, a respeito da dinâmica psicoterapêutica, quando comparada à dinâmica psicanalítica; e, em seguida, a respeito da *focalização* e da *demanda inicial* do paciente.

Psicoterapia breve e psicanálise

Tratava-se de saber como agir para que os pacientes pudessem evoluir favorável e duradouramente nos tratamentos de curta duração, mas de inspiração psicanalítica, respeitando a neutralidade do terapeuta. A primeira resposta era óbvia: as condições de elaboração (*o contexto*) são diferentes nos dois casos (psicanálise e psicoterapia breve). Formulei, então, a hipótese de que o *dispositivo* do tratamento breve influenciaria o desenvolvimento do processo, acelerando-o. Questionei-me, portanto, a respeito das mudanças do funcionamento psíquico provocadas pelas mudanças do *enquadre*.

Sobre o enquadre psicoterápico e sobre o enquadre psicanalítico

Parece-me que os psicanalistas estão pouco interessados na influência das modificações do enquadre sobre o funcionamento psíquico. É verdade que, desde os anos 70, se fala cada vez mais a respeito do enquadre, nos meios psicanalíticos, mas, em geral, para frisar que não se pode modificar impunemente a técnica, ao sabor dos acontecimentos, e para relembrar que Freud, diante de cada nova dificuldade, procurava uma explicação, de preferência a nível *metapsicológico*, e não a nível das modificações técnicas. Tanto assim que se chegou a afirmar que apenas o *tratamento-padrão* seria psicanalítico. Isso é uma forma de limitar consideravelmente o alcance das descobertas freudianas e de invalidar, de antemão, todas as pesquisas psicanalíticas nas áreas da arte e da cultura, na área dos grupos, etc.

Na verdade, toda relação psicoterapêutica fundamenta-se em dois tipos de agentes dinâmicos: o *enquadre* e a *relação*. O enquadre baseia-se no "dispositivo" concreto (temporalidade, disposição espacial, etc.) e num conjunto de "regras" (associação livre, por exemplo). A *relação* estabelece-se com base num modo de comunicação preferencial (verbal, não verbal) e num conjunto de interações (influência recíproca).

Pensei, portanto, que as psicoterapias breves, que comportam modificação do dispositivo, poderiam esclarecer um pouco a questão da influência do enquadre. Formulei, pois, a seguinte questão: que poderia haver de analítico neste novo enquadre das psicoterapias, estando subentendido que, como ocorre no tratamento-padrão, a função do analista consistiria em dirigir o *tratamento* e não o paciente? Assim, excluiria, portanto, as psicoterapias *diretivas* (de apoio ou outras).

De um lado, seria conveniente saber se aquilo que *Freud* denominou de *"capacidade para transferência"* poderia manifestar-se neste novo enquadre psicoterápico e de que forma. Ao considerar as idéias dessa forma, fixei um primeiro *axioma*, proclamando que, do ponto de vista psicanalítico, a função do enquadre é favorecer o desabrochar da capacidade para a transferência, facilitando, pois, o desenvolvimento da transferência. Não retornarei, é claro, à problemática da transferência e de suas definições, mas direi, em termos simplificados, esperar-se que o paciente *projete* sobre o terapeuta suas imagens internas, ou, mais simplificadamente ainda, que ele estabeleça, com o terapeuta, uma *relação que seja produto de seu próprio imaginário* e não baseada na personalidade real do terapeuta. O paciente deve "inventar" a personagem do terapeuta.

O enquadre tem, portanto, como função, facilitar esse processo. Resta saber *como*. Em meu trabalho, creio ter mostrado que o enquadre *delimita um espaço*, que poderia ser esquematizado do modo indicado na figura da página 297.

O espaço no qual o paciente e o terapeuta se movem é o do *imaginário*, o espaço do "como se". Em essência, as *regras* definirão esse espaço, pois o enquadre *determina um jogo*, o *"jogo do desejo"*, onde os papéis estão anteriormente fixados: o terapeuta é uma espécie de espelho das ilusões, o homem das mil faces, aquele que escapa quando pensamos conhecê-lo, e que pára de jogar quando o encontramos. O paciente é o *"eterno viajan-*

te*"*, em busca de miragem que não pode ser encontrada fora de sua própria memória.

Este espaço, onde os desejos tornar-se-ão lembranças, é delimitado, portanto, de um lado, por um conjunto de *regras* que deliberadamente transgridem as regras sócio-culturais geralmente aceitas, constituindo, assim, o *enquadre "abstrato"*, e, de outro lado, por um *dispositivo espaço-temporal* que sustenta esse enquadre abstrato. A meu ver, a diferença entre o *trata*... *-padrão e a psicoterapia analítica* é essencialmente uma diferença de *dispositivos*: as regras do jogo e a distribuição dos papéis podem permanecer inalteradas, mas o *cenário é diferente*.

Para melhor delinear o assunto, convém perceber com clareza que o enquadre delimita um tempo e um lugar de encontro e especifica a natureza de uma *relação*. O segundo esquema explicitará melhor esse ponto.

Como se pode notar, no segundo esquema, consideram-se mais precisamente as *vias de comunicação entre o terapeuta e o paciente. Aqui, fazemos com que intervenham dois modos principais de comunicação: a palavra (associações) e o olhar (percepções)*. Assinalamos uma das regras fundamentais do jogo analítico: a regra da *abstinência*. Essa regra comporta dois aspectos: a *neutralidade* do terapeuta e a *frustração objetal*. A neutralidade visa fornecer, ao paciente, uma "tela" para suas projeções; a frustração visa bloquear a produção pulsional dirigida ao objeto. Este segundo aspecto é, a meu ver, muito importante, na medida em que toca na problemática das *interações*, no sentido de ação recíproca, de influência recíproca. De fato, a *frustração objetal* é uma ação de *bloqueio* que visa à ativação fantasmática; trata-se de facilitar o surgimento da fantasia. Assim, o terapeuta exerce influência sobre o paciente. Em contrapartida, a *resistência do paciente consiste em procurar justamente gratificação na figura de seu terapeuta, lutando contra a neutralidade e a abstinência*. Por esse motivo, penso que todo processo psicanalítico comporta um jogo interativo, ao contrário do que muitos pensam. Por exemplo, o simples *momento* da interpretação (o *"ti-*

ming") implica um corte no fluxo associativo, e, segundo o momento escolhido, o paciente entenderá ou não o que lhe foi dito. Até acontece algumas vezes de o momento escolhido para a interpretação ser mais importante do que o próprio conteúdo da interpretação. É sobretudo no campo dessa dinâmica interativa que a mudança do dispositivo adquire importância. Realmente, o dispositivo do tratamento-padrão reforça a neutralidade do terapeuta, subtraindo-o do alcance do olhar do analisando. Ele oferece uma "tela vazia" que favorece a regressão tópica e diminui a intensidade da dinâmica interativa, na medida em que as trocas se dão essencialmente por meio da palavra (o sujeito "se recorda" da voz de seu analista, só lhe pode responder com certo atraso). Esse tipo de dispositivo faz com que as expectativas do paciente sejam canalizadas: ele esperará a *palavra* (boa ou má) do analista; qualquer outra expectativa implicaria um esforço suplementar: levantar-se, virar-se, etc.

O *dispositivo psicoterápico* implica, geralmente, o *"face a face"*. A situação muda, então, totalmente, pois as comunicações são mais imediatas, o *olhar* adquire maior importância. O olhar pode confirmar a palavra ou contradizê-la; pode, por sua própria intensidade, impedir qualquer escuta. Deste modo, fica muito mais difícil manter a atitude de neutralidade, intensificando, assim, a importância da dinâmica interativa. Para que se tenha uma idéia da situação, imaginemos a reação de um paciente diante da falta de sinais de afetividade no rosto do terapeuta: o paciente sentir-se-á muito pior ao encarar uma expressão pétrea, do que ao não ver qualquer rosto.

Isso não impede que, nesta nova situação, o terapeuta mantenha certa neutralidade, sem rigidez, se possível; e isso impede que se imponha abstinência, isto é, se contente em dirigir o tratamento, e não o paciente. Mas, ao impor-se essas regras, *o terapeuta dá ao paciente um poder considerável*; oferece-lhe certa influência sobre sua vida interior, dado que o paciente pode controlar o terapeuta através do olhar. O "face a face" favorece, em suma, a *identificação projetiva*, muito mais do que a posição poltrona-divã — sempre e quando o terapeuta impuser-se a neutralidade e a abstinência.

A focalização

Para retomar a questão da focalização, própria das psicoterapias breves, e para compreender nossa posição específica, relembremos um fato: toda relação humana se fundamenta na sutil combinação de ao menos três tipos de fatores: a *palavra* (o conteúdo e o tom), o controle do *olhar* e a *ação*. Este último fator não deixa de ter importância, pois nós sempre adaptamos nosso comportamento às reações do outro: só estamos seguros do que o outro compreendeu observando *sua resposta*, e será com base nessa resposta que adaptaremos nosso comportamento. Assim, o equilíbrio psíquico implica sempre pelo menos dois apoios: o apoio fornecido pela organização *endopsíquica* e o apoio *objetal*, isto é, a "resposta" dada pelo objeto externo. Pode-se, portanto, entender por que os psicanalistas freqüentemente se recusam a adotar a posição "face a face", porquanto, nessa disposição, o peso das interações aumenta, e o paciente estará sempre procurando o apoio objetal. Deve-se insistir, então, em que a passagem para o "face a face" modifica apreciavelmente a situação, intensificando os movimentos transferenciais e contra-transferenciais, na medida em que a presença do terapeuta, no campo de visão do paciente, polariza sobre sua *pessoa* a atenção deste último, o que significa, ao contrário do normalmente admitido, que o "face-a-face" *incita à transferência* ao focalizar no terapeuta as expectativas inconscientes do paciente. Resumindo, o paciente sonha obter *do terapeuta* o que seus pais não lhe deram, e teme que *o terapeuta* lhe imponha frustrações reais ou imaginárias como as que sofreu no passado. Posto que a duplicação dos canais de comunicação ("palavra" e "olhar") intensifica os intercâmbios, o terapeuta deve aprender a respeitar a regra da abstinência e a reconhecer os aspectos específicos da transferência, na posição "face a face", pois as resistências adquirem, na psicoterapia, forma diversa da que têm na psicanálise.

Essa tendência à transferência manifesta-se desde o primeiro contato com o terapeuta, e é justamente isso que parece explicar a coerência do processo associativo por nós assinalado, mesmo na ausência da focalização ativa através da "negligência ou atenção seletivas". A esse processo denominamos *"focalização pelo paciente"*. De fato, pudemos notar que todos os pacientes tendem a colocar em cena, com o terapeuta, desde logo, sua *problemática conflitual inconsciente*. Em suma, é nestes primeiros contatos terapêuticos que poderão ser "lidas" as motivações inconscientes que levaram o paciente à consulta. Por esse motivo, fui, progressivamente, concentrando minha atenção no estudo destas "motivações para consultar".

Motivações e focalização

Procurar um nódulo conflitual, um foco, é uma das maneiras de pesquisar as razões da demanda de consulta. Há muitos anos nos debatemos com esta questão, e nossos estudos mostraram que o momento em que o paciente vem fazer a consulta geralmente reflete uma crise em sua situação existencial, uma crise que se deve reconhecer. É justamente tal situação crítica que leva o paciente ao terapeuta, e é nela que o próprio paciente focaliza inconscientemente sua demanda.

Toda demanda terapêutica envolve um duplo aspecto: resistência e abertura. A resistência consiste em esperar que o terapeuta conduza as coisas para o estado anterior à crise; a abertura consiste em procurar um apoio que possa favorecer uma mudança, um novo modo de organização do equilíbrio intrapsíquico e interpessoal.

As primeiras consultas são, portanto, fundamentais, pois nelas o psicoterapeuta opta por uma de duas vias possíveis: reforçar o sistema *defensivo* do sujeito fechando a abertura propiciada pela crise, ou favorecer a *mudança*.

Cabe recordar que toda relação humana comporta certo apoio mútuo: a natureza e a importância desse apoio variam conforme as estruturas de personalidade, as quais condicionam as escolhas objetais. A experiência mostra que a maioria das crises, na realidade, são crises de *apoio*, provocadas por mudanças voluntárias ou fortuitas ocorridas nas relações afetivas próximas. É nesse momento que o paciente recorre ao médico, na esperança inconsciente de que ele feche a abertura propiciada pela crise, de que ele substitua, de algum modo, o parceiro em questão. A partir desse pressuposto, pode-se perceber a importância da resposta do terapeuta: basta que ele não note o que está acontecendo na vida *real* do paciente, para que seu comportamento incite à não-mudança, ou, pelo menos, dê esperanças, ao paciente, de voltar aos "velhos bons tempos"; e isso pode acontecer até mesmo com um psicanalista experiente. Na realidade, a função do psicoterapeuta, desde as primeiras sessões, é a de oferecer ao paciente uma abertura para seu próprio inconsciente, através de algumas interpretações parciais "bem próximas do Ego". Se o paciente mostrar interesse, ser-lhe-á proposto um tratamento de inspiração psicanalítica; caso contrário, sua recusa será aceita e ele será encaminhado para outras formas de atendimento.

Interpretação inicial e mudança

A respeito deste assunto, é importante lembrar que o próprio engajamento num processo analítico já implica mudança profunda em relação à vida normal, isto é, implica aceitar renunciar a uma relação "normal" (ou "real"), a fim de estabelecer uma relação essencialmente mediada pelo "imaginário": o processo psicanalítico.

Esta passagem fundamental diz respeito ao que havíamos chamado de *"fase de mudança inicial"*, fundamento básico de qualquer tratamento psicoterápico. Esse momento de passagem pareceu-nos particularmente interessante por apresentar, na maior parte das primeiras consultas psiquiátricas, uma espécie de fenômeno de *ressonância entre as expectativas do paciente e as do psicoterapeuta*.

Nesta fase de *investigação*, as interpretações de ensaio permitem submeter a teste as motivações do paciente e podem, assim, fazer com que se perceba melhor a natureza do tratamento que lhe será proposto. Por esse motivo, creio que se deva considerar esta primeira fase como um momento de *iniciação*, quando ocorre a *mudança inicial* indispensável ao processo de inspiração psicanalítica. Considerando que, numa situação de crise, o paciente procura inconscientemente reproduzir, em sua relação com o terapeuta, o conflito real que ele está enfrentando em relação a seus objetos significativos, perguntei-me se não seria possível codificar um pouco o início do tratamento, oferecendo, ao paciente, através de uma *interpretação basal*, a possibilidade de *escolha entre: mudar imediatamente, renunciando a seus sintomas, ou engajar-se num processo elaborativo, o "processo psicoterapêutico"*. Desde setembro de 1987, elaboramos um plano para um tratamento inicial de quatro sessões, no máximo, ao final das quais o paciente e o terapeuta deverão decidir se concluem o atendimento ou se irão comprometer-se com um tratamento mais prolongado.

Intervenções psicoterápicas em quatro sessões

Nesta perspectiva, a primeira intervenção terapêutica é, portanto, fundamental, na medida em que, a partir dela, se delineia o futuro da relação terapêutica. Ela deve ter valor de *interpretação inicial*, cujo objetivo é sempre o mesmo: oferecer ao paciente a possibilidade de "escolher" entre re-acomodar rapidamente seu sistema de defesa, com certa mudança, ou engajar-se num processo elaborativo de orientação psicanalítica.

Os elementos-chaves sobre os quais se fundamenta a interpretação inicial são os seguintes:

1. O contexto relacional no qual apareceram os sintomas.

2. As características da pré-transferência (em relação ao terapeuta).

3. A explicitação da tendência à repetição (elo "presente-passado").

4. A interpretação da confusão atual em função do conflito intrapsíquico provocado pelo desejo de mudança.

A eficácia terapêutica da interpretação inicial parece dever-se ao fato de que, na situação crítica na qual o paciente se encontra, ele busca, inconscientemente, no terapeuta, um tipo de vínculo substitutivo, assim exemplificado: "Se eu não mais tiver um inimigo, meu terapeuta agirá como tal." É como parecem pensar muitos dos pacientes que reagem negativamente a todas propostas terapêuticas que lhes sejam feitas. Essa atitude, de pôr em xeque o terapeuta, característica dos histéricos, visa, na realidade, a seus parceiros. Nesses casos, a consulta tem lugar num momento em que o cônjuge, aborrecido com as atitudes reticentes da paciente, pensa em ligação extra-casamento ou cogita de divórcio. O jogo duplo praticado pela paciente visa preservar o vínculo com o marido: "Não estou resistindo a meu parceiro, mas sim ao terapeuta."

A interpretação feita pelo terapeuta deve dar um *sentido* a esse tipo de jogo, o que, como já ficou dito, oferece a possibilidade de passar do registro da ação para o registro da elaboração. Esse é um modo de o terapeuta desvencilhar-se da relação substitutiva (de apoio) procurada pelo paciente.

Esta fase, portanto, concerne à mudança inicial que considero indispensável, antes de qualquer comprometimento com uma psicoterapia psicanalítica: abdicar do terapeuta, como objeto real, investi-lo como objeto imaginário. Munidos de tais constatações, propusemos a utilização dessa fase inicial de mudança de modo organizado e codificado, dando-lhe o nome de "intervenção psicoterápica breve", para diferençá-la da "psicoterapia analítica" propriamente dita.

O procedimento é o seguinte:

O terapeuta dispõe de quatro sessões para cada novo paciente; na quarta sessão, deverá decidir, de comum acordo com o analisando, pelo fim do atendimento, ou pela continuação, com algum tipo de tratamento, de duração mais ou menos longa. Isso deve ser proposto ao paciente logo na primeira entrevista.

Primeira sessão

1. Colocar em evidência os elementos fundamentais que permitam formular uma hipótese psicodinâmica, em condições de explicar o *porquê* da procura de atendimento naquele momento.
2. Procurar os elementos fundamentais da *interpretação inicial* que devem permitir indicar ao paciente:

a) a natureza da *mudança* que nele está sendo produzida e as angústias a ela relacionadas;

b) a relação entre passado e presente.

O ponto fundamental desta fase é a análise da *dinâmica relacional paciente-terapeuta*.

3. Formular *interpretação inicial*, geralmente no fim da sessão ou no início da segunda sessão.

Se o terapeuta renuncia a expor sua interpretação, conclui simplesmente a entrevista dizendo que irá refletir. O intervalo entre a primeira e a segunda entrevista oferece, então, uma possibilidade de *elaboração* e permite preparar melhor a interpretação. Não entendemos que deva haver preparação intelectual; insistimos na auto-análise do terapeuta: explicita-se a contra-atitude e a relação desta com a problemática do paciente.

Segunda e terceira sessões

A segunda e a terceira sessões serão dedicadas à *elaboração das reações do paciente* à interpretação inicial.

Quarta sessão

É a sessão da *decisão*.

O efeito desta seqüência é notável, e permite:

a) estruturar melhor as primeiras entrevistas;

b) conhecer melhor as ligações entre os conteúdos manifestos e latentes das queixas dos pacientes;

c) pressentir mais claramente a natureza do funcionamento do inconsciente.

Muitos pacientes decidem concluir seu tratamento na quarta

entrevista, dando provas de mudança funcional muito menos superficial do que se poderia imaginar à primeira vista.

Um exemplo

Uma senhora, cinqüentona, me procura, encaminhada pelo médico de família. Assim começa a entrevista: "Não compreendo o marasmo que se apossou de mim. Tenho tudo para ser feliz, um marido que me ama e apóia, uma filha de meu primeiro casamento que, depois de ter vivido com o pai, voltou a viver comigo, um trabalho de que eu gosto. Em resumo, eu deveria ser uma mulher realizada e, no entanto, me sinto mal. O doutor D. falou-me de um sentimento de culpa, mas não creio que seja isso. É verdade que enfrentei grandes dificuldades nos últimos anos: a doença de meu marido; a fuga e, depois, o casamento, em segredo, de minha filha. Mas tudo está em ordem novamente, e só agora estou mal. Não tenho mais acesso a meus sentimentos profundos. Gostaria de alcançá-los, mas tenho medo de sofrer."

Depois de interrogar essa paciente a respeito de sua história, especialmente sobre suas relações sentimentais (primeiro casamento), disse-lhe o seguinte, antes do término da entrevista: "A senhora me disse que gostaria de conhecer melhor seus sentimentos profundos, mas que tem medo de sofrer. Trata-se de um conflito que não consegue resolver. Parece-me que esse conflito provém de uma sensação de fracasso, despertada por sua situação atual. De fato, sua filha, por quem a senhora fez o melhor que pôde, se casou em más condições. A senhora também se casou duas vezes, com dois homens de temperamentos completamente opostos. O fracasso de sua filha despertou dúvidas quanto à sua escolha, e é justamente para essas dúvidas que a senhora gostaria de fechar os olhos, na medida em que teme colocar profundamente em questão toda sua existência. Sua hesitação poderia ser assim traduzida: a senhora me pede ajuda e, ao mesmo tempo, diz que não deveria estar precisando de ajuda. Parece-me que aí reside seu problema principal." Ela responde-me imediatamente: "O que o senhor está me dizendo é duro, mas me faz refletir!", e aceita fazer um balanço da situação, após quatro sessões.

Esse tipo de intervenção, que poderia parecer muito ríspida, tem por objetivo, na realidade, esclarecer a demanda do paciente, dando *sentido* à sua confusão. Cabe notar o grande impacto que essas intervenções causam nos pacientes, que, freqüentemente, têm a sensação de, pela primeira vez, estar sendo compreendidos, e se mostram desejosos de saber mais. Contrariamente ao que dizem alguns autores, essas interpretações não reforçam as resistências, mas facilitam o acesso ao inconsciente e permitem que o paciente perceba que ele poderia ser, pelo menos parcialmente, "senhor de seu destino".

Nesse caso particular, minha intervenção estava baseada na hipótese de que a ambigüidade da demanda da paciente ("Eu não deveria estar precisando de ajuda") era reflexo do conflito que enfrentava a respeito de seus parentes próximos: não podia aceitar seus desejos, nem o apoio de quem quer que fosse, menos ainda de seus maridos, o que, provavelmente, teria sido uma das causas do fracasso de seu primeiro casamento.

O casamento infeliz de sua filha mobilizou essa problemática na paciente, que começara a abrir os olhos para seus próprios fracassos. A continuação do atendimento confirmou inteiramente minha hipótese, pois a paciente, sem que eu tenha voltado a intervir, revelou-me, por exemplo, que sua primeira noite de núpcias havia sido um fracasso. Seu marido não ousara se aproximar dela, e ela própria nunca sonhara em manifestar a menor ponta de desejo. Ela considerava seu primeiro marido um homem fraco, com o qual não se podia contar. Reconheceu também que temia perceber as fraquezas do segundo marido, e preferia portanto, nada pedir.

O mais interessante, talvez, foi o comentário que ela fez ao final da quarta sessão, depois de ter afirmado que se sentia incapaz de decidir-se a me pedir uma psicoterapia: "Percebo que vim procurá-lo porque não agüentava mais. Eu me culparia se fechasse a porta agora. Prefiro, então, pedir-lhe que me aceite em psicoterapia." A meu ver, esse tipo de formulação, de per si, já é prova de uma profunda mudança.

Conclusão

Concluindo, tracei aqui a trajetória que me levou a fixar um término precoce para uma psicoterapia, e me foi conduzindo até as intervenções psicoterápicas em quatro sessões. Mostrei como, considerando os fatos por um prisma psicanalítico, cheguei a questionar-me a respeito de fatores psicodinâmicos específicos, em jogo nas psicoterapias. Esses fatores parecem determinados essencialmente pelo enquadre psicoterápico. Depois disso, estudando a problemática da focalização, dirigi minha atenção para as motivações inconscientes que levariam o paciente à primeira consulta. Isto me levou a estudar melhor a questão da mudança psíquica inicial, e a propor um tipo de intervenção psicoterápica de quatro sessões, cujo objetivo é oferecer ao paciente a possibilidade de mudança mínima, ou de um engajamento num trabalho psicoterápico de maior duração, nas melhores condições possíveis. Espero, assim, ter estabelecido o interesse do estudo das psicoterapias breves.

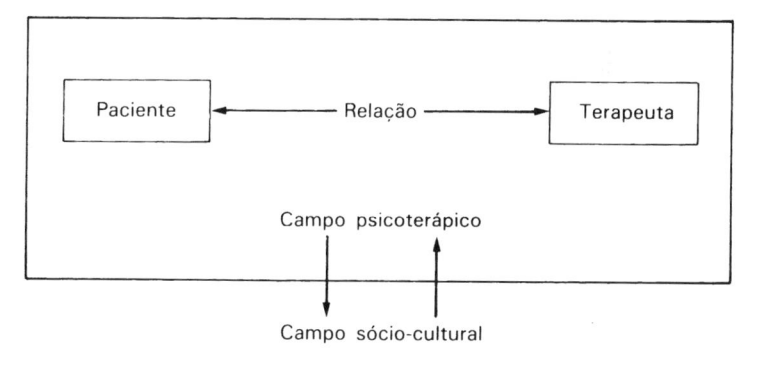

Fig. 1 — Enquadre e relação psicoterápica.

BIBLIOGRAFIA

Esta bibliografia não é exaustiva; enfatiza sobretudo a literatura em idioma francês, citando algumas obras anglo-saxônicas clássicas ou recentes. Cabe assinalar, de antemão, que a obra bibliográfica mais completa atualmente é: P. Harvey & Ph. D. Mandel, *Short-term psychotherapy and brief treatment techniques*, Plenum, Nova York, 1981.

ABRAHAM George. "Valeur et signification des psychothérapies de courte durée". *Annales Médico-Psychologiques*, 125: 69-72, 1967.

ABRAHAM Georges. "The sense and concept of time in psychoanalysis". *Int. Rev. Psychoanal.*, vol. 3, 4: 461-472, 1976.

ALEXANDER, F. & FRENCH, Th. *Psychothérapie analytique. Principes et applications*, Paris, P.U.F., 1959.

ANZIEU, Didier. *L'auto-analyse de Freud et la découvertte de la psychanalyse*. Paris, P.U.F., 1959.

ANZIEU, Didier. "Le transfert paradoxal. De la communication paradoxale à la réaction thérapeutique negative". *Nouv. Rev. psychanal.*, 12: 49-72, 1975.

ARMSTRONG, S., YASUNA, A. & HARTLEY, D. "Brief Psychodynamic Psychotherapy: Interrater Agreement and Reliability of Individualy Specified Outcomes". *Psychotherapy & Psychosomatics*, vol. 35: 9-21, 1981.

BALINT, M. *Le défaut fondamental. Aspects thérapeutiques de la régression*. Collection Science de l'Homme. Paris, Payot, 1971.

BALINT, M., ORNSTEIN, P.-H. & BALINT, E. *La psichothérapie focale*. Paris, Payot, 1975.

BATESON, Gregory. *Vers une écologie de l'esprit*. Editions du Seuil, Paris, tomos I e II, 1977, 1980.

BELLAK, L. & SMALL, L. "Emergency Psychotherapy and Brief Psychotherapy". *Congress Catalog Card*, n? 65-19220. Nova York, Grune & Stratton, 1965.

BENOIT, J.-C. "La recherche objectivante en psychothérapie. Données récentes issues de la bibliographie de langue angklaise". *Ann. Médicopsychol.*, 133/2: 267-312, 1975.

BOUVET, Maurice. "Les variations de la technique (distance et variations)". *Rev. Franç. Psychanal*, 22: 145-203, 1958.

BOUVET, Maurice. "La cure type", *Résistances-Transfert*. Paris, Payot, 1968.

BREUR, J. & FREUD, S. *Études sur l'hystérie*. Paris, P.U.F., 1956. [*Estudos sobre a histeria*. Rio, Imago, 1969, vol. II]

CRAMER, N. "Interventions thérapeutiques brèves avec parents et enfants". *Psychiatrie de l'enfant*, vol. 17, n? 1: 52-118, 1974.

DAVANLOO, H. *Basic principals and techniques in short-term dynamic*. Nova York, Spectrum Publications, 1977.

DELPIERRE, G. "Les psychothérapies". *Annales méd. Psychol.*, 127: 444-448, 1969.

DIATKINE, R. "En relisant en 1966 *Analyse terminée et analyse interminable*". *Rev. Franç. Psychanal.*, 32: 266-300, 1968.

DIATKINE, R. & SIMON, J. *La psychanalyse précoce*. Le Fil Rouge. Paris, P.U.F., 1973.

DONNET, J.-L. "Le divan bien tempéré". *Pouvoirs*, Nouvelle Revue de Psychanalyse, n? 8: 23-49, 1973.

ELLENBERGER, H.F. *A la découverte de l'insconscient. Histoire de la psychiatrie dynamique*. Villeurbanne, S.I.M.E.P. - Editions, 1974.

EYSENCK, H. J. *et al*. "The effects of psychotherapy". *Int. J. Psychiat*. 1: 97-178, 1965.

GILLIÉRON, E. "Quelques considerations sur les interventions psychothérapiques de cout durée". *Praxis 61*, n? 48: 1477-1480, 1973.

GILLIÉRON, E. "A propos de la durée des psychotherapies brèves". *Evolution psychiatrique*, tomo XLII, fascículo I, 1977, 42: 85-100.

GILLIÉRON, E. "Le processus psychothérapique". *Co-thérapies et co-thérapeutes. Association des méthodes en psychothérapie*. Annales de psychothérapie. Paris, E.S.F., pp. 61-73, 1979.

GILLIÉRON, E. "A propos du cadre et la relation psychothérapique dans les psychothérapies d'inspirations psychanalytiques brèves". *Méd. & Hyg.*, 38: 3102-3105, 1980.

GILLIÉRON, E. "Travail psychothérapique et travail psychanalytique". *Psychothérapies*, n? 2: 93-102, 1981.

GILLIÉRON, E. "Psychothérapies analytiques brèves et changement psychique". A ser publicado *in*: *Arch. Suisse de Neurologie, Neurochirurgie et Psychiatrie*, 1982.

GILLIÉRON, E. (coord.). "II? Simpósio Internacional de idioma francês sobre psicoterapias breves". *Psychol. Méd.*, vol. 12, n? 3, 1980 (número especial).

GILLIÉRON, E., LERESCHE, G. & BOVET, J. "Trial models of the psychotherapeutic process". Relatório do XI? Congresso Internacional de Psicoterapia, 1980. *Psichotherapy: Research and Training*, W. de Moor e H. R. Wijngaarden, eds., Elsevier/North-Holland Biomedical Press., pp. 87-90, 1980.

GILLIÉRON, E., MERCERON, C., PIOLINO, P. & ROSSEL, R. "Evaluation des psychotérapies analytiques brèves et de longue durée: comparaison et devenir". *Psychologie Médicale*, n? 3, tomo 12, pp. 623-636, 1980.

GILLIÉRON, E. & BOVET, J. "Evaluation of Psychotherapies and Osgood's Semantic Differential. A tentative Approach". *Psychother. Psychosom.*, vol. 33, n? 1-2: 46-58, 1980.

GILLIÉRON, E. & PREMET, I. "Introduction aux psychothérapies brèves d'inspirations psychanalytique". *Arch. Suisses Neurol., Neurochirurgie et Psychiatrie*, vol. 128 (1981), fasc. 2: 295-305.

GLOVER, E. *The technique of psychoanalysis*. Nova York, Internat. Universities Press, 1955.

GREEN, A. *Le discours vivant*. Le Fil Rouge. Paris, P.U.F., p. 244, 1973. [O discurso vivo, uma teoria psicanalítica do afeto. Rio, Francisco Alves, 1982]

GREENSON, R. R. *Technique et pratique de la psychanalyse*. Bibliothèque de psychanalyses. Paris, P.U.F., 1977.

GREER, F. L. "Prognostic expectations and outcome of brief therapy". *Psychological Reports*, vol. 46: 973-974, 1980.

GRESSOT, M. "Psychanalyse et psychothérapie: Leur commensalisme". *Rev. Franç. Psychanal.*, tomo XXVIII: 47-214, 1965.

GRUNBERGER, B. "De la technique active à la confusion des langues". *Rev. Franç. Psychanal.*, tomo XXXVII, n? 4: 522-524, 1974.

HALEY, J. *Strategies of psychotherapy*. Nova York, Grune & Stratton, 1963.

HAYNAL, A. "La psychothérapie brève en clinique psychiatrique". *Méd. & Hyg.*, n? 996, 30: 159-162, 1972.

HAYNAL, A. "La sense du désespoir. Conferência no XXXVI.° Congresso de psicanalistas de línguas latinas". *Rev. Franç. Psychanal.*, pp. 5-186, 1977.
HELD, R. *Psychothérapie et psychanalyse.* Paris, Payot, 1986.
HENRY, R. "La relation thérapeutique dans le champ de la psychanalyse freudienne". *Psychologie Médicale*, tomo 9, n.° 10. Paris, 1977.
HOUGARDY, G. "Le processus psychothérapique dans les psychothérapies brèves". *Psychologie Médicale 13*: 2073-2076, 1981.
HOUGARDY, G. & LUMINET, D. "Training and Brief Psychotherapies". *Psychotherapy and Psychosomatics*, vol. 34: 256-260, 1980.
JACOBS, T. J. "Posture, Gesture and Movement in the analyst: Cues to interpretation and counter transference". *J. Am. Psychoanal. Assoc.,* 21: 77-92, 1973. Digest of Neurology and Psychiatry, outubro, 1973.
JONES, E. *La vie et l'oeuvre de Sigmund Freud,* 3 vol. Paris, P.U.F., 1958, 1961, 1969.
KERNBERG, O. et al. *Psychotherapy and Psychoanalysis. Final report of the Menninger Clinic,* vol. 36: 275, 1972.
LAGACHE, D. "La doctrine freudienne et la théorie du transfert". *Journal International de psychothérapie,* 1954.
LEBOVICI, S. "Colloque sur l'interpretation". *Rev. Franç. de Psychanalyse,* 1: 5-42, 1962.
LESTER, E. P. "La psychothérapie brève chez l'enfant en période de latence. Méthodologie et technique". *Psychiatrie de l'enfant,* pp. 199-234, vol. 10, fasc. I.
LEWIN, K. *Brief encounters. Brief Psychotherapy.* St.-Louis, Warren H. Green Inc., 1970.
LOCH, W. "Über theorische Voraussetzungen einer Psychoanalytischen Kurztherapie". *Jahrbuch der Psychoanalyse.* Berna e Stuttgart, Hans Huber, 1967.
LUBORSKY, L., SINGER, N. & LUBORSKY, Lise. "Comparative studies of psychotherapies. Is it true that 'everyone has won and all must have prizes?'" *Arch. Gen. Psychiatry,* 32: 995-1008, agosto 1975. *Analyse: Digest of Neurology and Psychiatry,* outubro 1975.
MAEDER, A. *De la psychanalyse à la psychothérapie appellative.* Paris, Payot, 1970.
MALAN, D. *La psychothérapie brève.* Paris, Payot, 1975.
MALAN, D. *Toward the Validation of dynamic psychotherapy.* Nova York, Plenum, Pub. Corp., 1976.
MALAN, D. *The frontier of brief psychotherapy.* Plenum Medical Book Company. Nova York e Londres, 1976. [*As fronteiras da psicoterapia breve.* Porto Alegre, Editora Artes Médicas, 1981.]

MANN, J. *Time-limited psychotherapy. A Commonwealth Fund Book*. Harvard University Press, Cambridge, Massachusetts, 1973.

MARMOR, J. "Short-term dynamic psychotherapy". *Am. J. Psychiatry*, 136: 2, pp. 149-155, 1979.

MASCARELL, S. "Psicoterapia Breve". *Boletin del Instituto de Estudios Psicosomaticos y Psicoterapia Medica*, Enero-Junio, 1978. P.º General Martinez Campos, 19 — 1.º — Izda. Madrid 10.

NAVARRO, C. & GILLIÉRON, E. "Examens psychologiques de personnalité dans les indications à la Psychothérapie brève". *Psychothérapies*. Genebra, a ser publicado.

RACAMIER, P. "Sur les psychothérapies d'orientation psychanalytiques". *Evol. psychiat*. 623-653, 1953.

RANK, O. *Le traumatisme de la naissance. Étude psychanalytique*. Petite Bibliothèque. Paris, Payot, 1968.

REDER, P. & TYSON, R. L. "Patient dropout from individual psychotherapy: a review and discussion". Bulletin of the Minninger Clinic, vol. 44: 229-252, 1980.

ROCH, M. "Les psychothérapies pré-analytiques". *Schweiz. Arch. Neurol. Psychiat*. 77: 493-496, 1956.

RYLE, A. "The Focus in Brief Interpretative Psychotherapy: Dilemmas, Traps and Snags as Target Problems". *British Journal of Psychiatry*, vol. 134: 46-54, 1979.

SAUGUET, M. "Le processus analytique. Notes sur une introduction". *Rev. Franç. Psychanal.*, 33: 913-927, 1969.

SCHNEIDER, P.-B. "Les psychothérapies analytiques". *Psychiatrie der Gegenwart, Forschung und Praxis*, Bnd II/1, Kinische Psychiatrie, vol. 123, fasc. 2: 227-237, 1981.

SERVAIS, J. "Tentative d'objectivation des effets des psychothérapies". *Evol. Psychiat.*, 35: 597-627, 1970.

SIFNEOS, P. *"Psychothérapie brève et crise émotionelle"*. Psychologie, Bruxelas, Mardaga, 1977.

SIFNEOS, P. *Short-term Dynamic Psychotherapy. Evaluation and Technique*. Nova York e Londres, Plenum Medical Book Company, 1979.

SMALL, L. *The briefer psychotherapies*. Nova York, Brunner-Mazel, 1971; Londres, Butterworth, 1971.

STECKEL, W. *Technique de la psychothérapie analytique*. Paris, Payot, 1975.

STIERLIN, H. "Short-Term versus Long-Term Psychotherapy in the Ligth of a General Theory of Human Relationship". *Brit. J. med. Psychol.*, 41: 357-368, 1968.

STRACHEY, J. "La nature de l'action thérapeutique de la psychanalyse". *Rev. Franç. Psychanal.*, 2: 255-284, 1970.
STRUPP, H. "Success and Failure in Time-limited Psychotherapy". *Arch. Gen. Psychiat.*, 37: 595-603, 708-716, 947-954, 1980.
STRUPP, H. "Psychotherapy Research and Practice: an Overview". Sol. L. Garfield and Allen E. Begin; *Handbook of Psychotherapy and behavior change: an empirical analysis*. Nova York, John Wiley & Sons, 1981, pp. 3-22.
SZAFRAN, A. W. "Avatars de la psychothérapie moderne". *Acta Psychiatr. Belg.*, vol. 79, n? 6, pp. 601-613, 1979.
VIDERMAN, S. "Narcissisme et relation d'object". *Rev. Franç. de Psychanalyse*, P.U.F., tomo XXXII, p. 106, 1968.
VIDERMAN, S. *La construction de l'éspace analytique*, Denoël, Paris, 1970.
WATZLAWICK, P., HELMICK-BEAVIN, S. & JACKSON. *Une logique de la communication*. Paris, Seuil, 1972.
WIDLOCHER, D. *Freud et la théorie du changement*. Bibliothèque de psychanalyse, Paris, P.U.F., 1970.
WINOKUR, M., MESSER, S. B. & SCHACHT, T. "Contribuitions to the theory and practice of short-term dynamic psychotherapy". *Bulletin of the Menninger Clinic*, 45: 125-142, 1981.
WOLBERG L. R. Handbook of short-term psychotherapy. Grune Stratton, Nova Yorque, 1980.

TEXTOS CITADOS

BERGLER, E. *La névrose de base*. Trad. franç., Paris, Payot.
BERTANFFY, L. von. *Théorie générale des systèmes*. Paris, Dunod, 1973.
FERENCZI, S. "La technique psychanalytique". *Psychanalyse II*. Paris, Payot, pp. 227-237, 1970.
FERENCZI, S. "L'influence exercée sur le patient en analyse". *Psychanalyse III*. Paris, Payot, pp. 24-26, 1974.
FERENCZI, S. "Prolongement de la 'Technique active'". *Psychanalyse III*. Paris, Payot, pp. 117-133, 1974.
FERENCZI, S. "Perspectives de la psychanalyse". *Psychanalyse III*. Paris, Payot, pp. 220-236, 1974.
FERENCZI, S. "Psychanalyse des habitudes sexuelles". *Psychanalyse III*. Paris, Payot, pp. 324-357, 1974.

FRANK, J. "Therapeutic componments of psychotherapy". *Journ. of Nerv. and Ment. Disease*, 1599: 324-342, 1974.
FREUD, S. *Études sur l'Hystérie*. Trad. franc., Paris, P.U.F., 1956. [Estudos sobre a Histeria. Rio, Imago, 1969, vol. II.]
FREUD, S. *L'interpretation des rêves*. Paris, P.U.F., 1967. [A interpretação dos sonhos. Rio, Imago, 1969, vol. IV.]
FREUD, S. "La méthode psychanalytique de Freud". Trad. franc. *In: La technique psychanalytique*. Paris, P.U.F., pp. 4-8, 1967. [O método psicanalítico de Freud. Rio, Imago, vol. VII, 1969.]
FREUD, S. *Cinq psychanalyses*. Trad. franç. Paris, P.U.F. 1966. [Cinco lições de psicanálise. Rio, Imago, vol. XI, 1969.]
FREUD, S. "Avenir de la thérapeutique psychanalytique". Trad. franc. *In: La technique psychanalytique*. Paris, P.U.F., pp. 23-24, 1967. [As perspectivas futuras da terapêutica psicanalítica. Rio, Imago, 1969.]
FREUD, S. "Le dèbut du traitement". Trad. franc. *In: La technique psychanalytique*. Paris, P.U.F., pp. 80-104, 1967. [Sobre o início do tratamento (Novas recomendações sobre a técnica da psicanálise I). Rio, Imago, vol. XII, 1969.]
FREUD, S. "Observation sur l'amour du transfert". *In: La technique psychanalytique*. Trad. franc. Paris, P.U.F., pp. 116-130, 1967. [Observações sobre o amor transferencial (Novas recomendações sobre a técnica da psicanálise II). Rio, Imago, vol. XII, 1969.]
FREUD, S. "Les voies nouvelles de la thérapie psychanalytique". *In: La technique psychanalytique*. Paris, P.U.F., pp. 131-141, 1967.
FREUD, S. "L'homme aux loups". Trad. franc. *In: Cinq psychanalyses*. Paris, P.U.F., pp. 325-420, 1967. [O Homem dos logos. Rio, Imago, vol. XVII.]
FREUD, S. "L'Inconscient". *In: Métapsychologie*. Collection Idées. Paris, Gallimard, pp. 65-123, 1967. [O Inconsciente. *In: Artigos sobre metapsicologia*. Rio, Imago, vol. XIV, 1969.]
FREUD, S. "Remémoration, répétition, perlaboration". *In: La technique psychanalytique*. Trad. franc. Paris, P.U.F., pp. 105-115, 1967. [Recordar, repetir, elaborar. *In: Novas recomendações sobre a técnica da psicanálise II*. Rio, Imago, vol. XII, 1969.]
FREUD, S. "Introduction à la psychanalyse". Trad. franc. Paris, Payot, 1966.
FREUD, S. "Au-delà du principe de plaisir". Trad. franc. *In: Essais de psychanalyse*. Paris, Payot, pp. 7-12, 1970. [Além do princípio do prazer. Rio, Imago, vol. XVII, 1969.]
FREUD, S. "Le Moi et le Ça". *In: Essais de psychanalyse*. Paris, Payot, pp. 177-195, 1970. [O Ego e o Id. Rio, Imago, vol. XIX, 1969.]

FREUD, S. "Constructions in Analysis". *In*: *Collected Papers*, n° 37, vol. V. Hogarth Press, pp. 358-382, 1952. [Construções em análise. Rio, Imago, vol. XXIII, 1969.]

FREUD, S. "Analyse terminée et analyse interminable". *In*: *Rev. Franç. Psychanal.*, n° 3, tomo XXXIX: 371-402, 1975. [Análise terminável e interminável. Rio, Imago, vol. XXIII, 1969.]

FREUD, S. *Abrégé de psychanalyse*. Trad. franc. Paris, P.U.F., 1975. [Algumas lições elementares de psicanálise. Rio, Imago, vol. XXIII, 1969.]

GOLDEN, C. "Implications of the interviewer's technique on selection criteria". *In*: H. Davanloo, *Short-term dynamic psychotherapy*. Nova York - Londres, S. P. Medical & Scientific Books, 1978, pp. 269-290.

GREEN, A. "L'analyste, la symbolisation et l'absence dans le cadre analytique". *Nouvelle Revue de Psychanalyse*, n° 10, 1974. [Sobre a loucura pessoal. Rio, Imago, 1988.]

JONES, E. *La vie et l'ouevre de Freud*. Trad. franc. Paris, P.U.F., 1969. [A vida e obra de Freud. Rio, Zahar.]

LAPLANCHE, J. & PONTALIS: *Vocabulaire de psychanalyse*. Paris, P.U.F., 1967. [Vocabulário de psicanálise. Lisboa, São Paulo, Martins Fontes, 1970.]

LAPLANCHE, J. *Problématique II — Castration, symbolisation*. Paris, P.U.F., 1980. [Problemáticas II — Castração — simbolizações. São Paulo, Martins Fontes, 1988.]

LIBERMANN, D. *Lingüística, Interacción communicativa y proceso Psicoanalítico*. Buenos Aires, Nueva Vision, 1976.

LUBORSKY, L. "Comparative studies of psychotherapies". *Arch. Gen. Psychiatry*, 32: 995-1008, agosto 1975.

SANDER, L. W. "Regulation of Exchange in the Infant Caretaker System: A Viewpoint on the Ontogeny of 'Structures'". *In*: N. Freedman, S. Grand. *Communicative Structures and Psychic Structures*. Nova York, Plenum Press, 1977.

VIDERMAN, S. *La construction de l'espace analytique*. Paris, Denoël, 1970. [A construção do espaço analítico. São Paulo, Escuta, 1990.]

WATZLAWICK, P., WEKLAND, J., FISCH, R. *Changements, paradoxes et psychothérapie*. Trad. franc. Paris, Editions du Seuil, 1975.

WINNICOTT, D. W.: *Jeu et réalité, l'espace potenciel*. Paris, Gallimard, 1971. [O brincar e a realidade. Rio, Imago, 1975.]